2016
대한민국
재테크
트렌드

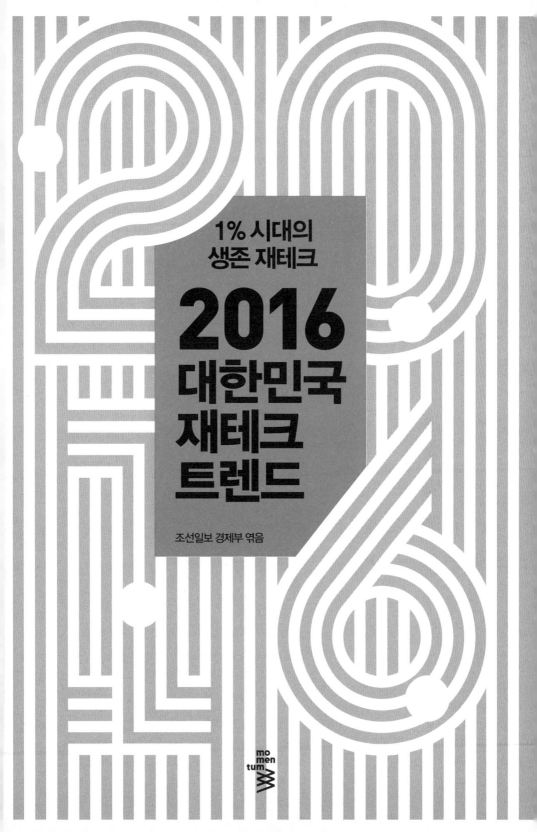

1% 시대의
생존 재테크

2016
대한민국
재테크
트렌드

조선일보 경제부 엮음

mo
men
tum

위험을 예상하는 것만으로도
이미 반은 피한 것이다.

-토머스 풀러

차례

부동산

**1장 토크배틀 | 전세 멸종시대 부동산 전략:
집을 살 것인가, 더 지켜볼 것인가**

배틀러 **고종완** 한국자산관리연구원장, **박원갑** KB국민은행 부동산 수석전문위원,
심교언 건국대 부동산학과 교수, **함영진** 부동산114 리서치센터장

진행 **이진희** TV조선 아나운서

집값 오를까, 아니면 내릴까 **15** │ 가치 있는 부동산을 보유하라 **18** │ 집값
이 급락하거나 붕괴할 가능성은 낮다 **20** │ 자금이 부동산으로 몰리는 이유
23 │ 전세가와 매매가 모두 2년 정도 상승세 **25** │ 언제 집을 팔아야 할까
27 │ '언제'보다 '어떤 목적이냐'가 더 중요하다 **29** │ 2018년, 주택 가격 대
폭락이 일어날까 **32** │ 투자에서는 첫째도, 둘째도, 셋째도 잃지 않아야 한
다 **35** │ 초고령 사회, 부동산은 어디로 흐르나 **40** │ 집값은 정말 '너무 비싼'
걸까 **43** │ 집값 상승기와 하락기에 충격을 덜 받는 법 **44** │ 저금리는 끝났
는가 **46** │ 이미 주택 가격은 9부 능선까지 왔다 **48** │ 무리해서 집을 살 필
요는 없다 **51** │ 아직 많이 오르지 않았다 **55** │ 섣불리 예측 말고 가능성을
열어두라 **58** │ 지나치게 비싸면 피하라 **58** │ 분양, 전세, 임대: 상품별 알짜
투자팁 **59**

2장 30퍼센트 싼 알짜 오피스텔·상가 매입하기
서아라 예금보험공사 회수총괄부 선임조사역

공매는 어떻게 이루어지는가 **63** │ 건물 구조가 특이한 남양주 평내 리치플
러스 **65** │ 중심 상업지구에 위치한 용인 골드플라자 **67** │ 내부가 깔끔하고

쾌적한 화성 센트럴 에스타운 **69** | 유동인구가 7만 3,000명에 달하는 송파 제일 오피스텔 **71** | 주변에 학교가 많은 인천 위너스플라자 **72** | 학군이 좋은 지역에 위치한 잠실 레이크팰리스 **73**

주식 펀드

3장 잃어버린 20년을 이겨낸 재테크: 연간 5퍼센트 수익의 비밀

사와카미 아쓰토 사와카미투자신탁 회장

장기투자자는 시장을 쫓아가지 않는다 **79** | 사와카미가 기관투자자의 돈을 받지 않는 이유 **82** | 투자가 가장 좋은 노후연금이다 **85**

주식투자하기 전에 반드시 알아야 할 질문과 답변 89

4장 확정된 미래를 준비하라: 2016년에 뜰 황금 주식

조윤남 대신증권 리서치센터 전무

돈을 잃지 않는 선택은 있다 **101** | 미래가 현재를 지배한다 **104** | 변하지 않는 미래, 인간은 늙어간다 **107** | 현금이 많은 회사를 선택해야 하는 이유 **111** | 정치 사이클을 경계하라 **113** | 장기적으로 해외투자는 대세다 **116** | 주식투자, 언제 사서 언제 팔아야 할까 **121** | 15년 동안 10배 이상 오른 주식의 비밀 **126**

5장 구글과 애플에 투자하는 법

이용훈 신한금융투자 팀장

해외투자 증가세는 계속 이어질까 **131** | 왜 미국 주식인가 **134** | 바이오테크놀로지에 주목하라 **138** | 멀버리, 나이키 그리고 월트디즈니 **141** | 중국은 2퍼센트밖에 들어오지 않았다 **143** | 중국의 유망 종목 **145**

6장 2016년, 이 펀드가 뜬다

민주영 펀드온라인코리아 팀장

금리 1퍼센트 시대, 펀드투자의 법칙 **151** | 좋은 펀드란 무엇인가 **154** | 2016년에는 플랜Z가 필요하다 **157** | 어떤 펀드에 투자해야 성공할까 **162** | 2016년, 버는 것보다 관리에 집중하라 **164**

7장 P2P 투자로 10퍼센트의 수익 올리는 비결

박성준 주식회사 펀다 대표

P2P 투자, 개인과 개인을 연결하다 **167** | 지역 상점에만 투자하는 이유 **171** | 치킨집 창업하지 말고 투자하라 **172**

**세금
예금
대출**

8장 아는 만큼 줄어드는 상속세 재테크

김근호 KEB하나은행 상속·증여센터장

상속·증여는 재산이 있는 사람만 하는 게 아니다 **177** | 노후 자산의 진정한 의미 **182** | 노후 대비를 위한 3층밥 이론 **185** | 증여가 나을까, 상속이 나을까 **189** | 좋은 것은 지금, 나쁜 것은 천천히 **194** | 상속 순위는 돈 쥔 사람의 마음이다 **198**

9장 30분 투자해 100만 원 돌려받는 연말정산 이용법

서혜민 미래에셋증권 세무사

세액공제 전환 후 달라진 점 **203** | 연금저축과 퇴직연금 **206** | 부양가족 공제를 잘 챙겨야 하는 이유 **207** | 연말정산 사용설명서 **210** | 맞벌이 부부, 연말정산 절세 전략 **213**

10장 무조건 200만 원 버는 만능통장 ISA

안창국 금융위원회 자산운용과 과장

왜 만능통장인가 **217** | 개인이 직접 만들고 운용하는 펀드 **219** | 손익은 묶어서 과세, 상품 교체는 자유롭게 **221** | ISA의 일곱 가지 장점 **222**

11장 주택담보대출, 고수들은 이렇게 이용한다
문광원 우리은행 스마트금융사업단 차장

부동산 활황의 그늘 231 | 저금리 시대, 공략해야 할 사각지대 232 | 내게 적정한 대출금액은 얼마일까 235 | 대출 잘 갈아타는 법 240 | 빚 줄이는 법 242

재테크 성공법

12장 꿈을 좇았다, 돈이 모였다
최병오 패션그룹 형지 회장

"그 순간만 참아봐" 247 | 식빵은 뜨거워야 맛있다 249 | 시장 물건을 팔되 브랜드를 달겠다 251 | 무엇이 명품인생인가 253 | 잔돈을 아껴야 큰 돈 벌 수 있다 255
부자로 살기 위해 반드시 알아야 할 질문과 답변 258

13장 절실함, 일 그리고 내 집 마련
김생민 개그맨이자 리포터

재테크의 시작은 절실함이다 263 | 투자를 궁리하지 말고 일을 찾아라 267 | 내 집의 의미 268 | 아파트, 상가, 건물, 땅, 그다음에 금융 270 | 역사적으로 계속 떨어진 적은 없다 272

글로벌 경제

14장 소용돌이에 빠진 글로벌 경제:
2016년 재테크 승부처는 여기다

마크 파버 마크파버리미티드 회장

경제적 힘의 균형이 바뀐다 **277** | 완전히 달라진 시대 **279** | 정부가 커지면
성장 잠재력은 줄어든다 **286** | 통화정책이 불러온 것들 **290** | 모든 것을 미
국이 장악해야 할까 **292** | 자산시장 인플레시대, 무엇에 투자해야 하나 **297**

15장 중국, 여전히 기회의 땅이다

짐 로저스 로저스홀딩스 회장

21세기에 가장 중요한 국가, 중국 **303** | 중국은 왜 부상할 수밖에 없는가
305 | 남들이 불안해서 팔거나 포기할 때 사라 **308**
중국 투자하기 전에 반드시 알아야 할 질문과 답변 313

부동산 01

02
03
04
05

고종완

국내 부동산 전문가 가운데 구체적인 수치와 근거를 가지고 집값을 긍정적으로 전망하는 권위자. 그는 이번 부동산 토크배틀에서 "집은 여전히 투자가치가 살아 있다"고 강조한다. 특히 주택 사이클과 2024년까지의 인구, 소득, 경제성장률 같은 지표를 감안하면 집값의 고점이 높아지는 추세가 이어질 것이라고 강조한다.

박원갑

부동산 시장을 신중하게 분석하는 전문가. 그는 "실수요자로 오래 거주할 아파트를 사는 것은 괜찮지만, 단기적인 투자 목적으로 사는 것은 바람직하지 않다"고 말한다.

심교언

2016년은 2015년보다 오름세가 다소 떨어지겠지만 상승세는 지속된다고 말하는 부동산학 교수. 그는 한국의 소득 대비 집값은 미국, 홍콩, 런던에 비해 중간 정도이며 인구와 가구 수가 계속 증가할 전망이라 일부 지역의 과잉공급이 전국적으로 영향을 미치지는 않을 것이라고 강조한다.

함영진

부동산에 대한 날카로운 분석력으로 명성을 쌓은 부동산 전문가. 그는 2015년의 부동산 시장은 2008년 글로벌 금융위기 이전의 과열된 한국 부동산과 유사하다고 말한다. 따라서 2016년에 투자 목적으로 집을 사는 것은 바람직하지 않다고 조언한다.

토크배틀

전세 멸종시대 부동산 전략:
집을 살 것인가,
더 지켜볼 것인가

고종완, 한국자산관리연구원장

박원갑, KB국민은행 부동산 수석전문위원

심교언, 건국대 부동산학과 교수

함영진, 부동산114 리서치센터장

진행 이진희, TV조선 아나운서

집값 오를까, 아니면 내릴까

진행자　　2015년에는 오랜만에 부동산이 호황기를 누렸는데 2016년
의 전망은 어떨까요? 2015년처럼 상황이 좋아 집을 구매하는 것이
좋을지, 아니면 하향세라 집 구매를 미루는 것이 좋을지 고민이 많을
것입니다. 그래서 네 분 전문가와 함께 2016년 부동산 전망을 알아보
는 자리를 마련했습니다. 지금부터 고종완 한국자산관리연구원장, 박

원갑 KB국민은행 부동산 수석전문위원, 심교언 건국대 부동산학과 교수 그리고 함영진 부동산114 리서치센터장과 함께하겠습니다.

먼저 고종완 한국자산관리연구원장입니다.

고종완 　본론에 들어가기 전에 두 가지만 미리 짚어보겠습니다.

첫째, 부동산 시장은 단기적인 변동보다 큰 흐름, 즉 근본적인 변화를 봐야 합니다. 2014년 통계에 따르면 우리나라 사람들의 평균 주택 보유기간은 11.2년입니다. 그러니까 일단 주택을 구입하면 10년 정도 장기 보유한다는 얘기입니다. 이런 이유로 주택 시장은 좀 멀리 보고 투자해야 합니다. '올해나 내년 혹은 당장 2, 3년 내에 어떻게 될 것이다'라는 식의 단기적인 시각으로 접근하는 주식, 채권과는 접근 방식이 달라야 합니다.

5, 6년쯤 상승한 뒤 4, 5년 정도 하향 안정세를 보이는 사이클이 주기적으로 반복

10년 동안 집값이 계속 상승하거나 내린 일은 한 번도 없어

둘째, 우리나라 주택경기 사이클에는 10년 주기설이 있습니다. 예컨대 전두환 정부부터 박근혜 정부까지의 아파트 매매 가격 지수 흐름을 보면 5, 6년쯤 상승한 뒤 4, 5년 정도 하향 안정세를 보이는 사이클이 주기적으로 반복되고 있습니다. 다시 말해 10년 동안 집값이 계속 상승하거나 내리는 일은 한 번도 없었습니다.

일본의 경우에는 1991년 고점을 찍은 이후 20년간 내렸지요. 따라

서 20년 대상승 후 20년 대하락이 있었습니다. 즉 일본은 1972년부터 1991년까지 20년간 계속해서 가파르게 올랐습니다.

지금 배틀의 주제는 '지금 집을 살까, 말까? 집값이 오를까, 아니면 내릴까?'입니다. 결론적으로 말해 저는 집을 구매하는 쪽에 한 표를 던지겠습니다. 1, 2년 후가 아니라 지금 집을 사라는 얘기입니다. 단, 2016년에는 강남보다는 강북이나 수도권을 권하고 싶습니다. 강남의 경우 이미 2014년부터 올랐고 과거의 고점 대비 거의 95퍼센트까지

1, 2년 후가 아니라 지금 사라
●
강남보다 강북이나 수도권

올랐습니다. 그래서 앞으로는 강북의 시대가 열리고 그것이 수도권으로 확산될 것이라고 생각합니다.

주택 시장을 살펴볼 때 우리는 세 가지 근원적인 변화에 주목해야 합니다. 첫 번째는 앞서 말한 두 가지입니다. 두 번째는 주택 시장 전망이고, 세 번째는 토지 시장 동향입니다.

부동산은 토지와 건물로 이뤄져 있고 위치성을 지닌 독특한 재화를 말합니다. 이것은 부동산학이 정의하는 내용입니다. 그런데 토지는 무한성, 영속성의 특징을 보이는 반면 건물은 땅 위에 높은 용적률로 지은 인위적인 건축물입니다. 이러한 건물은 시간이 지나면 노후화가 일어나 감가상각이 발생합니다. 이 경우 경제적 잔존가치가 줄어들고 그러면 시장가격이 하락합니다. 결국 올해 지은 아파트가 5년,

10년 후에도 가격이 상승하려면 땅값이 올라야 합니다. 이 원리는 2006년 제가 출간한 《부동산 투자는 과학이다》에 처음 밝힌 내용입니다. 다시 말해 땅값과 집값은 상관관계가 높으며 토지 시장 동향은 아파트의 미래를 미리 읽는 하나의 힌트입니다. 주택 시장과 토지 시장은 겉으로는 상관관계가 없을 것 같지만 현실 투자에서 동시에 살펴야 하는 이유가 여기에 있습니다.

가치 있는 부동산을 보유하라

제가 사람들에게 가장 많이 받는 질문은 '강남의 재건축 아파트를 지금 사도 될까요?'라는 것입니다. 특히 무주택자들은 집을 사야 할지, 말아야 할지 많이 고민합니다. 그 이유가 뭘까요? 2014년과 2015년에는 집값이 올랐지만 2016년에는 세 가지 악재가 다가올 예정이기 때문입니다. 그것은 미국의 금리인상, 주택의 과잉공급에 대한 우려 그리고 가계부채 관리 대책의 시행을 말합니다. 집값이 바닥을 벗어나 상당히 오른 데다 2016년에 여러 가지 악재가 등장할 전망이다 보니 어떤 변화가 밀어닥칠지 몰라 불안한 겁니다. 불확실성이 낳은 이 질문은 '앞으로 집값이 오를까, 아니면 내릴까?'의 질문과 그 맥락이 같습니다. 결론부터 말씀드리면 이 세 가지 악재는 이미 예고된 것으로 그 영향력은 제한적일 것으로 판단합니다.

그다음으로 자주 듣는 질문은 이것입니다. 내 미래, 내 노후를 든든히 지켜줄 부동산은 무엇인가? 자산관리 해법은 있는가? 30, 40대든 50, 60대든 이것이 궁금하기는 마찬가지입니다. 저는 전세금을 낼 돈만 있으면 주저하지 말고 당당히 집을 사라고 권하고 싶습니다.

집을 사면 큰 돈을 벌 수 있느냐고요? 그건 아닙니다. 주택은 우리의 행복을 지켜주는 든든한 재화로 한국인의 가계자산 중 73.6퍼센트가 부동산입니다. 한마디로 주택은 의식주의 필수 재화이자 핵심 자산입니다. 우리가 꼭 돈을 벌기 위해 주택을 구매하는 것은 아니잖습니까? 주거 안정과 노후의 행복을 생각한다면 주택 구매를 고려하지 않을 수 없지요. 최근 60대 이상 인구의 주택연금 가입비율이 급증하는 현상은 국민연금과 함께 주택연금으로 노후를 준비하는 사람이

> 한국인의 가계자산 중 73.6퍼센트가 부동산
>
> ●
>
> 주거 안정과 노후의 행복을 생각해 주택 구매 고려

많다는 것을 의미합니다. 사실 저는 저금리, 저성장, 저물가, 고령화 사회에 이러한 전략은 매우 합리적이고 바람직하다고 생각합니다.

향후 집값 전망에 대한 백가쟁명(白家爭鳴)식 논란이 많지만 한국은행과 노무라 금융투자가 발표했듯 집값은 앞으로 2, 3년까지는 상승할 것으로 보입니다. 10년 주기설도 그렇고 제가 설명하고자 하는 벌집순환모형 역시 이러한 예측을 뒷받침합니다.

무엇보다 땅값이 꾸준히 오르는 지역에 관심을 기울여야 하는데 그

런 측면에서 서울이 단연 유망합니다. 런던, 파리, 뉴욕처럼 우리보다 20년이나 30년 앞선 도시를 보면 미래를 중장기적으로 내다볼 수 있습니다. 주택보급률이 높고 우리보다 저성장, 고령화가 먼저 온 이들 도시의 집값이 최근 많이 올랐다는 점은 한국 도시 부동산의 미래를 읽는 데 큰 도움을 줍니다. 물론 최근 선진국의 부동산 상승 이유를 양적완화와 저금리 덕분이라고 말하는 사람도 있습니다. 저는 이렇게 강조하고 싶습니다.

"가치 있는 부동산을 보유하라!"

가치 없는 부동산은 과감하게 버리고 가치 있는 부동산을 보유해야 합니다. 이것은 워런 버핏의 주장이기도 합니다.

집값이 급락하거나 붕괴할 가능성은 낮다

아파트 시세를 보면 서울이 2년째 오르고 있는데 그중에서도 강남이 많이 올랐습니다. 특히 재건축 아파트의 경우 단기간에 급등했지요. 왜 그럴까요? 재건축은 2007년부터 2013년까지 6년간 고점 대비 거의 35퍼센트나 떨어졌습니다. 그러니까 장기간 많이 하락한 이후 다시 단기간에 급등한 것입니다. 저는 이것이 이상한 현상은 아니라고 봅니다. 강북이 뒤늦게 2015년부터 상승 대열에 합류한 것도 과거의 사이클이나 경험을 보면 자연스러운 일입니다.

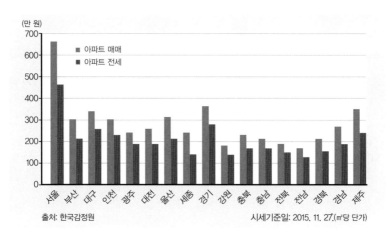

전국 지역별 아파트 시세

(만 원)

- 아파트 매매
- 아파트 전세

출처: 한국감정원   시세기준일: 2015. 11. 27.(㎡당 단가)

아파트 거래량은 2014년에 급증했고 2015년에도 대폭(40퍼센트) 증가해서 사상 최대치를 기록했습니다. 단, 2015년 11월부터 주택 거래량은 2014년 대비 감소했습니다. 이것을 우려하는 목소리도 있지만 '거래량은 가격의 1, 2분기를 선행한다'는 특징을 감안하면 충분히 이해할 만한 일입니다. 한마디로 이것은 선행지표입니다. 따라서 2015년 주택거래량이 증가한 점과 벌집순환모형을 고려할 때 2016년에는 거래 감소, 가격 상승이라는 제2국면에 진입할 것으로 추정됩니다. 즉 2016년에 집값과 전세값 동반상승이 지속될 가능성이 높습니다.

2016년에는 거래 감소, 가격 상승이라는 제2국면에 진입

다른 한편에서는 주택 과잉공급에 대한 우려가 큽니다. 국토교통부(국토부)에 따르면 적절한 주택공급 물량은 아파트를 기준(39만 가구)으로 연간 수도권은 22만 가구, 지방은 17만 가구라고 합니다. 그렇다면 2015년 50만 가구 공급은 과잉공급이 분명합니다.

그러나 지난 5년간의 연평균 공급 물량이 26만 가구 정도이고 앞으로 신도시의 공급 물량이 없다는 점을 고려해야 합니다. 위례 신도시나 하남 미사지구, 동탄지구, 마곡지구는 거의 공급이 끝났지요. 밀어내기식 분양으로 2015년 공급 물량이 꼭지점이라는 점과

전국 아파트 분양 물량 추이

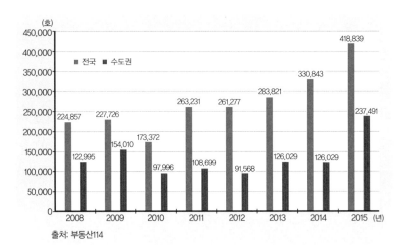

출처: 부동산114

2016년 주택공급이 30퍼센트 정도 줄어든다는 점을 종합해보면 2015년에 공급이 최고치를 기록한 뒤 2016년부터 정상화될 것으로 보입니다.

여기에다 적정한 주택보급률이 105퍼센트인데 2015년 말 현재 전국적으로 주택보급률이 103퍼센트입니다. 더욱이 서울을 포함한 수도권은 98퍼센트에 불과하여 과잉공급을 우려하는 것은 다소 과장된 주장이라고 봅니다. 물론 30개월 후인 2018년도에 입주가 이뤄지면 그때는 과잉공급에 따라 일시적인 조정을 거치겠지만, 이로 인해 집값이 급락하거나 붕괴할 가능성은 낮습니다.

자금이 부동산으로 몰리는 이유

땅값은 2015년 말 현재 공시지가 기준으로 4.6퍼센트 올랐습니다. 특히 서울과 수도권의 주거지, 공장용지 가격 상승이 두드러졌는데 이는 주목할 만한 변화입니다. 땅값이 떨어지지 않는 한 집값 하락을 예견하기는 어렵기 때문입니다. 왜 그럴까요? 이는 원유 값이 오르면 석유제품 값이 오르는 것과 같은 원리입니다.

설령 미국이 금리를 인상하더라도 한국은 금리인상 폭이 제한적일 전망입니다. 가계부채 관리 대책 역시 주택 시장을 완전히 죽이는 쪽으로 가기가 어렵습니다. 결국 이 두 가지는 유효수요를 줄이는 하나의 이유는 될지언정 주택 시장의 큰 흐름을 바꾸지는 못할 것입니다. 30~40대 에코세대를 중심으로 실수요자의 매매 전환이 지속될 것으로 예측합니다.

장기적으로 금리는 내려갈 것입니다. 현재 미국의 기준금리는 0.25(2015년 12월 기준, 2016년 1월 기준 0.25~0.5)이고 일본은 0.1입니다. 일본은 2001년부터 1.5입니다. 미국이 금리를 올리면(2015년 12월 인상) 우리도 조금 올릴 수 있겠지만 한국은행 이주열 총재는 미국을 따라 곧바로 올리는 것이 아니라 확장적인 통화정책, 통화기조 완화정책을 유지하겠다고 발표했습니다. 물론 금리 변동성은 불가피할 전망으로 이미 주택담보대출금리는 조금 오르고 있습니다. 그렇다면 5년, 10년 후 우리의 기준금리는 어느 방향으로 나아갈까요? 저성장, 저물가, 저금리 구조를 고려하면 현재 우리는 금리가 1.5지만 5년, 10년 후에는 일본(0.1)이나 미국(0.25)처럼 될 가능성이 큽니다.

미국이 금리를 인상하더라도 한국은 금리인상 폭이 제한적

●

장기적으로 볼 때 금리는 내려갈 것

제 예금 통장만 봐도 5년 전에는 1억을 넣으면 37만 원의 이자가 찍혔습니다. 얼마 전에 통장을 정리하다 보니 12만 원의 이자가 찍혀 있더군요. 그렇다면 5년 후에는 1억 원에 얼마의 이자가 붙을까요? 5년, 10년 후에는 아마 1~2만 원에 불과할 것입니다. 그때가 되면 지금의 12만 원도 많은 것처럼 보이겠지요. 자금이 부동산으로 유입되

는 이유가 바로 여기에 있습니다. 부동산이 좋아서, 부동산 투자가 유망해서 부동산을 보유하는 게 아니라는 얘기입니다. 우리는 저금리가 빚어내는 자산 시장 변동과 자산가치의 대변화에 주목해야 합니다.

전세가와 매매가 모두 2년 정도 상승세

한국은 인구 1,000명당 주택 수가 일본의 3분의 2 수준에 불과합니다. 세계적인 주택 시장 조사연구기관 PUP(Performance Urban Planning)에 따르면 소득 대비 주택 가격 비율인 PIR(Price to Income Ratio, 대출 없이 소득만으로 주택을 구입하는 능력을 보여주는 지표로 PIR이 10이면 10년 치 소득을 모아야 주택 한 채를 살 수 있다)도 우리가 알고 있는 내용과는 다릅니다. 최근 발표에 따르면 한국은 전국 평균 4이고 서울은 6.4 정도로 세계적인 기준에 비해 그리 높은 편이 아닙니다.

지난 30~40년의 주택경기 변화를 보면 두 가지가 두드러집니다. 하나는 과열일 정도로 계속 올랐다는 점이고 다른 하나는 상승과 하락 사이클이 주기적으로 반복되었다는 점입니다. 2년 전까지는 매매가와 전세가가 따로 움직였지만 지금은 계속 동행하고 있습니다. 이는 2014년 이후 정부의 정상화 대책과 주택경기 변화에서 비롯된 것이라고 봅니다. 물론 저금리의 영향도 있습니다. 그런 의미에서 저는 앞으로 상승폭은 줄어들지만, 즉 크게 오르지는 않지만 오름세가 좀 더 유지될 가능성이 높습니다.

　장기 전망을 보면 서울과 수도권의 경우 상승 신호가 5년간 나타나고 지방은 그 반대의 모습을 보일 것입니다. 이를테면 부산, 창원, 대구처럼 지난 5~6년간 오른 지역은 이제 하락 신호가 나타난다는 말입니다. 미래를 예측하는 일은 매우 어려우며 미래예측기법이나 과거의 자료, 선행지표 등을 종합해서 살펴볼 수밖에 없습니다.

　마지막으로 벌집순환모형은 7~12년 사이클로 움직이는데, 2015년 말 현재 서울은 가격 상승 제1국면의 선두에 있고 경기와 인천이 이를 뒤따르고 있습니다. 반대로 부산·창원·대전·대구는 거래 감소, 가격 보합이라는 매도국면에 있습니다.

　결론적으로 말해 전세가와 매매가는 특히 재건축을 중심으로 서울

벌집순환모형과 2016년 예측

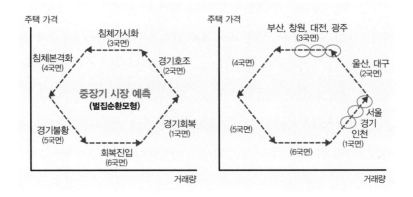

을 비롯한 수도권에서 2년 정도 상승 추세를 유지할 가능성이 큽니다. 즉, 수도권과 지방이 지역별로 차별화되므로 부동산을 살까, 말까보다 지역 선택이 더 중요합니다. 예컨대 부산, 대구, 대전, 광주 등 지방 대도시와 화성, 김포 지역은 과잉공급이 될 수 있지만 서울처럼 인구 1,000명당 주택 수가 낮은 곳과 인구 이동이 집중되는 곳은 과잉공급 우려에 휩싸일 가능성이 낮습니다. 서울 지역은 오히려 재건축의 시기 조정이 필요합니다. 따라서 서울을 포함한 수도권은 2016년에도 상승 추세가 유지될 전망입니다.

부동산을 살까, 말까보다 지역 선택이 더 중요

●

서울과 수도권 상승세. 지방은 하락세

언제 집을 팔아야 할까

진행자 고맙습니다. 이어 박원갑 KB국민은행 부동산 수석전문위원의 얘기를 들어보겠습니다.

박원갑 저는 개인적으로 수도권은 70퍼센트, 그러니까 집값이 어깨 정도 올라왔다고 봅니다. 이런 상황에서 살 것인가, 말 것인가를 고민할 때는 내면의 목소리에 귀를 기울여야 합니다. 흔히 마켓 타이밍이라는 말을 많이 하는데 마켓 타이밍을 예상해서 맞힐 확률이 30퍼센트에 불과합니다. 결국 남의 목소리를 들으면 골치 아플 수 있습니다.

지금 아주 많은 사람이 부동산을 사고파는 문제에 관심을 보이고 있습니다. 그렇죠?

전세를 끼고 있는 집을 언제 팔아야 할까요? 매수자가 나타났을 때입니다. 시골에 상속받은 땅이 있는데 언제 팔아야 할까요? 매수자가 나타났을 때입니다. 그럼 상가는 언제 사야 할까요? 지금 당장 사십시오. 마치 선을 보듯 물건을 200개쯤 보고 고르십시오.

뜬구름 잡는 것 같나요? 저도 소위 전문가 소리를 듣지만 제가 세상을 다 아는 것은 아닙니다. 같은 맥락에서 마켓 타이밍은 생각보다 잘 맞지 않습니다. 마켓 타이밍에는 두 가지 전제가 있어야 합니다. 하나는 매수자와 매도자가 많아야 한다는 것이고, 다른 하나는 제품의 표준화·규격화입니다.

주식이나 채권은 마켓 타이밍이 가능합니다. 아파트도 소형은 수요자와 공급자가 많아서 어느 정도 마켓 타이밍이 가능합니다. 그렇다면 지금 집을 살 것인지, 말 것인지의 문제는 어떨까요? 이것도 대도시의 부동산, 흔히 말하는 중소형 아파트라면 어느 정도 가능합니다. 반면 시골의 땅과 대형 아파트, 상가에는 마켓 타이밍이 존재하지 않습니다.

그러면 어떻게 해야 할까요? 2015년 말 현재 사람들의 이목을 잡아끄는 가장 큰 이벤트는 금리인상과 가계부채 관리방안입니다. 여기에 대해 사람들은 전국에서 거의 실시간으로 정보를 받고 있습니다. 그러다 보니 반응이 아주 빠르게 일어나 거래가 잘 이뤄지지 않고 있습니다. 이런 현상이 언제까지 갈까요? 적어도 두 달 정도는 갈 겁니다.

지금 집을 사야 할지, 말아야 할지는 똑 부러지게 단정하기가 곤란합니다. 그건 스스로 알아서 하십시오. 물론 조금 뜸을 들여도 괜찮습니다. 일단 2015년 겨울의 두 가지 이벤트가 어떻게 흘러가는지 살펴보고 판단하십시오.

지방은 좀 다릅니다. 지방은 2015년 말 현재 정점에 있기 때문에 매도하는 것이 맞습니다. 수도권은 앞으로 어떻게 될지 안갯속인데 당분간 박스권(주가가 일정한 가격 폭 안에서만 오르락내리락 하는 것)에서 움직일 듯합니다. 사실 '박스권'이라는 표현은 굉장히 느슨합니다. 가령 주식이 1,000부터 3,000 사이에서 움직이면 아주 자유로운 영혼이 아닙니까? 현재 주택 가격이 어깨까지 와 있는데 여기서 흘러내릴지 올라갈지를 따지는 것은 별로 의미가 없습니다. 어차피 싸지 않으니까요.

> 마켓 타이밍을 예상해서 맞힐 확률은 30퍼센트
>
> ●
>
> 지방은 2015년 말 현재 정점에 있기 때문에 매도

'언제'보다 '어떤 목적'이냐가 더 중요하다

분양 시장은 얘기가 다릅니다. 분양은 내가 받고 싶다고 해서 받

을 수 있는 게 아닙니다. 2015년 말 현재 인기 지역은 청약 경쟁률이 300 대 1입니다. 300 대 1이면 어지간해서는 분양받기가 어렵습니다. 여기에 마켓 타이밍이 있습니까? 없습니다. 그럼 언제까지 해봐야 할까요? 될 때까지 해야지요.

경쟁률이 300 대 1이라는 것은 이를테면 10명을 뽑는데 3,000명이 온 것이나 마찬가지입니다. 그러니까 일개 연대병력 중에서 10등을 해야 하는 것입니다. 여기에다 로열층을 노린다면 그 경쟁률을 500 대 1이나 600 대 1로 봐야 합니다. 이처럼 하늘의 별 따기나 마찬가지니까 일단 당첨된 다음에 걱정을 하십시오.

신중하게 골라서 청약을 하되 너무 시점에 얽매일 필요는 없습니다. 모든 부동산은 투자 이전에 '필요'가 중요하므로 소신을 가지고 구입하는 것이 맞습니다. 즉, 필요할 때 구매하십시오. 예를 들어 강남이나 강북에 아파트를 분양받는다고 해봅시다. 이때 중요한 것은 '구매하는 목적'입니다. 만약 예순 살에 월세를 목적으로 분양을 받는다면 당연히 도전을 해야지요. 미분양을 구입해도 상관없습니다. 내가 어떤 목적으로 부동산을 사는지 곰곰이 생각해보십시오. 그 답은 오로지 나만 알고 있습니다. 그 답을 남에게 듣지 말고 내면의 목소리에 귀를 기울이십시오.

2010년대 들어 우리나라 주택 시장이 가장 어려웠던 때가 2012년입니다. 그때 하우스푸어 사태가 터지자 사람들이 일본처럼 부동산 버블이 꺼진다며 법석을 떨었지요. 그런데 그걸 믿은 사람들은 지금 어떻게 되었나요? 월세를 내며 살고 있습니다.

저는 인구수보다 수요와 공급을 믿는 편이 낫다고 봅니다. 당시 제가 우연히 마켓 타이밍을 맞췄어요. 2012년 10월 집값에 대한 질문을 받는 자리에서 2013년에는 주택경제가 좀 어렵고 2014년에야 회복될 거라고 했지요. 사실 마켓 타이밍은 잘 맞지 않습니다. 물론 전체적인 테두리는 어느 정도 알 수 있지만 세밀한 마켓 타이밍은 의미가 없습니다. 월가에는 '전문가가 되는 두 가지 방법'이 농담처럼 떠돌고 있지요. 하나는 기록을 남기지 말라는 것이고 다른 하나는 자주 전망하라는 것입니다. 실제로 이틀에 한 번씩 전망하면 맞힐 확률이 아주 높아집니다.

빌라는 신중하게, 아파트는 소신껏 결정

2015년 말 현재 미분양이 어느 정도인지 아십니까? 2015년 10월 기준으로 약 3만 2,000가구가 미분양입니다. 2007년 상한제를 피하기 위해 밀어내기를 하면서 2009년 3월에는 약 16만 5,000가구가 미분양이었습니다. 2000년부터 2015년 9월까지의 데이터를 보니 미분양 월별 평균 잔고가 7만 가구에 조금 못 미칩니다. 그럼, 2015년에 엄청나게 밀어내기를 하면 2016년 상반기까지 미분양이 7만 가구까지 갈까요? 그렇지 않습니다. 아직은 미분양이 그 정도 상황은 아닙니다.

제가 보기에는 아파트 미분양보다 너무 많이 인허가를 해주는 빌라 쪽이 더 위험합니다. 그러므로 빌라에는 신중하게 접근하고 아파트는 너무 가격에 얽매일 것 없이 소신껏 결정하십시오. 2015년 말 현재 집값이 어깨까지 올라와 있으므로 집을 구매하는 것은 필수가 아닌 선택입니다. 즉, 필요하면 구매하는 겁니다.

2018년, 주택 가격 대폭락이 일어날까

그럼 정부정책은 어디로 흘러갈까요? 제가 볼 때 정부정책은 그동안 이어온 부양에서 관리로 접어들고 있는데, 그렇다면 정부정책은 더 이상 호재가 아닙니다. 정부의 입장에서는 가계부채를 관리하지

2016년 부동산 시장에 미칠 변수

구분	상승요인(+)	하락요인(−)
실물경기	• 실물경기 소폭 회복	
금리		• 미국 금리인상
정책	• 총선 앞둔 개발 공약	• 주택경기 부양에서 가계부채 관리로 선회
공급		• 지방 아파트 입주 물량 증대 • 오피스텔 및 다가구주택 공급 증대
수요	• 전세난으로 주택 매매 수요 전환 • 강남 재건축 고분양가 후 폭풍 예상	• 베이비부머 은퇴, 젊은층 주택 구매력 감소 • 과잉공급론에 따른 집값 상승 심리 미미

않을 수 없기 때문입니다.

사람들이 궁금해 하는 것 중 하나는 바로 2017년이든 2018년이든 과연 주택 가격 대폭락이 일어날 것인가 하는 점입니다. 이쯤에서 옛날의 패러다임으로 가봅시다. 2007년 많은 건설업체가 분양가 상한제를 피하기 위해 밀어내기 분양을 했습니다. 이 때문에 2009년 3월 16만 5,000가구라는 어마어마한 물량의 미분양이 생기면서 주택 시장이 홍역을 앓았죠. 그러면 2009년 서울과 수도권의 주택 가격이 내려갔습니까? 그렇지 않습니다. 그로부터 3년 뒤인 2012년에야 주택 가격이 내려갔습니다.

2015년 말 현재 우리나라 건설사가 주택을 엄청나게 밀어내고 있습니다. 그 입주 시기는 언제입니까? 2017년과 2018년입니다. 이때 물량이 많다고 집값이 폭락할까요? 아닙니다. 과거의 통계를 보면 모순이 누적되어야, 즉 온갖 악재가 쌓여야 감당하지 못하고 폭락합니다. 앞으로 그럴 가능성이 있을까요? 이건 누구도 알 수 없습니다. 제 개인적으로 볼 때 그럴 가능성은 높지 않습니다.

모든 것은 확률 게임입니다. 집값이 폭락하려면 과잉공급 외에 다른 변수가 있어야 합니다. 예컨대 금리가 많이 상승하거나 가계부채가 한계 상황에 이르러야 합니다. 한마디로 폭락은 주택 시장이 엄청나게 압박을 받아야 가능한 일입니다.

최근 KDI연구소가 2017년과 2018년에 주택 가격이 폭락해 분양받은 사람들이 홍역을 치를 거라고 전망했습니다. 그러면 2009년과

정부정책, 부양에서 관리로 돌아서

●

폭락은 주택 시장이 엄청나게 압박을 받아야 가능한 일

2018년을 한번 비교해봅시다.

2009년에는 금리가 높았습니다. 지금은 낮아지는 추세지만 그때는 올라가는 추세였죠. 또한 2009년만 해도 전세가가 아주 낮았습니다. 제가 예전에 잠실의 한 아파트에서 전세를 살았는데 매매가 9억에 전세가가 3억이었습니다. 나중에 알고 보니 2억 7,000만 원에 계약한 사람도 있더군요. 전세가가 30퍼센트 정도였다는 얘기입니다. 실제로 통계를 보면 2009년 2월 서울과 수도권의 아파트 전세가 비율이 38퍼센트였어요. 2015년 말 현재는 그 비율이 얼마인지 아십니까? 무려 73퍼센트입니다. 심지어 아직 교통 상황이 좋지 않은 위례 신도시도 전세가 비율이 60퍼센트에 달합니다.

2017년이나 2018년에도 지금처럼 전세가 사라지는 과정에 있다면 전세가 비율이 50퍼센트만 되어도 세입자의 돈으로 잔금을 치를 수 있다는 얘기입니다. 이 경우 파장이 작습니다. 문제는 2018년에 역전세난이 어느 정도 일어날 것인가 하는 점입니다. 이처럼 시장을 볼 때는 이 모든 변수를 고려해야 합니다.

시장은 우연성을 받아들이는 지혜를 갖춰야 합니다. 소신껏 행동하고 너무 마켓 타이밍에 얽매이지 마십시오. 그리고 분양가가 높지 않은 곳을 위주로 꾸준히 청약을 하십시오. 단, 2016년에는 집값이 크게 내려가지 않을 것입니다. 그래도 시장이 조금 위축된 상황이므로 눈여겨보고 있다가 급매물을 매수하는 것도 좋습니다.

무주택자의 경우 아예 5년 동안 구매할 생각을 접는 것도 한 방법입니다. 아파트는 금융 상품처럼 표준화·규격화되어 있기 때문에 변동성이 굉장히 큽니다. 서울의 아파트 가격도 계속 오른 것이 아니라 4년마다 급락을 경험했습니다. 2004년 주택거래신고제 때, 2008년 리먼 사태 때, 2012년 하우스푸어 사태 때 그랬습니다. 그럼 2016년에는 가격이 내려갈까요? 너무 도식적으로 생각하지 말고 일관성 있게 나아가십시오. 즉, 한번 먹은 마음을 초지일관 밀고 나아가라는 얘기입니다.

구매할 생각이 없으면 사지 말고 구매력이 있으면 좀 더 지켜보십시오. 마켓 타이밍에 연연하지 말고 소신껏 행동하는 것이 가장 중요합니다. 특히 너무 큰 흐름만 좇거나 인구 통계에 휘둘리지 마십시오.

투자에서는 첫째도, 둘째도, 셋째도 잃지 않아야 한다

진행자 감사합니다. 그러면 '부동산을 사야 한다'는 의견에 동조하는 심교언 건국대 부동산학과 교수의 얘기를 듣도록 하겠습니다.

심교언 집을 사긴 사되 신중을 기해 잘 사야 합니다. 생각 없이 사면 낭패를 볼 수 있는데 지금은 확신하기가 매우 어려운 시기입니다. 그래도 이제부터 제가 말하는 내용에 유념해서 집을 구매한다면 큰 낭패를 겪지는 않을 것입니다.

혹시 투자의 세 가지 법칙을 아십니까? 그것은 첫째도 '잃지 않아야 한다', 둘째도 '잃지 않아야 한다', 셋째도 '잃지 않아야 한다'입니다. 그러면 땁니다.

제가 부동산학을 가르치다 보니 사람들에게 자주 질문을 받습니다. 앞으로 부동산 시장이 어떻게 될 것 같아요? 아주 난감한 질문이지요.

부동산은 주거와 비주거로 나뉘고 보통 다섯 가지 상품으로 구성되어 있습니다. 집, 오피스텔, 공장, 창고 그리고 상가·호텔·레저시설이 그것입니다. 이 다섯 가지 상품은 모두 다르게 움직입니다.

2000년 전까지만 해도 이 다섯 가지가 똑같이 움직였습니다. 한 놈이 뛰면 우르르 따라서 움직였지요. 그런데 2000년대 중반부터 이것이 다르게 움직이기 시작했습니다. 옆 사람은 돈을 버는데 나는 잘못 투자해서 쪽박을 차는 경우도 있습니다. 그래서 '부동산이 오를까요?'라는 질문을 받으면 집은 오르고 오피스텔은 내리고 상가는 좀 불안하다는 식으로 대답해야 합니다.

여기에다 주택도 단독주택, 공동주택이 다양하게 움직입니다. 같은 빌라도 대형, 중형, 소형이 있는데 15년 전만 해도 함께 움직이던 이들 주택이 이제는 따로따로 움직입니다. 이런 상황에서는 어떻게 해야 할까요? 무엇보다 직접 확인하되 그것도 여러 번 해야 합니다. 유형 자체가 아주 다양하기 때문에

부동산 유형이 다양하기 때문에 '떨어진다', '오른다' 단정하기 어려워

'떨어진다' 혹은 '오른다'라고 단정하기가 상당히 어렵습니다.

지역에 따라서도 많은 차이가 납니다. 가령 서울의 경우 강남지역은 오르고 강북지역은 오르지 않는 현상이 발생합니다. 지역별로 볼 때 인구 100만 이상은 똑같습니다. 그렇지만 인구 2만 이하의 도시는 10년 내에 90퍼센트 이상이 내려갈 것입니다. 5만 명과 10만 명도 비슷합니다. 80~90퍼센트는 내려갑니다. 20만 명부터는 조금씩 자생력이 생기고 50만 명쯤 되면 괜찮습니다. 물론 좋아지는 게 아니라 괜찮은 정도입니다.

유럽에서 역사가 오래된 도시에는 400년, 500년간의 부동산 가격 기록이 남아 있습니다. 반면 시골 마을의 경우에는 기록이 남아 있지 않습니다. 런던 혹은 암스테르담의 1600년이나 1650년대의 가격 기록을 보면 떨어지기도 했지만 갑자기 쭉 오른 적도 있음을 알 수 있습니다. 그렇게 500년 기록을 보니 실질가격으로 1퍼센트 조금 못 미치는 비율로 계속 올랐습니다.

현재 우리나라도 인구가 어느 정도 유지되는 도시는 가격이 받쳐주지만 인구가 계속 줄고 있는 지역은 그러기가 어렵습니다. 우리는 시장의 변동 요인에 늘 관심을 기울여야 합니다. 흔히 부동산 문제로 2008년의 금융위기가 왔다고 생각하지만 중요한 것은 실물경제입니다. 경제 상황이 어려워지면 부동산은 그냥 박살납니다. 물론 홍콩처럼 그 움직임이 이상하게 나타나는 나라도 있습니다. 홍콩은 실물경제 움직임보다 부동산경제 움직임이 워낙 크기 때문입니다.

사람들은 지금 새로운 위기가 닥쳤다고 말하지만 사실 제가 대학에 다닐 때부터 '위기'가 아닌 적이 없었습니다. 매년 학회나 세미나에 참석하면 늘 듣는 얘기가 패러다임이 바뀌었다는 것입니다. 제가볼 때 역사는 1600년대, 1700년대부터 항상 똑같았습니다. 물론 그양상은 약간씩 바뀌었지만 장기적인 시각에서 보면 큰 문제가 아닙니다. 사실은 경제성장률이나 인구 동향을 더 자세히 살펴야 합니다.가령 내가 사는 지역에 주택 공급이 늘어나고 있다면 신중하게 임해야 합니다.

정책 변수, 정책 금리에도 주목해야 합니다. 상황에 따라 금리를인상하거나 LTV(주택담보인정비율)를 규제하기 때문입니다. 2015년말 현재 주택담보대출의 경우 평균 LTV가 50퍼센트입니다. 정부가60퍼센트부터 규제한다고 했으므로 당분간 이것이 시장에 미치는 충격은 그리 크지 않을 것입니다.

다음으로 각종 규제에 따라 우리 지역의 가로막혔던 부분이 어떻게 풀렸는지 살펴야 하고, 특히 고용 상태를 고려할 필요가 있습니다.내가 사는 지역에 공장이 생기면 고용이 늘어나고 그러면 당분간 부동산 가격이 오를 가능성이 큽니다. 반대로 공장이 사양 산업이면 그지역의 전망은 좋지 않습니다.

혹시 도시 안락사라는 말을 들어보았나요? 미국 펜실베이니아 주에 있는 공업도시 피츠버그는 철강왕 카네기의 도시였습니다. 자동차 도시 하면 디트로이트였지요. 그런데 그쪽의 자동차와 철강 산업이 무너지자 인구가 절반으로 줄어들었습니다. 빈집이 30~40퍼센트에 이르렀지요.

조금 지나면 우리나라에도 그런 도시가 생길 겁니다. 그러므로 고용과 산업이 장기적으로 갈 수 있는지에 관심을 기울여야 합니다. 현재 우리나라 경제성장률을 보면 과거보다 성장세가 두드러지게 가라앉았습니다. 1970년대부터 2000년 초반까지 반짝이던 과거는 지난 100년의 역사 중에서 매우 드문 과거입니다. 최근 30년간 세계 경제에서 이렇게 성장한 사례는 없습니다. 우리는 이 특이한 상황을 정상으로 여기고 있지만 과거 200년의 평균 성장률을 보면 이것은 과잉 성장이었고 앞으로는 장기적으로 저성장세를 이어갈 것입니다. 여기까지는 괜찮지만 만약 일본처럼 경제성장률이 마이너스가 되면 우리

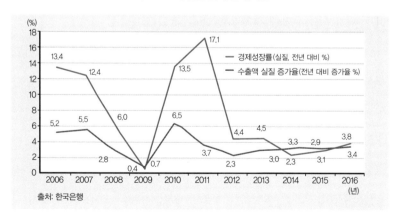

실질 GDP 성장률 및 수출 증가율

출처: 한국은행

1장 전세 멸종시대 부동산 전략: 집을 살 것인가, 더 지켜볼 것인가

는 큰 충격을 받을 것입니다. 조금씩이라도 계속 성장할 경우에는 큰 문제가 없습니다. 이것이 가장 중요합니다.

정부는 2016년 경제성장률 목표를 2.8~3퍼센트로 잡고 있는데 이를 실현하면 물가상승률 2퍼센트 내외를 감안한 실질적인 성장은 1퍼센트 이상일 것입니다. 일본의 경우 과거에는 GDP가 5~6조 달러까지 갔지만 지금은 5조 달러 이하입니다.

초고령 사회, 부동산은 어디로 흐르나

이제 인구 문제를 생각해봅시다. 41쪽의 표를 보면 한국은 가장 빨리 초고령 사회로 다가가고 있음을 알 수 있습니다. 프랑스는 100년 이상 걸렸지만 우리는 지금 세계 기록을 세우는 중입니다. 제가 볼 때 이 기록은 중국이 깰 것 같습니다. 중국의 한 자녀 낳기 운동이 서서히 가시화되면 시장에 충격을 안겨줄 것입니다.

41쪽의 그래프를 보면 인구가 정점에 이르는 시기는 2030년이고 생산가능인구는 현재 정점에 도달했습니다. 그다음으로 노령인구가 본격적으로 증가하는 시기는 2018년입니다. 심지어 2500년이 되면 대한민국이 지구상에서 사라진다는 통계도 있습니다. 그래도 '애를 너무 낳지 않아서 2500년이면 대한민국이 없어질 테니 지금부터 집을 팔아버리자'라고 생각하는 사람은 없을 겁니다. 2018년이 되기 전에 팔면 됩니다. 왜냐고요? '일본의 주택가격과 인구' 추이를 나타낸 그래프를 봅시다.

그래프를 보면 문제가 매우 심각하다는 사실을 알 수 있습니다. 그래프는 35~54세 인구가 줄어든 시기에 일본의 부동산 가격이 폭락

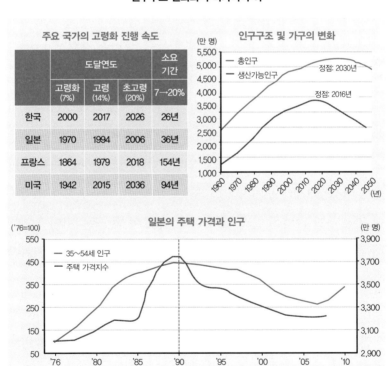

인구구조 변화와 주택가격 추이

주요 국가의 고령화 진행 속도

	도달연도			소요 기간
	고령화 (7%)	고령 (14%)	초고령 (20%)	7→20%
한국	2000	2017	2026	26년
일본	1970	1994	2006	36년
프랑스	1864	1979	2018	154년
미국	1942	2015	2036	94년

했음을 보여줍니다. 어쩌면 우리가 이 그래프를 따라갈지도 모릅니다. 앞서 박원갑 위원이 KDI에서 발표한 2018년 전망을 얘기했는데 그건 오보라고 보면 됩니다. 제가 직접 연구자를 만나보니 그의 연구에서 나온 결과는 2018년부터 붕괴된다는 것이 아니라 일본의 시나리오에 대입했을 때 2018년쯤 위기가 온다는 것입니다. 우리의 숫자를 넣은 연구가 아니라 일본의 숫자를 넣어보니 그렇더라는 얘기입니다.

사실 여러 학자가 십여 개 나라를 찾아 분석했는데 유독 일본만 그랬습니다. 우리가 굳이 일본을 따라 똑같은 정책을 편다면 아마 우리에게도 위기가 올 것입니다. 제가 볼 때 우리가 그렇게까지 따라갈 것 같지는 않습니다. 일본은 폭락이 시

**35~54세 인구가 줄어든 시기에
일본의 부동산 가격 폭락**

작될 무렵 금리를 대폭 올렸습니다. 그런 다음 폭락했지요.

당시 일본에는 100년 모기지도 있었습니다. 100년 동안 돈을 빌려주는 이것을 3세대 모기지라고 하지요. LTV가 130퍼센트라 10억짜리 집을 사면 13억을 빌려주었습니다. 바로 이것이 무너지면서 일본이 확 엎어진 것이지요. 과연 우리도 그렇게 될까요? 그건 지켜봐야 알겠지요.

선진국의 1,000명당 주택 수를 보면 우리는 앞으로 30퍼센트 정도 더 지어야 합니다. 단, 여기에는 전제조건이 있습니다. 선진국처럼 일

인당 GDP가 4만 달러를 넘어야 합니다. 4만 달러가 넘지 않고 현재처럼 2만 6,000달러에 멈춰버리면 집을 더 이상 짓지 않아도 됩니다. 반면 4만 달러가 넘으면 인구가 다소 감소하더라도 지금보다 적어도 30퍼센트는 더 지어야 주택 수요를 충족시킬 수 있습니다. 우리가 경제에 관심을 기울여야 하는 이유가 여기에 있습니다.

집값은 정말 '너무 비싼' 걸까

그러면 부동산 관련 이슈를 몇 가지만 살펴봅시다.

우선 가장 큰 논란거리는 집값이 너무 비싸다는 것입니다. 우리나라에서 가장 비싼 주택이 평당 8,000~9,000만 원입니다. 정말 비싸지요. 맨해튼의 경우 가장 비싼 것은 아니지만 펜트하우스가 평당 2억 5,000입니다. 미국은 소득이 4만 달러가 넘고 우리나라는 2만 6,000달러입니다. 런던은 가장 비싼 것이 평당 4억 7,000이고 홍콩도 3~4억에 달합니다.

중국은 베이징의 경우 평균소득이 1만 1,000달러 정도입니다. 그런데 이곳의 주택은 평당 1억이 넘는 곳이 꽤 있습니다. 상해는 평당 1억 4,000까지 올라갔습니다. 그렇다면 우리나라 집값은 비싼 건가요, 아닌가요? 제 관점에서 일인당 GDP 수준을 고려하면 우리나라에는 최고가 아파트가 없습니다. 중국에도 평당 1억이 넘는 아파트가 있는데 우

전 세계의 PIR을 보면 우리나라
집값은 중간 정도
●
세계 어딜 가든 집값은 다 비싸다

리는 고작 8,000~9,000만 원에 불과합니다. 전 세계의 PIR을 비교하면 우리나라는 중간 정도입니다. 전 세계 어딜 가든 집값은 다 비쌉니다.

집값 상승기와 하락기에 충격을 덜 받는 법

앞으로 10년, 20년 후 우리는 어떤 변화를 맞이할까요? 적어도 10년 정도는 큰 추세의 변화가 없을 겁니다. 우리가 고민하는 문제는 집값 상승과 하락인데 설령 그런 일이 일어나도 큰 폭의 상승이나 하락은 없을 것입니다.

다른 한편에서는 대량 공급을 우려하는 사람이 많습니다. 흔히 '입주 폭탄'이라는 말을 많이 하는데 저는 그 말을 한 30년간 들어왔습니다.

그러면 최근의 상황만 신경 쓸 것이 아니라 1990년대부터 살펴봅시다. 1990년에 우리나라 주택 가격상승률은 마이너스를 기록했는데, 당시 1년에 70만 호 정도를 승인했습니다. 1990년대 내내 약 60만 호를 승인했지요. 그런 뒤에 외환위기가 왔습니다.

이때 주택 승인 건수가 30만 호로 줄어들었고 이후 서서히 회복기에 들어섰습니다. 그러다가 2003년에 정점을 이뤘는데 이때 60만 호까지 상승했지요. 당시 주택 가격상승률이 마이너스로 돌아섰습니다. 2008

년의 금융위기 전까지 한국은 50~55만 호를 승인했지만 금융위기 때 35만 호로 뚝 떨어졌습니다. 그리고 지금 회복해서 올라가는 중이죠.

이처럼 쭉 가다가 뚝 떨어지고 다시 올랐다가 내리면서 계속 가는 겁니다. 위기가 오면 빠지고 이후 다시 회복하는 것이지요. 그중에서도 우리는 2003년에 주목해야 하는데 그 이유는 그때 엄청난 물량을 공급했기 때문입니다. 많은 사람이 물량이 많아서 가격이 떨어질 거라고 예상했는데 정말로 가격이 떨어졌습니다. 더구나 신용카드 사태까지 겹치는 바람에 경제가 무척 힘든 상황이었지요. 사실은 그 충격으로 마이너스까지 간 것이라고 보는 사람도 있습니다. 지금은 아주 자연스런 사이클 과정입니다. 물론 걱정스런 상황이 아예 없는 것은 아닙니다. 가령 내가 사는 지역에 갑자기 사람들이 많이 들어오면 어떨까요? 이 경우 단기적으로 충격이 따릅니다.

우리나라는 금융위기를 2008년 10월로 보는데 그해 1월 잠실에 2만 세대가 입주했습니다. 많은 사람이 동시에 들어온 겁니다. 그래서 그 동네가 1년 동안 거의 쑥대밭이 되었습니다. 그런 다음 회복했지만 이후 잠실은 전세난과 역전세난을 왔다 갔다 했습니다. 앞으로도 지역별로 이런 상황이 꽤 벌어질 것입니다. 가령 분당 신도시에 사람들이 입주할 때 성남시 집값이 단기적으로 40퍼센트까지 내려갔습니다. 물론 시간이 지나면서 회복했지요.

결국 너무 많은 빚을 지고 부동산을 구매하면 충격이 있지만 LTV를 줄여서 큰 부담 없이 구매하면 적당히 버틸 수 있습니다.

저금리는 끝났는가

진행자　이제 '좀 지켜봐야 한다'는 입장에 선 함영진 센터장의 얘기를 들어봅시다.

함영진　2015년 말 현재 전세가율이 매매가의 70퍼센트에 육박하는 상황이라 깡통전세에 대한 리스크가 상승하고 있습니다. 금리인상 리스크도 있지만 그 폭이 장기적으로 높지 않고 2016년까지 저금리 상황이 이어질 것으로 보입니다. 여기에다 정부는 담보대출 규제를 강화하고 있습니다.

그러다 보니 불안정한 전세가 때문에 주택 구매에 관심이 많은 실수요자 입장에서는 과연 집을 사야 할지, 아니면 더 지켜봐야 할지 고민이 많을 것입니다.

2015년 말 현재 사람들이 가장 집중하는 문제는 바로 '저금리는 끝났는가' 하는 점입니다. 미국 연방준비제도(연준)의 연방공개시장위원회(FOMC)가 이미 2015년 12월 정례회의에서 금리인상을 가시화했습니다. 수출로 먹고사는 우리나라는 급격한 자금 유출을 막기 위해 선진국의 금리인상 속도에 따라 금리를 올릴 수밖에 없습니다. 한데 2016년부터 시작되는 미국의 금리인상 속도는 1년에 1퍼센트포인트 정도일 것이라고 예상하는 전문가가 많습니다. 이에 따라 한국은 당장 금리를 올리기보다 2016년 중반 이후 1년에 한두 차례 기준금리를 0.25~0.5퍼센트포인트 올리지 않을까 싶습니다.

이 경우 현재 시장을 움직이는 유동성 장세에 도움을 준 저금리 기조가 단번에 깨지는 않을 것입니다. 특히 수도권은 2016년 재건축 위

금리가 2, 3년간 단계적으로 오를 수 있지만 그래도 당장 2퍼센트대 주택담보대출 금리가 5퍼센트대로 급등하지는 않아

주의 수요 여파로 재개발, 재건축 같은 정비 사업이 본격화되면서 물량 자체가 4~6만 호에 달합니다. 여기에다 2016년 4월에는 총선이 있는데 과거보다 선거가 부동산 시장에 미치는 영향이 줄어들긴 했지만 아무튼 정부가 표심을 의식하지 않을 수는 없을 것입니다. 물론 도시화 비율이나 주택보급률 때문에 정부정책을 공격적으로 반영하기가 어려울 수 있으나 지역의 숙원 사업과 관련된 부동산 공약이 나올 수 있습니다. 또한 전체 자산의 70퍼센트가 몰려 있는 부동산 시장이 빠르게 냉각되면서 2016년 상반기 정책이 시장의 심리를 위축시키기는 어려울 것입니다. 그런 의미에서 정부의 정책 기조가 적어도 2016년 상반기까지는 유지될 것으로 보입니다.

금리가 2, 3년간 단계적으로 오를 수 있지만 그래도 당장 2퍼센트대 주택담보대출 금리가 5퍼센트대로 급등하지는 않을 겁니다. 저금리가 유지될 경우 특히 입주 물량이 부족한 서울을 중심으로 재건축 이주에 따른 이주 멸실이 본격화될 일부 지역에서 전세가 불안이나 임대인의 전세 물량 월세 전환 속도가 당분간 유지될 전망입니다. 그러면 실수요자의 내 집 마련은 좀 더 진행될 것입니다.

이미 주택 가격은 9부 능선까지 왔다

　　물론 시장에 리스크를 불러오는 변수도 있습니다. 그중 대표적인 것이 정부의 가계부채 강화 방안입니다. 정부는 2014년 하반기에 LTV(주택담보인정비율), DTI(총부채상환비율)를 완화한 이후 기준금리를 두 차례 인하했고, 2015년에도 상반기까지 금리를 두 차례 인하하면서 저금리 유동성 장세를 만들었습니다. 여기에다 재건축 허용연한 완화, 재건축 단지를 포함한 민간 분양 물량에 대한 분양가 상한제 탄력 운영으로 재건축 단지뿐 아니라 신규 분양 시장에까지 수요자들이 몰렸습니다. 특히 신규 분양 시장은 2015년 2월 청약제도 간소화에 따라 24개월이던 청약 1순위 요건이 12개월로 완화되면서 많은 수요자가 뛰어들었고, 일부 단지에서는 분양권 전매 프리미엄이 2,000~3,000만 원에서 억대로 붙기도 했습니다.

　　수도권 외에 이미 청약 1순위 자격 요건을 6개월 정도로 단축한 지방에서도 대구, 부산, 광주, 세종시를 중심으로 전체 주택거래량의 30퍼센트가 분양권 전매 거래로 나타났습니다. 한마디로 2015년에는 생각보다 가격이 많이 올랐습니다. 특히 서울에서는 전 고점의 90퍼센트 가까이 다가간 상황입니다.

　　현재 전세난에 쫓긴 실수요자와 장기적으로 저성장 시대에 대비해 수익형 부동산을 극대화하려는 수요자가 부동산 시장으로 유입되고 있습니다. 대다수 주택 시장에서 선호하는 것은 전용면적 85제곱미터 이하의 중소형입니다. 그리고 자신이 거주하는 지역에서 집을 사는, 지역 내 실수요자가 많습니다. 반면 집값 급등을 노린 원정 투자는 전보다 대폭 줄어들었습니다.

이런 상황에서 정부정책과 관련된 호재는 거의 끝난 상황입니다. 물론 정부정책은 일관성을 유지하고 있지만 2014년 하반기부터 2015년에 주택 매매가가 꾸준히 상승하면서 대부분의 수도권 지역이 중소형을 위주로 전 고점의 9부 능선까지 갔습니다. 지방의 주택 시장은 2011년 이후를 정점으로 꾸준한 주택 공급과 가격 상승 극대화로 전 고점을 넘어선 지역이 많습니다.

서울과 수도권은 전 고점 대비 90퍼센트 가까이 상승

●

시장이 수급 조절하는 2016년 '수도권 주택 시장' 바라볼 때

반면 과잉공급에 따른 리스크도 커지고 있는 상황입니다.

주택 시장을 움직이는 수도권과 지방의 두 축 중 지방 주택 시장은 대구의 경우 2015년 주택 가격이 10퍼센트 이상 상승했지만, 앞으로 2016년의 입주 물량 2만 6,000가구와 이후의 1만 7,000가구를 합쳐 4만 6,000가구가 단기간에 쏟아질 것입니다. 그러면 지방 주택 시장을 견인하던 힘이나 묵직하게 밀어올린 가격 상승 여력은 잠시 둔화될 수밖에 없지요. 이렇게 시장이 수급을 조절하는 상황에서는 어디에 관심을 기울여야 할까요? 수도권 주택 시장입니다.

수도권 주택 시장에서 전세가 불안은 쉽게 해소되지 않을 겁니다. 2016년의 주택담보대출 규제라는 변수가 있긴 하지만 그 변수를 넘어설 만큼 전세가가 당분간 상승할 수밖에 없는 구조적인 문제가 있습니다. 이들 수요 중 일부가 주택 구입에 적극 나설 수도 있으나 사실 주택 가격이 과거에 비해 많이 올랐습니다. 지금 실수요자가 주택 시장에 유입되고 있긴 해도 대개 시세차익을 병행하는 수요입니다. 이미 오를 만큼 올랐음을 감안하면 주택 시장 매수세가 적극적이긴 어렵습니다. 사실상 2015년 11월부터는 소강상태가 뚜렷이 나타나고 있습니다. 특히 강동지역과 2015년 들어 집값이 많이 오른 광명, 2015년 신규 주택 공급이 많았던 김포도 11월 들어 주택 가격과 거래량이 숨고르기에 들어갔습니다. 그러니 급할 건 없습니다.

2015년 말 현재 지방 주택 시장은 장기적으로 수급불균형 문제가 발생할 여지가 크고 일부에서는 과잉공급 문제가 현실로 나타나고 있습니다. 이미 주택 가격은 전 고점을 넘었지만 지역 내 인구 증가나 급격한 소득수준 향상처럼 펀더멘털 변화보다 정부정책에 따른 유동성의 영향으로 오른 것이라면 지방 주택 시장은 상황이 썩 좋지 않은 셈입니다. 그러니 2016년 주택 시장도 역시 수도권을 바라봐야겠지요. 수도권 주택 시장을 바라볼 때는 입지가 굉장히 중요한 변수입니다.

정부정책은 2016년 상반기까지는 내수 부양을 위해 어느 정도 일관성을 유지하겠지만 이미 정부는 가계부채 관리방안을 발표했습니다. 늦어도 2016년 1월 은행권에서 여신심사를 강화할 구체적인 방안을 발표할 것입니다. 그러면 담보 물건으로 LTV 70퍼센트까지 대출받기는 어렵습니다. 2015년처럼 단기 시세차익을 노리는 사람도 상환 능력이 중요해지므로 일부 고가 주택이나 자신의 상환 능력을 넘어서는 대출은 어려울 전망입니다. 특히 미국의 금리인상에다 정부가 은행의 집단대출 심사를 조사하면서 미약하나마 공급 조절 신호를 보내고 있으므로 소유자 입장에서는 현재의 소비자동향지수(CSI, Consumer Survey Index)와 주택 시장에 대한 소비자 인식이 좋아도 장기적으로 매각 타이밍까지 고려해야 합니다.

이런 관점으로 9부 능선까지 오른 주택 시장을 살피면 성급하게 아무 물건이나 고르지는 않을 것입니다. 2016년 주택 시장은 입지나 분양가의 적정성, 과잉공급 같은 다양한 변수를 살펴보고 자기자금 마련을 위해 꼼꼼히 준비하되 서둘 이유는 없습니다.

무리해서 집을 살 필요는 없다

그러면 시장 폭락을 우려할 만큼 현재 과잉공급 상태거나 주택담보대출 또는 가계부채로 인한 하우스푸어 문제가 또다시 불거질까요? 저는 단기적으로 그럴 확률이 낮다고 봅니다. 2015년 주택 시장 공급 물량이 아파트를 위주로 50만 채에 이릅니다.

서울의 경우 강북지역 뉴타운 출구 전략에 따라 지구 지정이 해제되고 건축 규제가 풀리면서 다가구나 빌라 신축이 대폭 늘어났습니다. 이 추세는 2016년 상반기까지 이어질 것이므로 2016년 주택 시장을 견인하는 견인주는 지방보다 수도권이 될 확률이 상대적으로 높습니다. 서울의 재건축 이주 수요 여파가 임차 시장에 어떤 영향을 미치느냐에 따라 시장에 변수가 생길 수도 있습니다. 아무튼 주택 시장이 급락할 만큼 단기간에 주택 공급량이 크게 늘지는 않을 것입니다.

물론 2015년에 50만 채를 공급한 데다 인허가를 받은 것이 70만 채이므로 이것이 2016년까지 이어지면 큰 리스크로 작용해 2017년이나 2018년에 과잉공급에 따른 쇼크가 올 수 있습니다. 그러나 현재 시장은 과거에 비해 미분양 절대수치가 3만 호를 약간 초과하는 정도입니다. 2008년 금융위기 당시 미분양이 16만 호였습니다. 그때 인천 경제자유구역 내의 서청라나 영종 하늘도시처럼 고분양가 혹은 단기간의 대량 공급이 금융위기 같이 시장이 급격히 위축된 시점에 이뤄지면서 입주 적체와 입주 거부 사태를 빚었지만 현재 미분양 재고량이 그처럼 많은 것은 아닙니다.

대신 미분양은 2016년까지 늘어날 전망입니다. 2015년 50만 채를 공급했고 수도권의 잔여 물량은 2016년 상반기까지 이어질 것이므로 그때까지는 이들 물량이 일부 영향을 주겠지만, 이 단기 물량이 입주 적체를 이루기엔 역부족입니다. 더구나 지금은 전세 시장 불황이 완충장치 역할을 하고 있습니다.

미분양은 2016년까지 늘어날 전망

2016년에는 공급량을 2015년보다 줄이는 패턴을 유지할 것

과거에는 공급량이 늘어나면 그것이 주변 전세가를 떨어뜨려 매매가까지 동반 하락하는 문제를 낳았

습니다. 그러나 지금은 저금리 여파로 전세 시장 불황과 함께 매물 부족 현상이 극심해서 몇 년 뒤 주택 과잉공급 현상이 나타나도 실수요자 입장에서는 이 물량을 전세로 돌려 잔금을 마련할 시간적 여유를 벌 수 있습니다. 2015년에 많은 물량을 공급한 건설사들도 이 물량이 장기적으로 리스크로 작용하고 고분양가 역시 문제가 되리라는 것을 알고 있기 때문에 2016년에는 공급량을 2015년보다 줄이는 패턴을 유지할 겁니다.

수도권 중에서도 실수요자가 있는 지역은 공급이 이어질 것입니다. 단, 2016년에는 주택담보대출 규제가 변수로 작용할 확률이 높습니다. 2016년 1분기를 시장의 '마의 구간'으로 여기는 것도 좋습니다. 2015년 말에 미국이 금리를 인상하고 2016년 1분기에 주택담보대출 규제가 본격화되면 시장에 어느 정도 심리적 타격을 줄 것입니다. 계절적으로 비수기라는 리스크도 영향을 주고요. 여기에다 실수요자들은 대개 한 해가 시작되자마자 주택 시장에 뛰어들기보다 설 이전까지 향방을 관망하려는 경향이 있습니다. 이에 따라 2016년 1분기까지는 거래 시장의 움직임이 잠시 주춤하면서 소강상태를 보일 전망입니다.

하지만 2016년 봄철에 이사 수요가 늘어나면서 임대 시장의 움직임이나 이중수요 여파에 따라 주택 시장이 다시 움직일 여력은 있습니다. 다만 이 수요도 가격이 이미 9부 능

금리인상, 정부 규제, 비수기 리스크로 2016년 1분기는 시장의 '마의 구간'

선까지 갔고 지방의 입주 물량이 늘어나면서 전세가가 안정세를 보일 확률이 높습니다. 이처럼 주택 시장을 움직이던 수도권과 지방의 두 축 중에서 수도권 주택 시장만 움직이면 2015년보다 가격 상승이나 거래량 증가, 신규 분양 열기는 다소 둔화될 것입니다.

결국 실수요자는 급할 게 없습니다. 2016년에는 과천, 일원동, 개포동에서 신규 분양 물량이 많이 나올 예정입니다. 이런 물량의 경우 청약통장을 적극 활용해 중소형을 노려보는 것이 좋습니다. 물론 재고 주택 시장이 이미 많이 오른 상태라 공격적으로 생각할 필요는 없습니다. 내 집이 없고 전세금 정도만 갖고 있는 상황에서 내 집 마련을 적극 검토한다면 2016년 1분기에 주택 시장이 소강상태를 보일 때 타이밍을 잡아보십시오. 고점에 비해 가격이 낮게 형성되는 시기에 시장에 천천히 들어가되 기존 아파트와 신규 분양 시장을 교차분석해 좋은 상품을 골라야 합니다.

임대 사업을 고려하는 사람은 보통 중소형 아파트에 관심이 많습니다. 그런데 2017년부터 주택임대소득 과세가 본격화되므로 임대수익형 부동산을 노린다면 최초의 사업자등록을 해서 취득세, 종부세, 양도소득세, 재산세를 어느 정도 낮추는 전략을 펴는 게 좋습니다.

실수요자가 집을 구매하는 것은 언제든 환영입니다. 반면 가격이 오른다고 해서 다주택자가 단기차익을 노리고 시장에 뛰어드는 것은 장기적인 추세로 볼 때 리스크가 따릅니다. 현재 고용 시장 상황이 좋지 않고 경제성장률이 저성장 기조를 유지하고 있습니다. 결국 유동성과 정부의 금리 인하로 2015년의 주택 시장 풀이 만들어졌다는 얘기인데 이것이 장기적으로 이어지기는 쉽지 않습니다. 따라서 2016년에는 수도권, 중소형 주택, 신규 분양, 입주 5년차, 새 아파트, 과잉공급 현상이 덜한 지역, 가격이 비교적 저렴해 실수요자에게 무리가 따르지 않는 지역을 중심으로 살펴봐야 합니다. 특히 집값의 70퍼센트는 자기자본으로 투자할 생각으로 시장을 보수적으로 내다보는 것이 좋습니다.

2016년에는 수도권, 중소형 주택, 신규 분양, 입주 5년차, 새 아파트, 과잉공급 현상이 덜한 지역, 가격이 비교적 저렴한 지역을 중심으로 살펴봐야

한마디로 무리해서 집을 사지는 마십시오. 지금은 시장이 다이내믹하지 않으므로 2016년에 바뀌는 정부정책과 1분기 상황을 잘 살펴 포트폴리오를 정해야 합니다.

아직 많이 오르지 않았다

진행자 내용을 꼼꼼하게 짚어주셨네요. 그러면 각자 5분 정도 정리 멘트에 들어가겠습니다. 먼저 고종완 원장부터 시작하겠습니다.

고종완 이제 조금 감이 오나요? 어쩌면 더 혼란스러워졌을 수도 있습니다. 그럼 제가 고객과 대화를 하면서 늘 느꼈던 부분이나 많이 받은 질문을 중심으로 간단하게 얘기를 하겠습니다.

첫째, 지금 집을 사야 할까요, 말아야 할까요? 2016년에 집값이 오를까요, 아니면 내릴까요? 2017년까지 집값은 오르겠지만 2018년 이후 하락이 예상됩니다. 물론 지역에 따라, 또 개별 부동산의 가치가 있느냐 없느냐에 따라 다르겠으나 서울과 수도권은 비교적 과잉공급 우려가 적고 금리인상 리스크가 적을 전망입니다.

둘째, 부동산의 미래를 미리 알 수 있을까요? 인간은 편견이 강한 동물이라 이 부분은 좀 어려운 얘기지만 저는 어느 정도 방향성은 파악할 수 있다고 봅니다. 특히 여러 사람의 근거가 다를 때는 빅데이터에 의존하는 것이 가장 좋습니다. 데이터, 통계, 지표가 중요하지 사람의 주관적인 생각은 그리 중요하지 않습니다. 빅데이터와 벌집 순환 모형을 바탕으로 예측할 경우 2016년 서울은 거래 감소, 가격 상승이라는 제2국면에 접어들 전망입니다. 다시 말해 2014년이 거래 증가, 가격 보합이었다면 2015년은 거래 증가, 가격 상승 그리고 2016년에는 거래가 감소하지만 가격 상승세는 유지되는 국면으로 진입할 것으로 보입니다. 저는 앞으로 2년간 부동산 경기가 긍정적일 것으로 전망합니다.

2016년 서울은 거래 감소, 가격 상승 국면
●
앞으로 2, 3년간 거래 감소하면서 가격 하락하는 매도국면에 진입

영국 유니버시티 칼리지 런던의 노리나 허츠(Noreena Hertz) 명예교수는 이런 말을 했습니다.

"이제는 전문가들의 말조차 믿지 말라."

전문가들조차 주장과 예측이 제각각 조금씩 다를 수 있기 때문에 옥석을 구분하는 자세가 필요하다는 의미입니다. 우리는 지역별로 사이클이 차별적으로 움직인다는 점을 감안해야 합니다. 유주택자와 무주택자의 생각 역시 다를 수밖에 없습니다. 가령 무주택자는 집값이 내렸으면 좋겠다는 생각으로 '집값이 내릴 것이다'라는 전문가 의견에 더 솔깃할지도 모릅니다. 반면 유주택자는 그 반대로 생각할 것입니다. 노리나 허츠 명예교수는 그런 우리를 위해 이렇게 조언합니다.

"전문가의 예측이나 주장이 중요한 것이 아니다. 어떤 객관적 근거를 제시하는지, 그 사람의 과거의 실적이 어떠한지를 보라. 그리고 스스로 그런 것을 판단할 수 있는 전문지식을 갖춰라."라고 말이죠.

2016년 현재 집값은 바닥을 조금 지났지만 거품이 있는 상태는 아닙니다. 30대와 40대는 주택을 구매하는 전략이 필요합니다. 은퇴 준비자들은 국민연금, 주택연금, 농지연금 그리고 금융자산을 잘 포트폴리오해서 노후 준비를 해야 합니다. 다만 부동산은 지역과 상품 선택이 매우 중요합니다. 예컨대 일인당 주거 면적이 10평 정도라는 국토부의 발표에 따르자면 강남은 15~20평을 선택하는 것도 한 방법입니다. 앞으로 한국은 2030~2040년까지 인구와 소득이 완만하게 증가할 것입니다. 따라서 긍정적이고 희망적인 마음으로 일본처럼 잃어버린 20년을 상상하는 극단적인 생각은 피했으면 합니다. 그런 의미에서 우리는 균형 잡힌 사고와 전문지식을 꾸준히 쌓아야 합니다.

섣불리 예측 말고 가능성을 열어두라

진행자 감사합니다. 다음은 박원갑 위원의 얘기를 듣겠습니다.

박원갑 간단하게 말하면 저는 '미래를 섣불리 예측하지 말고 가능성을 열어두자'는 생각을 하고 있습니다. 분명 공급 물량이 많기 때문에 우리는 어떤 형태로든 한 번은 통과의례를 거칠 수밖에 없습니다. 아무리 선진국에 비해 주택 공급이 떨어져도 일정 구간 안에 공급이 넘치면 한 번은 후유증이 남게 마련입니다. 과연 그 후유증이 우리가 감당할 만한 몸살 정도일지, 아니면 치명적인 폐렴이 될지는 누구도 예상하기 어렵습니다. 사실상 개인이 할 수 있는 일은 별로 없습니다. 그저 상상만 할 뿐이지요. 이럴 때일수록 가급적 보수적으로 설계하는 것이 정신건강에 좋습니다. 꼭 필요한 경우 구매를 하되 너무 많이 대출을 받지 마십시오. 대출은 집값의 30퍼센트 정도로 한정하고 안전하게 접근하는 것이 여러 가지로 좋습니다.

가급적 보수적으로 설계해야

대출은 집값의 30퍼센트 정도로 한정

지나치게 비싸면 피하라

진행자 그럼 심 교수의 얘기를 들어보겠습니다.

심교언   집값 하락은 걱정하지 않아도 됩니다. 우리나라 국민의 60퍼센트가 집을 소유하고 있는데 그들에게 물어보면 하나같이 대답합니다.

"집값이 좀 내렸으면 좋겠다. 단, 우리 집은 안 된다!"

이런 사람들이 60퍼센트에 이르다 보니 표심에 촉각을 곤두세우는 정부의 입장에서 집값 하락은 악재입니다. 당연히 민감하게 대응할 수밖에 없지요. 한 가지 조심해야 할 것은 '고점 지구'입니다. 2006년 제가 미국에서 여러 사람과 부동산 관련 얘기를 하던 중에 50여 년간 부동산업에 종사한 한 할아버지와 나눈 말이 특히 기억납니다.

"내가 잘 아는 것은 아니지만 지금이 고점 같다."

"왜 그렇게 생각하세요?"

"사람들이 갑자기 욕조 인테리어에 신경 쓰고 바닥에 대리석을 깔고 있다. 그렇게 1억이나 1억 5,000을 투자해 집값을 3억 정도 올려받는다. 이런 현상이 나타날 때는 항상 고점이다."

지나고 보니 그의 말이 적중했어요. 세심하게 살펴보고 지나치게 비싸다는 생각이 들면 피하십시오.

분양, 전세, 임대: 상품별 알짜 투자팁

진행자   마지막으로 함영진 센터장의 얘기를 듣겠습니다.

　　상품별로 투자 팁을 잠깐 짚어보겠습니다.

　먼저 2016년 초에 과천, 일원동, 개포동에서 신규 분양 물량이 대거 쏟아지면서 고분양가에 대한 리스크가 높아질 전망입니다. 수도권도 전매 규제를 노리고 무리하게 집단대출을 받아 차익을 보려는 경우가 많습니다. 2015년에는 분양 시장 열기가 강해 단기차익 시장이 가능했지만 2016년에는 시장이 생각보다 가라앉을 수 있습니다. 그렇다고 집값이 폭락하지는 않겠지만 지역에 따른 온도차가 굉장히 클 것입니다. 아무튼 무리하게 담보대출이나 집단대출을 받아 단기차익을 노리고 투자하는 것은 자충수가 될 수 있습니다.

　전세 시장의 경우 서울을 중심으로 2016년에도 전세가가 오를 것입니다. 그런데 전세보증금이 매매가의 70퍼센트에 달하고 경매 낙찰가율은 90퍼센트이므로 선순위 저당권이 있는 집에 들어갈 때는 확정일자만으로는 불안정합니다. 적어도 LTV가 집값의 80퍼센트가 넘지 않는 단지를 고르고 그것이 여의치 않으면 대한주택보증이나 보증보험을 통해 안전장치를 만들어두어야 합니다. 그게 아니면 인상 금액의 일정 정도를 차라리 월세로 받아들이는 게 전세보증금을 지키는 한 방법입니다.

2016년에도 서울 중심으로 전세가 상승 전망

●

단기차익 노리고 분양받는 것은 자충수 될 것

　재고 주택 시장은 지방보다 수도권이 더 활성화될 것입니다. 수도권 내에서 역세권 입주 5년차 이내에 중소형 저성장기일 경우, 주택이 감가상각에 영향을 미치고 가격이 크게 오르지 않으면 새 아파트가 임대수익을 받는 임대회전률이 훨씬 더 높습니다. 그래서 새 아파트 과잉공급에 따른 부작용이 덜한 것입니다. 2015년 경기도에 20만 채를 공급했는데 용인, 화성, 남양주, 하남은 2만 가구에서 3만 5,000가구 이상을 한꺼번에 공급했습니다. 이 물량이 몇 년 뒤 과잉입주로 이어질 수 있으므로 이 지역에 대해 2016년뿐 아니라 장기 로드맵을 세울 필요가 있습니다.

주택임대 사업자는 2016년까지는 괜찮지만 2017년부터 임대소득이 연간 2,000만 원 이하일지라도 임대소득세를 부과받습니다. 물론 분리과세(14퍼센트)와 종합과세(6~30퍼센트) 중에서 낮은 것으로 선택할 수는 있습니다. 그러므로 다주택자는 임대사업 비용을 고려하는 한편 사업자등록을 통해 자산을 관리하고 상품 가치, 정부정책, 금리 변화, 유동성 등을 꼼꼼히 확인해야 합니다.

진행자 지금까지 집을 사야 할지, 아니면 좀 더 지켜봐야 할지를 놓고 이야기를 나눴습니다. 주택담보대출, 주택 과잉공급, 미국의 금리인상 등을 고려해 조목조목 얘기를 나눴는데요, 현명한 선택으로 2016년에 여러분 모두 부자가 되기를 바랍니다.

서아라

예금보험공사는 부실 금융회사 등 기관들이 보유한 오피스텔 및 상가 건물을 파산재단을 통해 보유하며, 이를 투자자에게 감정가 대비 싼 가격으로 판매한다. 서아라 선임조사역은 감정가보다 30퍼센트 저렴한 경기도 용인, 서울 송파구 등지의 유망한 오피스텔·상가 물건 6건을 선정해 공개한다.

30퍼센트 싼 알짜
오피스텔·상가 매입하기

서아라, 예금보험공사 회수총괄부 선임조사역

공매는 어떻게 이루어지는가

금융기관은 평소 예금보험공사에 보험료를 지불하는데, 만약 해당 금융기관이 부실해져 고객의 예금을 돌려주지 못하면 예금보험공사가 대신 지급을 보장합니다. 알고 있겠지만 예금자 보호 한도는 일인당 5,000만 원입니다. 또한 예금보험공사는 금융기관의 부실화에 책임이 있는 주주나 임직원을 조사해 책임을 묻고 재산을 환수하는 역할도 합니다. 이처럼 예금보험공사가 금융기관을 지원한 다음에는 해당 금융기관의 자산을 매각 및 처리합니다. 여러분은 공매제도를 통해 이렇게 매각하는 자산에 투자할 수 있습니다. 다시 말해 한때 금융기관이 소유하고 있던 물건을 공매 절차를 밟아 구입하는 것이 가능합니다.

공매란 물건을 공개경쟁 방식으로 입찰에 부쳐 매각하는 것을 말합니다. 경매는 법원에서 채무자의 물건을 입찰에 부쳐 최고가격을 제시한 사람에게 매각하는 절차지요. 예금보험공사도 이와 비슷하게 파산 재단의 물건을 공매제도를 통해 매각합니다.

그럼 그 절차를 간단히 안내하겠습니다.

일단 공사에서 가격을 결정하고 현장답사를 마친 뒤 공매 공고를 합니다. 공매 공고는 수시로 이뤄지기도 하고 신탁사를 통해 공고하기도 합니다. 정기적인 정기공매는 매월 둘째 주 목요일에 공고한 다음 넷째 주 목요일에 실제 공매를 실시합니다. 단, 12월에는 연말에다 연휴가 많아 조금씩 변화가 있습니다. 2015년 12월에는 12월 10일(목)에 공고했고 실제 공매 날짜는 12월 21일(월)입니다.

공고는 공사 홈페이지와 곧 오픈 예정인 예금보험공사 공매자산 매각정보 홈페이지 '예보공매정보(KDIC-ASSETS)'에 올립니다. 주요 일간지에도 공매 공고가 나가므로 신문에서도 확인할 수 있습니다.

실제 공매는 이렇게 이뤄집니다.

구매를 원하는 물건이 있으면 입찰서를 작성해 공지한 시간에 입찰금액의 10퍼센트 이상에 해당하는 입찰보증금을 가지고 입찰장을 방문합니다. 정기공매는 서울, 부산 등 열 곳의 공매장에서 실시하는데 어느 공매장에서든 모든 물건에 입찰할 수 있습니다. 입찰자가 많은 경우 물건별로 공지한 최저 매각가격 이상의 최고 가격을 써낸 입찰자가 낙찰을 받습니다. 대금을 납부하지 않거나 유효한 계약자가 없어서 유찰되면 다음 공매일 전까지 전회차 공매조건 이상으로 수의계약도 가능합니다.

예금보험공사는 홈페이지에 공매 일정을 비롯해 공매에 참여하는 방법, 물건에 대한 자세한 설명, 감정평가서, 각종 분석 보고서 등을 제공합니다. 회원으로 가입하면 관심 매물을 저장하거나 물건의 공고일자를 메일로 받아보도록 메일링 서비스를 신청할 수 있습니다.

건물 구조가 특이한 남양주 평내 리치플러스

그럼 여러분이 가장 궁금해 하는 알짜 수익형 부동산을 소개하겠습니다.

처음 소개할 물건은 경기도 남양주시 평내동 140번지에 위치한 '평내 리치플러스'입니다. 이것은 지하4층, 지상5층으로 이뤄진 상가건물입니다. 건축 면적은 2,594제곱미터이고 매각 대상은 총 27개 호입니다. 매각 면적은 호별로 평균 63제곱미터, 감정평가액은 2014년 말 기준 호별 평균 1억 7,000만 원에서 13억 원까지 다양하지만 평균 2억 5,000만 원 수준입니다. 이 물건의 최근 공매는 2015년 10월에 열렸는데 그때 공매가는 호당 평균 1억 4,000만 원선으로 감정가 대비 평균 43퍼센트 할인한 수준입니다. 총 27개 호를 14건의 분리매각으로 진행 중입니다.

건물 이용 상태를 보면 지하는 마트와 실내골프장이고 지상층은 식당, 한의원, 키즈카페, 학원 등 다양한 업체가 입점해 있습니다. 현재 대상 물건은 대부분 음식점 및 서비스업으로 임대 중입니다. 호별 평균 임대보증금은 900만 원이고 임대수익은 43만 원 수준입니다.

리치플러스는 건물 구조가 특이하게도 앞은 일자고 뒤는 곡선으로 휘어진 C자 구조입니다. 중앙에는 광장이 있는데 건물 사

평내 리치플러스 건물 사진과 입지

출처: 예금보험공사 회수총괄부

이를 연결하는 통로가 있어서 양 C자 공간을 이동할 수 있습니다.

이제 입지를 봅시다. 북쪽에는 도보 5분 거리에 경춘선 평내호평 역이 있습니다. 그리고 서울 – 춘천 간 46번 국도가 인접해 있어서 교통이 매우 편리합니다. 부근에는 대명, 효성, 세종 등 4,000여 세대의 아파트가 있습니다. 아파트 주변으로 평내 초등학교, 평내 중학교 등 많은 학교가 있으며 고밀 주거지역입니다. 인근의 주거인구는 1만 7,000여 명이고 유동인구는 일일평균 약 1만 9,000명입니다.

이 건물은 호별 면적이나 묶음매각 상황이 다르니 잘 살펴봐야 합니다. 호별 매각 상황은 협의를 통해 묶음매각을 달리해서 매각하기도 합니다.

중심 상업지구에 위치한 용인 골드플라자

다음은 경기도 용인시 기흥구 중동 829번지에 위치한 '골드플라자' 입니다.

이 건물은 지하3층, 지상10층인 네 개의 건물로 구성된 상가입니다. 건축 면적은 총 5,200여 제곱미터이고 매각 대상은 모두 72개 호입니다. 매각 면적은 호별 평균 89제곱미터인데 감정평가액은 2015년 3월 기준으로 호별 평균 1억 8,000만 원입니다. 현재 72개 호를 15건의 분리매각으로 진행 중입니다.

건물은 음식점, 노래방, 교회, 당구장, 업무 시설 등 다양하게 쓰이고 있습니다. 공사가 매각하려는 72개 호 모두 공실 상태라 입찰을 받으면 곧바로 이용이 가능합니다. 일부 무단 점유해 영업한 호도 있는데 명도소송에서 모두 승소했으므로 매수해도 특별한 장애요인은 없습니다. 참고로 공사는 이 건물을 2014년 3월부터 공매했고 현재까지 115개 호를 매각해 72개 호만 남았습니다. 네 개의 건물 A동, B동, C동, D동의 중간 4층에는 연결통로가 있어서 건물 간 왕래가 가능합니다.

입지는 동백 초등학교 남서쪽 인근에 있고 주변에 롯데캐슬, 동일하이빌, 신영지웰 등 대단위 아파트 단지가 있습니다. 특히 골드플라자 건너편에는 이마트와 복합쇼핑몰 '주네브선월드'가 있습니다. 이

골드플라자 건물 사진과 입지

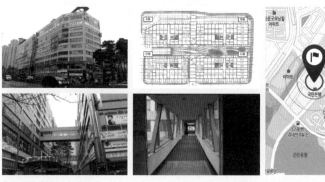

출처: 예금보험공사 회수총괄부

렇듯 이곳은 용인 동백지구 내 중심 상업지구라 부동산 거래가 활발합니다. 교통 상황을 보면 용인 경전철 어정역이 도보 10분 거리에 있고 영동고속도로 마성IC를 경유해 인접지로 진출입이 가능합니다.

주변 상권은 상업 및 업무 시설 밀도가 조금 낮고 저층 아파트가 밀집된 중밀 주거지역입니다. 이곳에는 90퍼센트가 음식점이나 서비스업 중심의 상권이 형성되어 있습니다. 유동인구는 일일 평균 1만 5,000명입니다. 매각 대상 리스트를 보면 묶음매각하는 호가 많으므로 매수할 때 주의해야 합니다. 묶음매각 단위는 협의해서 분할매각도 가능합니다.

내부가 깔끔하고 쾌적한 화성 센트럴 에스타운

이제 경기도 화성시 반송동 93-6번지에 위치한 '센트럴 에스타운'을 보겠습니다.

이 건물은 화성 동탄 택지개발 상업지구 내에 있고 지하6층에서 지상11층짜리 상가입니다. 매각 대상은 모두 19개 호고 매각 면적은 호별 평균 73제곱미터이며 감정평가액은 호별 평균 6억 원입니다. 2015년 10월 공매가는 감정평가액 6억 원선에서 평균 40퍼센트 할인한 3억 6,000만 원선입니다.

센트럴 에스타운 지하 사진과 입지

2008년 8월 사용 승인이 난 이 건물은 내부가 깔끔하고 쾌적합니다. 5층 이하는 건축사무소와 식당, 편의점 등으로 쓰이고 5층 이상은 생활용 주택, 오피스텔로 이용합니다. 이 건물의 가장 큰 특징은 지하 같지 않은 지하층이 있다는 점입니다.

사진을 보면 모두투어가 입점한 층이 건물의 1층이고 모두투어 아래 식당이 있는 층이 지하층입니다. 무엇보다 메타 폴리스라는 건물 끝까지 1킬로미터 정도 공원이 조성되어 있습니다. 여기에다 동탄 센트럴파크와 연결되어 있어서 조금도 지하 같지 않습니다. 참고로 센트럴 에스타운은 2012년 11월부터 공매를 시작했고 44개 호 중에서 25개 호를 매각하고 19개 호가 남아 있습니다.

입지를 보면 인근에 동탄파라곤, 하이페리온 같은 큰 아파트는 물론 생활용 오피스텔이 상당히 많습니다. 상권은 주거인구가 1만 6,000여 명이고 직장인구가 1만 2,000여 명이며 유동인구는 일일평균 2만 9,000명으로 고밀 주거지역이자 업무 중심지역입니다. 주변에는 엔터식스, 홈플러스, CGV 등 주거 인구를 배후로 한 시설이 많이 들어서 있습니다.

유동인구가 7만 3,000명에 달하는 송파 제일 오피스텔

네 번째로 소개할 물건은 서울 송파구 가락동에 있는 '제일 오피스텔'입니다.

이것은 지하8층에서 지상20층의 고층 건물로 연면적이 약 3만 9,000제곱미터에 달합니다. 매각 대상은 모두 7개 호이고 매각 면적은 호별 평균 62제곱미터에 감정평가액은 2014년 10월 기준 4억 8,000만 원입니다. 2015년 10월에 열린 공매에서는 호별 평균 3억 3,000만 원 수준으로 감정가 대비 30퍼센트 이상 할인한 매물로 나왔습니다. 건물 전체를 오피스텔로 이용 중이고 지하에는 수영장과 스포츠센터가 있으며 1층에는 은행 및 부동산 등이 입점해 있습니다.

제일 오피스텔은 지하철 3호선과 8호선 가락시장역 바로 입구에 있습니다. 인근에는 가락우성아파트, 올림픽훼밀리타운 등 대규모 아파트 단지가 들어서 있습니다. 길 건너 서쪽으로는 2015년

12월 말에 개장 예정인 가락시장 가락몰이 있고 대각선으로 남서쪽을 보면 롯데마트가 입점해 있습니다. 굉장히 큰 상권 규모의 건물이 위치해 있는 것입니다.

상권은 주택 중심지역에 형성된 업무 중심지역으로 직장인구가 주거인구의 네 배에 달합니다. 지하철 두 개 선이 지나고 가락시장을 끼고 있는 만큼 유동인구가 7만 3,000여 명에 달합니다. 주요 시설은 가락시장 가락몰과 롯데마트, 가락우성아파트, 올림픽훼미리타운 등의 건물입니다.

주변에 학교가 많은 인천 위너스플라자

다음으로 소개할 물건은 인천광역시 남동구 구월동에 있는 '위너스플라자'입니다.

이것은 지하3층, 지상5층으로 된 상가 건물로 건축 면적이 1,027제곱미터에 달합니다. 매각 대상은 호별 평균 99제곱미터에 감정평가액은 2012년 8월 기준으로 호별 평균 4억 6,000만 원선입니다. 2015년 10월 공매가는 호당 평균 3억 원으로 감정가 대비 35퍼센트 할인한 수준입니다. 현재 이 건물에는 약국, 병원, 학원, 음식점, 애견숍, 커피숍, 은행 등이 입점해 있고 전체 11개 호를 5개 호로 분리매각 중에 있습니다.

위너스플라자는 2016년 7월 인천지하철 2호선 석천사거리역이 개통될 예정인 지역에 있습니다. 지하철역까지 도보로 약 10분이 걸릴 예상이고 맞은편에는 정각 초등학교가 있습니다. 그 외에도 인근에 석천 중학교, 구월 중학교 등 학교가 많습니다. 주위에는 구월힐스테이트, 롯데캐슬골드, 간석래미안 등 대규모 아파트 단지와 근린생활시설이 섞여 있습니다. 또한 북동쪽으로는 구월체육근린공원이 있고 서쪽으로는 인천시청이 있습니다. 상권은 고밀 주거지역으로 아파트 거주자가 9,500여 세대에 이릅니다. 주거인구는 약 4만 명에 달합니다. 유동인구는 일일평균 5만 6,000명이고 롯데캐슬 아파트 단지 오른쪽으로 구월시장과 모래내시장이 있습니다.

학군이 좋은 지역에 위치한 잠실 레이크팰리스

끝으로 소개할 물건은 서울 송파구 잠실동 44-3번지에 있는 '레이크팰리스' 상가 9개 호입니다. 이것은 지하3층에서 지상5층으로 이뤄져 있으며 레이크팰리스 단지 내에 있는 상가 건물입니다. 매각 대상은 전체 9개 호로 호별 평균 105제곱미터에 감정평가액은 2015년 3월 기준 7억 원 수준입니다. 현재 수의계약이 가능하며 대한토지신탁에 신탁해 매각을 진행 중입니다. 이 건물은 개별매각이 진행 중인 물건이라 정기공매 물건에 들어가 있지 않으므로 수의계약

상담이 필요합니다. 현재 건물에는 건설업, 컨설팅업체, 병원, 교회, 슈퍼, 학원, 부동산 등 다양한 형태의 상점이 입점해 있습니다.

입지를 보면 레이크팰리스 상가 동은 레이크팰리스 아파트 남서쪽에 있고 건너편에는 재래시장, 음식점, 상가 등이 밀집해 있습니다. 잠실 주거인구를 배후 세대로 하고 학원이 많이 들어서 있습니다. 또 지하철 2호선 신천역이 도보로 10분 거리에 있고 오른쪽에 석촌호수가 있습니다. 인근에는 학원도 많고 초등학교, 중학교, 고등학교 등 학군이 좋은 지역입니다. 주변 상권은 주택상업지역으로 풍부한 주거인구를 바탕으로 교육 생활형 상권이 발달해 있습니다. 유동인구는 일일평균 6만 2,000여 명입니다.

레이크팰리스 건물 사진과 입지

출처: 예금보험공사 회수총괄부

실제로 공매는 매각하는 물건이 200~300건에 달하고 개별 건수로 헤아리면 500여 건이 넘습니다. 앞서 설명한 공매 공고나 절차, 참여 방법을 참고해 찾아보면 앞으로 공매를 훌륭한 재테크 수단으로 활용할 수 있을 것입니다.

주식 펀드 02

사와카미 아쓰토

일본의 워런 버핏으로 불리는 사와카미 아쓰토 회장은 일본 경제가 가라앉던 1999년 투자 회사 사와카미투자신탁을 설립해 2003년부터 10년간 80퍼센트가 넘는 누적수익률을 기록한 전설적인 인물이다. 그의 비결은 '남들이 팔 때 사고, 남들이 살 때 파는' 투자 방식에 있다. 그는 이 방식으로 10만 명 이상의 개인투자자가 투자한 3조 원 규모의 자금을 운용해 매년 5퍼센트의 수익률을 올렸다.

3장

잃어버린 20년을
이겨낸 재테크:
연간 5퍼센트 수익의 비밀

사와카미 아쓰토, 사와카미투자신탁 회장

장기투자자는 시장을 쫓아가지 않는다

'투자'라는 말을 들으면 흔히 위험하다, 리스크가 높다, 무섭다는 생각을 합니다. 이것은 시장을 쫓아가기 때문에 그런 것입니다. 장기투자자는 시장을 쫓아가지 않습니다. 장기투자자는 주가가 떨어지면 사고 주가가 오르면 팝니다. 투자는 간단히 말해 '싸게 사서 비싸게 파는 것'이 전부입니다. 그런데 많은 투자자가 어떻게 하고 있습니까? 주가가 떨어지면 더 내려갈까 봐 도망치고 싶어 합니다. 그러니까 쌀 때는 도망가고 비쌀 때는 삽니다. 상투를 잡는다는 말이 그래서 나온 것이지요. 대부분의 투자자가 그렇게 합니다.

그러면 다음의 그래프를 봅시다.

맨 위가 사와카미펀드고 가운데가 도쿄주가지수(TOPIX, 토픽스지수. 1부 전 종목으로 구성된 지수), 맨 아래가 니케이225지수(니케이 평균 주가. 도쿄증권거래소 1부에 상장된 유동성 높은 225종목의 지수)입니다. 보다시피 니케이 평균 주가와 사와카미펀드에는 굉장한 차이가 있습니다. 그 이유는 간단합니다. 주가가 내려갈 때 사람들은 무서워서 도

사와카미펀드의 실적

(엔)   연간 누적수익률: 4.9%

25,000

　　── 사와카미펀드 기준가격
20,000　── 토픽스 지수
　　── 니케이225 지수

15,000

10,000

5,000

0
1999   2001   2003   2005   2007   2009   2011   2013   2015
                                                                  (년)

* 펀드 기준가격: 펀드에 가입하고 출금할 때 기준이 되는 가격으로, 펀드의 순자산 가치를 의미함.
출처: 사와카미투자신탁

망가지만 사와카미펀드는 반대로 주식을 삽니다. 일본이 부실 채권으로 어려움을 겪을 때도 그렇게 했습니다. 리먼브러더스 쇼크 때 대부분의 투자자가 주식을 팔았지만 우리는 그때 샀습니다. 결과적으로 우리는 고수익을 올렸지요.

어떻게 그럴 수 있느냐고요? 그때 두렵지 않았느냐고요? 우린 단지 시장을 따라가지 않고 기업을 따라갔을 뿐입니다. 한국에도 여러분의 생활에 굉장히 중요한 기업이 많이 있습니다. 마찬가지로 일본에도 일본인의 생활에 꼭 필요한 기업이 있습니다. 사실 그들이 제품을 생산해 공급해주지 않으면 우리는 생활을 할 수 없습니다. 그런 기업이 없을 경우 우리는 생존 자체가 어렵습니다. 그런 의미에서 소비자와 기업은 일종의 파트너입니다. 그런데 파트너인 여러분이 주가가 떨어진다고 죄다 팔면 오히려 그게 이상한 일이 아닙니까? 파트너인데 그 기업의 주식을 팔면 안 되잖아요.

우리에겐 기업이 필요하고 기업도 우리가 사주어야 생존할 수 있습니다. 소비자와 기업은 종이의 앞면과 뒷면 같은 관계입니다. 끊으려야 끊을 수 없는 관계지요. 그런데 대부분의 투자자는 주가가 떨어지면 주식을 팔아버립니다. 파트너인데 왜 지원해주지 않고 팔아버리는 걸까요? 이것이 바로 장기투자자와 일반투자자의 다른 점입니다.

시장은 태생적으로 오르락내리락합니다. 그러면 떨어졌을 때 과연 누가 기업을 지원해줄까요? 사와카미펀드 같은 존재가 지원합니다. 덕분에 사와카미펀드의 실적이 인덱스의 2배나 됩니다. 그러는 동안 일본 경제는 굉장히 가라앉아 있었습니다. 무려 20년 이상 침체되어 있었지요. 그 와중에도 사와카미펀드는 지속적으로 평균 연이율 5퍼센트를 냈습니다. 경기가 가라앉은 상황에서 5퍼센트란 굉장히 좋은 실적입니다. 우리의 전략은 간단합니다.

'싸게 사서 비싸게 판다!'

주가가 좀 내렸다고 서둘러 빠져나가는 것은 투자가 아니라 그냥 시장을 쫓는 것뿐입니다. 진정한 투자자라면 주가가 떨어질 때 사고 올라갈 때 팔아야 합니다. 이때 중요한 것은 무엇을 사느냐 하는 점입니다.

투자자들은 보통 시장을 공부합니다. 시장을 쫓아가기 위해서지요. 그와 달리 우리는 기업을 공부합니다. 현재뿐 아니라 5년, 10년 뒤 그리고 그 이후도 중요하게 생각하는 기업을 연구하는 것입니다. 이때 계속 지원해야 할지, 이쯤에서 지원을 그만두어야 할지 명확히 구분해서 선택합니다. 그런 연구 덕분에 우리는 주가가 아무리 내려가도 두려워하지 않습니다.

사와카미가 기관투자자의 돈을 받지 않는 이유

그다음으로 중요한 것은 83쪽의 그래프가 보여줍니다.

파란색 선이 사와카미펀드의 실적이고 그 아래가 자산입니다. 보다

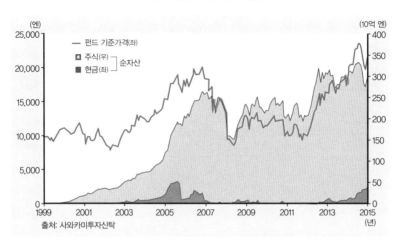

사와카미펀드의 실적과 자산

(엔) (10억 엔)

출처: 사와카미투자신탁

시피 실적이 오르니까 자산도 늘었습니다. 더 중요한 것은 주가가 내려갔을 때 사와카미펀드의 고객은 도망가지 않는다는 점입니다. 오히려 그들은 돈을 더 투자합니다. 만약 우리가 사야겠다고 생각하는데 고객이 돈을 빼면 살 수 없겠지요. 흥미롭게도 사와카미펀드의 고객은 일반인입니다. 연금이나 은행, 보험사에서 돈을 가져온 기관투자자들은 주가가 떨어지면 즉시 도망갑니다.

우리는 일반인들과 함께 좋은 자산을 만들어가고 싶어서 일반투자자와 일합니다. 좋은 사회를 만드는 데 조금이라도 도움을 주고 싶기 때문입니다. 사와카미펀드는 2015년 말 현재 16년 4개월 동안 일을 해왔는데 처음부터 연금이나 보험사에서 들어오는 돈은 모두 거절했습니다. 그런 돈은 좋을 때는 우쭐거리고 시장이 나빠지면 가장 먼저 도망치기 때문입니다. 그들이 우리를 찾아오면 이렇게 묻습니다.

"10년, 20년간 군소리 없이 우리에게 맡길 수 있습니까?"

사실 그들은 대개 말도 많고 탈도 많아서 오히려 우리에게 방해가 됩니다.

실적이 오르고 자산이 증가하면 누가 좋을까요? 당연히 고객입니다. 알고 있을지도 모르지만 소위 전문가라고 하는 기관투자자들은 단기투자를 합니다. 단기투자를 하는 사람들은 시장을 쫓아갑니다. 사는 사람이 많으면 가격이 오르고 파는 사람이 많으면 가격은 떨어지게 마련입니다. 그러므로 모든 사람과 똑같이 움직이는 것은 의미가 없습니다. 우리는 다른 사람이 사면 팔고, 다른 사람이 팔면 삽니

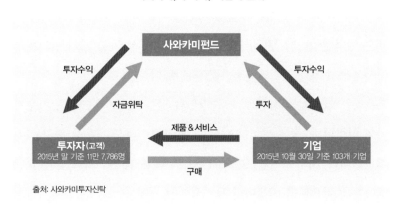

사와카미, 투자자, 기업의 관계

출처: 사와카미투자신탁

다. 이것이 진정한 투자입니다.

진정한 투자는 싸게 사서 비싸게 파는 겁니다. 물론 이것이 쉬운 일은 아닙니다. 대개는 실적을 쫓아다니지만 그러면 떨어졌을 때 살 수 없습니다. '내가 쓰는 물건을 파는 기업을 지원하겠다', '이 회사가 사라지면 생활이 불편해지니 도와줘야겠다' 하고 생각하면 주가가 떨어질 때 살 수 있습니다. 결코 실적을 따라가는 것이 아닙니다. 이렇게 하다 보면 실적은 나중에 따라옵니다. 소비자의 파트너인 기업을 지원해준다는 생각을 머리로만 하지 말고 마음 깊이 인정해야 합니다. 실제로 기업이 생활용품을 공급해줘서 입고 먹고 쓸 수 있는 것입니다. 기업 역시 소비자가 사주니까 이익을 내고 월급을 줄 수 있는 것이지요. 그러므로 일반 소비자와 기업은 파트너입니다.

투자가 가장 좋은 노후연금이다

2015년 말 현재 일본은 거품 경제가 꺼지고 24년이 지났습니다. 그동안 일본 경제는 아주 많이 쪼그라들었지요. 반면 중국과 인도는 엄청나게 커졌습니다. 미국과 유럽 경제의 규모는 그 20여 년간 2배로 커졌습니다. 그 와중에 일본의 사와카미펀드가 5퍼센트의 실적을 낸 것입니다. 한국도 고령화 사회가 바짝 다가오면서 많은 문제가 불거지고 있습니다. 하지만 아무리 문제가 있어도 생활을 유지해주는 기업은 중요하므로 그런 기업을 지원하려는 마음자세가 필요합니다.

일본 경제가 위축되면서 실은 굉장히 많은 정보가 난무했습니다. 전망이 어둡다, 경제가 난항을 겪고 있다, 기업의 실적이 나쁘다 등 아주 많았지요. 하지만 장기투자는 그 모든 상황과 상관이 없습니다. 왜냐하면 어찌되었든 사람은 먹고살아야 하고 반드시 소비해야 하는 물건이 있기 때문입니다. 결국 우리가 살아 있는 한 기업 활동은 사라지지 않습니다. 이것을 염두에 두고 쌀 때 사고 비쌀 때 파는 것만 되풀이하면 됩니다.

단, 처음부터 많은 돈을 넣지는 마십시오. 일단 조금만 넣고 해보십시오. 하다 보면 서서히 이해의 폭이 넓어집니다. 투자라고 하는 건 쌀 때 사면 나중에 조금만 올라도 이익이 남습니다. 그런 이익을 조금씩 축적하면 됩니다. 그것을 꾸준히 하면 재테크에 성공할 수 있습니다.

예를 들어 우리 회사는 1년에 5퍼센트의 수익을 올립니다. 그렇지만 적립식으로 투자한 사람들은 연 7퍼센트의 수익을 올립니다. 정확히 말하면 7.3퍼센트입니다. 이 정도면 10년 후 재산이 2배가 됩니다. 20년이면 4배, 30년이면 8배에 이릅니다. 이것은 데이터가 증명해주고 있습니다. 이처럼 장기투자를 하면 경제와 상관없이 실적이 따라옵니다. 장기투자를 제대로, 확실하게 할 경우 재산을 엄청나게 불릴 수 있습니다.

일본과 마찬가지로 한국에서도 연금 문제가 하나의 사회적 이슈라고 알고 있습니다. 젊은이는 줄어들고 고령자는 늘어나면서 갈수록 연금 운용이 어려워질 전망이기 때문입니다. 일본에서는 이미 6년 전부터 적립보다 현금이 더 빠져나가는 캐시 아웃(Cash Out)이 시작되었습니다. 이렇게 연금 자산이 줄어들면 나중에는 고갈될 수밖에 없습니다.

그러니 뭔가 대책을 세워야 하는데 장기투자가 하나의 모델입니다. 2015년 말 현재 사와카미펀드의 규모는 3,000억 엔으로 일본에서 두 번째로 큽니다. 앞으로는 더 큰 규모의 펀드로 성장할 것입니다. 큰 금액을 굴리면 수익은 당연히 더 붙습니다. 그리고 투자자금이 클수록 장기투자가 가장 좋은 방법입니다.

이것은 소위 '자기연금'으로 정부가 운용하는 국민연금과는 다릅니다. 이는 직접 투자해서 스스로 연금을 만들어가는 것으로 여기에서 가장 중요한 것은 장기투자입니다.

또 하나, 경제는 대부분 우리의 일상생활 속에서 돌아갑니다. 그것을 지탱해주는 것이 기업의 경영활동이고 이것이 경제의 80~90퍼센트를 차지합니다. 그러므로 정치에 기대하지 말고 우리 스스로 열심히 경제를 돌려야 합니다.

사와카미펀드에는 12만 명의 회원이 있습니다. 일본 국민 1,000명 중 한 명이 사와카미의 고객입니다. 이것이 100명 중 한 명이 되고 또 50명 중 한 명이 되면 그만큼 경제는 건전해집니다. 이것이 가장 중요한 포인트입니다.

한국도 이미 고령화가 진행 중이고 경제는 계속 어려워지고 있습니다. 그렇다고 가난해지고 싶은 사람은 없을 겁니다. 이제 한 사람 한 사람이 기업을 지원하는 형태로 경제를 키워 나가야 합니다. 그러면 결과적으로 여러분의 생활은 풍요로워질 것입니다. 정치에 의존하면 안 됩니다. 아무것도 하지 않고 그냥 있어도 안 됩니다. 개개인이 장기투자에 나서야 합니다.

이쯤에서 여러분에게 질문을 받겠습니다. 사와카미의 최고투자책임자(CIO) 펀드매니저 구사카리 씨와 함께 여러분의 질문에 답변을 하겠습니다.

반드시 알아야 할 질문과 답변

사와카미는 어떤 방법으로 바닥을 확인하는지, 또 최고가에 판다고 했는데 최고가를 어떻게 알아채는지 말씀해주십시오.

구사카리   경기가 좋은지 나쁜지는 예를 들어 금리를 보면 알 수 있습니다. 현재 한국은 금리가 1.5퍼센트라고 들었는데 일본은 거의 0에 가깝습니다. 최근 20년 동안 계속 그랬습니다. 따라서 경기를 생각하면 앞서 말한 사와카미펀드의 투자 방식은 불가능합니다. 경기만 놓고 보면 그렇습니다. 그러므로 경기만 바라볼 필요는 없습니다.

우리는 주식을 매매할 때 늘 그 기업의 가치를 봅니다. 기업 가치는 항상 주가와 동떨어져 있습니다. 가령 모든 사람이 '경기가 좋아질 것 같다'라고 제멋대로 판단하면 주가는 이를 반영해 올라갑니다. 금융정책으로 금리가 떨어져도 주가는 오릅니다. 이처럼 기업 가치와 주가가 크게 벌어졌을 때 만약 주가가 오르면 우리는 팝니다. 반대로 기업 가치에 비해 주가가 쌀 때는 삽니다.

기업 가치를 산출하는 방법은 개인마다 다릅니다. 우리는 '생활에 꼭 필요한 것인가', '우리가 매일 쓰는 것인가'에 초점을 둡니다. 이것이 가장 알기 쉽습니다.

사와카미　시장이나 정부정책, 금리는 언제든 바뀔 수 있습니다. 그런데 그것은 여러분의 생활이나 기업의 비즈니스와는 상관이 없습니다. 경기가 좋든 나쁘든 생활에 필요한 것은 반드시 써야 합니다. 이런 이유로 제품을 생산 및 공급하는 기업의 가치는 계속해서 오를 수밖에 없습니다. 기업 가치는 그대로인데 시장이 막 요동칠 때 사는 겁니다. 시장을 따라가는 것이 아니라 기업 가치가 올랐는지 떨어졌는지를 보면 됩니다. 기업 가치보다 가격이 올랐으면 팔고 반대로 기업 가치보다 가격이 떨어져 있으면 사는 겁니다.

주가가 떨어질 때 사고 오를 때 팔라는 것은 이해하겠는데, 주가가 떨어졌을 때 더 많이 떨어질지 그만 떨어질지 어떻게 알 수 있나요? 올라갔을 때도 더 올라갈지 아닐지 아는 방법을 상세히 알려주십시오.

사와카미　떨어질 때는 그래도 알 만한데 올라갈 때는 알기가 어렵습니다. 오르내리는 걸 계속 주시하다 보면 시장을 쫓아가고 맙니다. 내 리듬이 사라지는 것입니다. 그러니까 폭락하면 일단 사세요. 그런 다음 조금씩, 조금씩 파는 겁니다. 어디가 천장인지, 꼭대기인지 아무도 모릅니다. 자꾸 그걸 알아내려 애쓰다 보면 시장을 쫓아가게 됩니다. 시장은 파는 사람이 많으면 내려가고 사는 사람이 많으면 올라가잖아요. 주식시장에서는 많은 사람이 움직이고 있습니다. 거기서 내 리듬을 갖고, 내 페이스대로 '이 기업을 지원해야지'라고 생각하면 어디서 팔아도 괜찮잖아요. 그럼 떨어질 때 사주는 겁니다. 시세는 한

번만 있는 게 아닙니다. 몇 천, 몇 만 번씩 있습니다. 중요한 것은 내리듬을 만들어가는 것입니다. 쌀 때 사고 그다음에 조금씩 파는 게 좋습니다. 자꾸만 시장을 의식하면 나도 모르게 그걸 따라가고 맙니다.

언제 오를지, 어디까지 오를지 모르잖아요. 그것은 누구도 모릅니다. 투자는 내 리듬을 갖고 조금 미리 하는 것이 좋습니다. 조금 기다렸다 나중에 해야지 하면 못합니다. 이번에는 이만큼만 해야지, 다음에는 좀 더 해야지 하면서 너무 욕심을 부려서도 안 됩니다. 오래 생각하면 자충수가 됩니다. 일본에서도 세미나를 하면 이런 질문이 꼭나옵니다. 그때마다 저는 '내 리듬을 만드십시오'라고 말합니다. 내리듬이 없으면 마력처럼 시장에 끌려가고 맙니다. 너무 시장을 바라보면 나중에는 뭐가 뭔지 모르게 되지요. 시장에서 한 발 떨어져 '아! 다들 사네?', '아! 다들 파네?'이렇게 생각할 수 있는 여유가 필요합니다.

한국에서도 사와카미펀드에 투자할 수 있습니까?

사와카미 　　죄송합니다. 저도 마음은 굴뚝같지만 일본의 법률상 투자신탁회사는 일본 내에 거주하는 사람만 받을 수 있습니다. 저도 장기적으로 어떻게 좀 하고 싶습니다.

한국에서도 다들 기업 가치를 판단해 투자를 합니다. 대개는 기업의 수익 가치와 퍼(PER, 주당시가를 주당이익으로 나눈 수치. 주가가 한 주당 수익의 몇 배인

가를 나타낸다)가 높은지 낮은지로 판단하지요. 그런데 퍼는 과거 가치와 미래 가치입니다. 지금 알려주신 투자 기법에서도 미래 가치를 예측할 텐데 어떻게 하는지 궁금합니다. 그다음으로 생활과 밀접하게 관련된 기업에 투자하라고 했는데 일본의 경우 생활과 관련이 깊은 JAL항공에 투자했다면 손실이 컸을 거라고 봅니다. 이 부분을 어떻게 해석하고 또 어떻게 대처했는지요? 마지막으로 실무진이 생활과 밀접한 동시에 가치 있는 기업으로 판단하는 기준을 구체적으로 설명해주십시오.

구사카리 우선 퍼에 대해 말하자면 사와카미는 퍼만으로 판단하지 않습니다. 퍼는 한 주당 이익의 몇 배인가로 해서 그냥 계산한 거잖아요. 그러다 보니 증권회사 직원이 그 곱셈이 맞는지 틀리는지 아무리 분석해도 맞지 않아요. 그들의 비즈니스가 그걸 맞히는 게 아니라 주식 매매이기 때문입니다. 물론 퍼도 중요하지만 가장 중요한 것은 아닙니다. 우리도 퍼를 참고하긴 해도 더 중요시하는 것은 그 기업이 어떤 가치를 제대로 창출하고 있는가 하는 점입니다. 그 가치를 무엇으로 판단하느냐면 10년 뒤 비즈니스가 어떤 식으로 형성될지 상상하면서 수익과 성장 밸런스, 현금흐름을 환산해 기업 가치가 얼마나 오를지 예측합니다. 그런 다음 주가가 폭락했을 때 혹은 싸다고 느껴질 때 삽니다. 아주 단순하지요.

JAL항공의 경우, 우리도 과거에 JAL에 투자했습니다. 하지만 2006년 JAL의 주식을 모두 매각하고 ANA항공에 투자했습니다. 덕분에 항공 분야에서 다른 분야보다 2배 더 수익을 올렸습니다.

퍼를 볼 때 흔히 '12배면 싸고, 16배면 오케이, 20배면 비싸다'고 여깁니다. 곰곰이 생각하면 퍼란 지금 투자해서 몇 년 후에 회수할 수 있는가의 문제입니다. 퍼가 16배라는 것은 지금 기업의 이익을 놓고 볼 때 16년 후에 투자를 회수할 수 있다는 의미입니다. 퍼가 20배면 20년 후에 회수할 수 있어요. 퍼가 12배면 보통 싸다고 하는데 그것도 투자한 걸 회수하는 데 무려 12년이 걸립니다. 여러분은 12년 후를 예측할 수 있나요? 10년, 20년 후를 예측할 수 있습니까? 퍼라고 하는 것은 그냥 단순한 수치에 불과합니다.

사와카미 　저는 45년 동안 전 세계적으로 비즈니스를 해왔습니다. 퍼가 처음 나왔을 때 퍼 3배는 '좀 리스크가 있다', 퍼 4배는 '리스크를 어떻게 해야 할지 모르겠다' 정도였어요. 처음에는 그랬지요. 당시 미국 경제는 매년 4퍼센트 이상 성장했습니다. 인플레 3.8퍼센트, 금리 3.7퍼센트로 아주 깔끔하게 성장하고 있었습니다. 깔끔하게 성장하던 그 시절에도 퍼가 3배면 리스크가 있다고 보았습니다. 퍼가 4배면 '글쎄' 하고 고개를 갸우뚱했습니다. 요즘은 어때요? 퍼가 10배면 싸다고 하고 20배는 되어야 비싸다고 말합니다. 그런데 12년 후, 16년 후, 20년 후는 알 수 없잖아요. 결국 퍼는 단순한 수치에 지나지 않습니다.

퍼가 단순히 싸다, 비싸다를 재는 잣대로 쓰이고 있지만 사실 싸다고 하는 12배에서도 그다음에 폭락하면 사지 않습니다. 굳이 숫자를 보고 싶다면 우리처럼 지원하고 싶은 기업이 10년 후 어떻게 될지

'예측 재무제표'를 만들어보십시오. 그런 다음 미래 가치가 오를 것이라고 예상된다면 투자하는 겁니다.

안녕하세요. 저는 대학생입니다. 저 또한 시장 예측은 도박이라고 생각합니다. 자산운용사를 운영하면 주식뿐 아니라 채권, 파생상품도 다룰 텐데 그런 상품에는 어떻게 투자하는지요. 그리고 나중에 저도 자산운용사를 설립하고 싶은데 투자자의 중요한 자질이 무엇인지 알고 싶습니다.

구사카리　　　금, 채권 등 투자 상품은 다양하고 그 모든 것은 금리 대비 얼마의 이익을 안겨주는가를 따집니다. 그러니까 모든 투자 상품은 당시의 금리를 기준으로 가격의 오르내림을 판단합니다. 단, 주식은 예외입니다. 물론 주식도 배당이율로 금리와 연동됩니다. 하지만 한 가지 중요한 것은 각각의 기업이 점점 더 이익을 많이 내 투자가치를 올려준다는 점입니다. 주식투자에서 기업의 투자가치가 오르는 것은 플러스알파입니다.

　대부분의 운용 상품은 금리와 연동합니다. 주식도 마찬가지입니다. 다만 주식은 거기에 플러스알파로 기업의 투자가치가 오를 수 있습니다. 미국 펜실베이니아대학 와튼스쿨의 제러미 시겔(Jeremy Siegel) 교수도 주식투자는 재산을 늘리는 가장 큰 기둥이라고 했습니다. 그에 따르면 주식투자는 장기적인 안목으로 20년, 30년 투자할 경우 인플레와 상관없이 전체적으로 6.7퍼센트의 실적을 낸다고 합니다. 하지만 채권은 인플레에 약하기 때문에 똑같이 투자해도 1.2퍼센트의 실적을 냅니다. 6.7과 1.2의 차이니 아예 투자가치가 다른 것이지요. 물론 지지부진한 기업도 있지만 좋은 기업은 점점 가치가 올라가면서 개인의 재산도 불어납니다. 시장에는 많은 투자 상품이 있으나 장기투자하기에 가장 좋은 것은 역시 주식투자입니다.

사와카미　　제 경험을 봅시다. 1983년부터 금리가 계속 떨어지면서 채권이 올라갔습니다. 1970년대부터 1983년 이전까지는 13년간 금리가 높았지요. 그때는 채권이 좋지 않았습니다. 아무도 채권투자를 하지 않았지요. 만약 지금 채권이 올라가도 언젠가 금리가 오르면 채권은 떨어집니다. 결국 긴 안목으로 보면 채권투자는 안전하지 않습니다. 인플레에도 약하고요.

투신회사, 운용회사를 설립할 때도 장기적인 주식투자가 가장 투자가치가 높다는 것을 기억해야 합니다. 투자를 할 때 채권, 금 등 이것저것 하다 보면 시장을 따라가고 맙니다. 현재 금리는 전 세계가 모두 낮은 상태라 더 떨어질 수가 없습니다. 그러니까 올라가는 일만 남았는데 언젠가 금리가 오르면 어려워지는 투자자가 많을 겁니다.

솔직히 말해 지금 헤지펀드가 세계적으로 문제가 많습니다. 지금이 절정기입니다. 금리가 낮으니까 마구 돈을 빌려서 레버리지를 걸고 있지요. 하지만 금리가 오르면 돈을 빌릴 수 없어서 레버리지를 못합니다. 금리가 내려가면 여러 가지를 할 수 있지만 금리가 올라가면 아무것도 못합니다. 몇몇 기업은 금리가 올라도, 인플레가 발생해도 그것을 극복하므로 주식 중심으로 다른 것을 조금씩 조합해서 투자하는 것은 괜찮습니다. 반면 여러 가지 투자 상품에 똑같이 투자하는 것은 좋지 않습니다. 이것은 제가 45년 경험에서 터득한 것입니다.

회장님은 투자 집행을 직접 결재하는지요. 만약 결재를 한다면 절대적 기준과 가변적 기준이 있을 텐데 절대적 기준은 무엇이고, 가변적 기준에는 주로 어떤 것이 있는지 궁금합니다. 그리고 해외 기업에도 투자하는지 알고 싶습니다.

사와카미　　절대적 기준은 없습니다. 투자에 절대적 기준은 없어요. 우리는 미래에 대해 아무것도 모릅니다. 심지어 우리는 10분 후에 무슨 일이 일어날지도 몰라요. 따라서 절대적 기준을 세워놓으면 움직이지 못합니다. 중요한 것은 세상에 어떤 일이 일어나든 사람들의 일상생활은 그대로라는 사실입니다. 한국에는 4,800만 명의 생활이 있죠? 이 생활은 사라지지 않아요. 일본에는 1억 3,000만 명이 사는데 이들의 일상생활도 사라지지 않습니다. 전 세계에 73억 명이 있고 매일 16만 8,000명씩 세계 인구가 늘어납니다. 이들의 생활도 사라지지 않습니다. 어떤 일이 터져도 그들의 기본 생활은 없어지지 않아요. 그리고 그 기본 생활을 지탱해주는 기업 활동도 사라지지 않습니다.

　여러분이 매일 밥을 먹고 샤워하고 이동하는 것은 변하지 않습니다. 그러므로 사람들이 일상생활 속에서 어떤 소비를 하는지 잘 관찰해 남보다 조금 일찍 투자하는 것이 가장 중요합니다. 경제는 살아 있습니다. 그 베이스는 바로 여러분의 생활입니다. 그 생활 때문에 투자도 있고 재테크도 있는 겁니다. 그 이상은 아무것도 없어요. 절대적 기준 같은 어려운 말을 쓸 필요도 없어요. 편하게 생각하기 바랍니다. 어차피 시장은 올랐다 내렸다 하면서 요동을 칩니다. 떨어질 때 사고 올랐을 때 팔면 되는 거예요.

지난 13년 동안은 제가 직접 결재했지만 지금은 구사카리 씨가 하고 있습니다. 그 이유는 우선 미리 이것저것 가르치고 싶어서입니다. 그다음은 사와카미펀드의 큰 흐름대로 어깨에 힘을 빼고 바보처럼 싸게 사고 비싸게 팔고, 싸게 사고 비싸게 팔고를 되풀이하라는 가르침을 가장 잘 실천하는 사람이 구사카리 씨이기 때문입니다. 실적에 연연하면 시장을 쫓게 되고 그러면 망합니다. 겉멋이 들면 안 됩니다. 그냥 꾸준히 장기투자하는 것이 정답입니다. 그걸 제대로 해내는 사람이 구사카리 씨라 안심하고 결재를 전부 맡기고 있습니다.

2016년 한국은 거의 생산가능인구 정점에, 즉 인구가 생산가능한 최대치 인구에 도달하는데 일본은 이보다 더 빨리 간 것으로 알고 있습니다. 그 시기에 일본에서 유망한 업종에 투자해 이익을 본 사례를 알려주세요. 또 현재 한국에서 추천하고 싶은 업종이나 회사를 알려주면 고맙겠습니다.

사와카미   생산가능인구 정점을 얘기하자면 일본은 1990년에 15세에서 65세까지의 생산가능인구가 가장 많았습니다. 1990년에 이미 정점이 왔죠. 그다음부터는 고령화 사회로 진입해 점점 침체되고 있습니다. 1990년의 거품 경제 이후로 일본은 인구 측면에서 계속 감소해왔지요. 그러다가 유니클로 같은 회사가 나타났습니다. 사실 사와카미펀드는 1999년부터 시작했습니다. 1999년과 2000년은 IT 거품이 가장 심각했던 시기입니다. 당시 우리는 예를 들면 신니테츠스미켄이라고 아주 오래되어 아무도 관심을 주지 않던 제철회사에 투자했습니다. 굉장히 저평가되어 있었거든요.

우리는 매일 전기를 사용하잖아요. 그래서 발전기가 필요한데 이는 곧 교체하는 시기가 있음을 의미합니다. 다시 말해 발전기는 유지 보수가 필요하므로 그 부품을 만드는 회사는 비즈니스가 사라지지 않습니다. 가령 지금처럼 인터넷과 스마트폰이 계속 늘어나면 한 집에 하나밖에 없던 전화기가 한 사람 앞에 하나씩 가므로 리튬이온 전지 사용량이 늘어납니다. 이것은 충분히 상상할 수 있지요. 이를 토대로 아무도 뒤돌아보지 않을 때 투자하면 실적이 좋습니다.

인구가 줄어들고 고령화가 진행되면 투자를 할 수 없나요? 아닙니다. 일본도, 한국도 20년이나 30년 전에는 지금보다 더 못살았습니다. 감사하게도 지금은 생활수준이 높아졌고 아무도 옛날로 돌아가고 싶어 하지 않습니다. 이게 바로 경제입니다. 비록 인구는 줄어들지 모르지만 한 사람, 한 사람의 생활수준은 별로 내려가지 않습니다. 그러므로 그 생활을 유지해주는 기업 활동을 눈여겨보면 됩니다. 그런 기업 중에서 어떤 기업이 성장할 것인가를 보십시오.

예를 들어 사람들이 열심히 일하느라 야근을 많이 하던 시절에는 일본에서 사우나가 붐을 이뤘습니다. 지금은 사우나 시설이 거의 사라지고 대신 발 마사지, 손 마사지 시설이 늘어났습니다. 당시 사우나

비용이 1,000~1,500엔이었습니다. 지금 발 마사지, 손 마사지 비용은 3,000~5,000엔이나 합니다. 이처럼 훨씬 비싼데도 많은 사람이 그것을 이용합니다. 결국 사람들의 생활은 사라지지 않고 생활수준도 낮아지지 않습니다.

사람들이 돈을 쓰는 곳에 새로운 산업이 생겨납니다. 그러므로 사회를 잘 관찰해야 합니다. 정보를 찾지 말고 내가 보고 관찰하는 사람들이 어떻게 생활하는지 눈여겨보십시오. 사람들이 어디에 돈을 쓰는지 보라는 얘기입니다. 거기에 힌트와 기회가 있습니다. 유연하게 생각하는 동시에 전체를 바라보십시오. 머리를 굴리면서 정보가 어쩌고 하며 계산하면 안 됩니다.

조윤남

주식시장에 혜성처럼 떠오른 예측가로 주식시장의 전망과 알짜 주식을 '족집게'처럼 추천한 공로로 지난 수년간 여러 기관과 언론사에서 선정하는 '베스트 애널리스트' 자리를 휩쓸었다. 그의 주도로 대신증권은 미국 기준금리 인상으로 수혜를 볼 달러 자산에 연동한 투자 상품을 출시해 소비자들에게 큰 인기를 누리고 있다. 그가 주식을 고르는 원칙은 'ABCD'다. 이는 Asset(자산·자산가치에 집중한다), Balance sheet(재무구조가 좋은 우량주), Cash(현금이 많은 기업), Dividend(배당을 늘리는 기업) 요건에 부합하는 주식을 말한다.

확정된 미래를 준비하라: 2016년에 뜰 황금 주식

조윤남, 대신증권 리서치센터 전무

돈을 잃지 않는 선택은 있다

최근 금융 시장 환경이 좋지 않아 어떤 주식, 어떤 투자자산에 투자해야 하는지 궁금해 하는 사람이 아주 많습니다. '확정된 미래를 준비하라'는 제목은 어찌 보면 이율배반적입니다. 하지만 다섯 살짜리 아이가 10년 후면 열다섯 살이 되는 것처럼 정말로 확정된 미래도 있습니다. 마찬가지로 불확실성이 덜한, 좀 더 돈을 잃지 않는 선택은 있습니다.

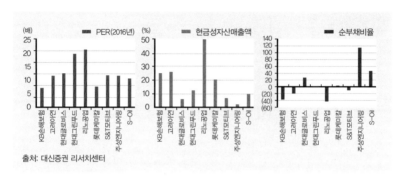

2016년, 사고 싶은 주식 9선

출처: 대신증권 리서치센터

먼저 종목을 선정하고 출발하는 것이 좋을 것 같아 아홉 종목을 선정했습니다. 왜 열 종목을 채우지 않았느냐고요? 마지막 하나는 제가 다니는 대신증권을 위해 남겨둔 것입니다.

그래프에 나와 있듯 제가 선정한 아홉 종목은 KB손해보험, 고려아연, 현대글로비스, 현대그린푸드, 리노공업, 롯데케미칼, S&T모티브, 주성엔지니어링, S-Oil입니다. 이 중 몇 가지 종목은 3년 정도 투자해야 큰 수익이 나리라고 예상하는 종목입니다. 또 몇몇 종목은 6개월 사이에 승부가 날 만한 주식입니다. 가장 왼쪽의 그래프를 보면 약간 비싸 보이는 주식도 있습니다. 가운데 그래프에는 제가 좋아하는 현금이 많은 기업이 있습니다. 매출액 대비 현금이 20퍼센트 이상 있으면 어떤 어려움이 닥쳐도 살아남을 확률이 높습니다. 저는 순부채 비율이 낮은 기업에도 안정성을 믿고 투자합니다. 촉이 빠른 사람은 벌써 몇 종목을 간파했을지도 모릅니다. 최근 시세가 나는 종목도 있는데 이는 재무구조가 다른 기업에 비해 그리 훌륭해 보이지 않아도 업황이 워낙 빠르게 좋아지고 있어서 한두 종목 넣은 것입니다.

우리나라의 자랑거리인 조선사가 2015년에 적자를 냈습니다. 적자가 2014년에 끝난 줄 알았는데 또다시 대규모 적자를 냈지요. 그런데 2015년 말 현재 원유 값이 굉장히 쌉니다. 만약 원유 값이 오르지 않는 상황이 지속된다면 기름과 관련된 엔지니어링 회사와 조선사는 2016년에도 2015년과 마찬가지로 불황을 겪을 것입니다. 그래서 저는 진짜 위기는 2015년 8월, 9월에 코스피가 1,800까지 내려간 정도의 수준이 아니라 잠깐이나마 더 큰 충격으로 다가오리라고 예상합니다.

그런 의미에서 2016년에는 황금 주식도 좋지만 일단 나쁜 주식은 반드시 피해야 합니다. 만약 여러분의 모든 자산이 한국의 원화라면 일정 부분은 미국 돈으로 갖고 있어야 합니다. 미국 주식이든 채권이든 또 다른 금융 상품이든 달러가 필요합니다. 저는 2015년 내내 입이 닳도록 달러 자산에 투자하라고 권했습니다. 9월 초반 원-달러 환율이 1,208원까지 올랐는데 그 정도에서 빠져나오라는 얘기는 아닙니다. 원-달러 환율이 1,300원이 넘어간 이후 빠져나와야 합니다. 2015년 말 현재 1,200원도 안 되지만 2016년 말로 갈수록 환율이 굉장히 불안정해질 수 있습니다.

최근 몇 년간 한국은 저성장, 저금리, 저물가 기조를 유지해왔습니다. 2016년에는 이것이 달라질까요? 설령 물가와 경제성장률, 금리가 조금 오를지라도 저성장·저금리·저물가 상황은 별로 달라지지 않을 겁니다.

저성장 시대에 가장 큰 답은 현금에 있습니다. 주식을 고를 때도 재무구조가 좋은, 즉 현금이 많은 기업의 주식을 사면 나중에 의외로 큰 수익을 올릴 가능성이 큽니다. 만약 이 책의 뒤에 등장하는 짐 로저스(Jim Rogers)나 마크 파버(Marc Faber)의 말을 따른다면 3년 이상을 내다봐야 합니다. 가령 2017년부터 재미를 보겠다는 생각으로 원자재 관련 주식에 투자해야 합니다. 2016년 혹은 길어봐야 2017년 상반기까지 조금 어려운 시장을 겪으면 2017년 하반기부터 주가가 5년, 6년, 8년 단위로 오르는 커다란 장세가 나타날 것입니다.

미래가 현재를 지배한다

다빈치연구소 소장 토머스 프레이(Thomas Frey)는 "미래가 현재를 지배한다"고 말했습니다. 우리는 흔히 아이들에게 '열심히 공부해라. 지금의 한 순간, 한 순간이 결국 네 미래를 만든다'라고 말합니다. 그런데 관점을 바꾸면 얘기가 달라져요. 내가 이쪽에서 저쪽을 보는 것이 아니라, 저쪽에서 나를 보는 거죠. 앵글을 바꾸면 세상은 달라 보입니다. 내 미래를 아주 구체적으로 상상하는 겁니다. '내 미래는 이렇다'라는 생각이 현재의 내 삶과 의사결정을 바꾼다는 의미입니다. 마찬가지로 투자도 우리가 좀 더 확실한 미래에 투자하면 절대로 손실을 보는 일은 없을 겁니다.

2012년 11월 대신증권에서 펀드매니저들을 상대로 설문조사를 했습니다. 그 결과를 보면 2012년에 삼성전자가 많이 올랐으니 2013년에도 삼성전자가 많이 오를 거라는 전망이 대세였습니다. 흥미롭게도 삼성전자는 2013년부터 계속 가라앉기 시작했습니다. 또 2013년 6월 중국이 그림자 금융(중앙은행의 통제를 받지 않는 금융 유형으로 선진국은 투자은행, 헤지펀드, 머니마켓펀드 형태인데 반해 중국은 은행의 일부 상품과 신탁회사·소액대출회사 같은 비은행 금융기관으로 구성되어 있다)을 막으려다 자금 경색이 악화되는 문제가 발생했습니다. 재미있는 것은 2012년 말 '2013년에 가장 좋을 거라 예상하는 시장'을 추천하라고 하니 모두들 중국을 꼽았다는 사실입니다. 이처럼 사람들은 보통 당장 눈에 보이는 것을 토대로 의사결정을 합니다. 한데 주식시장은 그보다 훨씬 더 영민해서 사람들의 생각을 죄다 비껴갑니다.

5년 전 많은 사람이 앞으로 건설사와 은행이 좋아질 거라고 예상했습니다. 그런데 2015년 말 현재 건설사와 은행은 굉장히 나쁩니다.

다른 예로 2015년에 조선사가 적자를 많이 봤으니 2016년부터 흑자폭이 커질 거라고 예상하기도 합니다. 설령 그것이 사실일지라도 지금은 절대 따라서 사지 마십시오. '이 정도면 주가가 바닥이다'라고 생각할 때 실은 그렇지 않은 경우가 아주 많습니다. 좀 늦더라도 주가가 오르는 것, 기업이 좋아지고 있는 것을 사십시오. 대신 파는 것은 빨리 해야 합니다. 즉, 사는 것은 천천히 하고 파는 것은 좀 빨리 하는 것이 좋습니다.

기업이 몇 년 동안 가라앉았다가 좋아지는 턴어라운드(turn around)는 늘 사람들의 예상보다 조금 늦게 옵니다. 그러다 보니 많은 사람이 거기에서 손실을 봅니다. 혹시 조선주, 건설주 주가가 다 빠진 것 같아서 샀다가 더 큰 손실을 본 경험이 있나요? 실제로 그런 상황에서도 또 반 토막이 납니다. 이런 일이 굉장히 많으므로 기업이 몹시 나빴다가 좋아진다는 얘기는 조금 천천히 믿어도 좋습니다.

미국의 투자은행 리먼브러더스가 언제 파산했죠? 금융위기가 일어난 2008년입니다. 그럼 미국의 양적완화는 언제 시작되었나요? 2009년 3월입니다. 미국의 첫 번째 양적완화는 언제 끝났나요? 2010년 4월입니다. 미국 다우존스지수가 장중에 1,000포인트 이상 하락하는 충격은 언제 있었지요? 2010년 5월이었습니다. 유럽 재정위기가 언제 심화되었죠? 2011년 하반기입니다. 미국 신용등급 강등이 언제 있었지요? 2011년 8월입니다. 그리고 세 번째 양적완화는 언제 시작되었나요? 2012년 12월입니다. 중국의 그림자 금융 사태는 언제 터졌나요? 2013년 6월입니다. 이렇게 몇 가지 중요한 포인트를 기억하면 시장이 어떻게 흘러갈지 생각하는 데 많은 도움이 됩니다.

변하지 않는 미래, 인간은 늙어간다

'변하지 않는 미래' 중에서 첫 번째는 사람들이 늙어간다는 사실입니다. 통계청에 따르면 46세, 47세, 48세는 소득과 소비가 가장 많은 세대라고 합니다. 문제는 돈을 쓰긴 쓰되 그걸 대부분 학원비로 낸다는 데 있습니다. 그래서 돈이 돌지 않아요. 학원비를 제외하고 누가 돈을 더 많이 쓰느냐를 보면 50대가 가장 많이 씁니다. 앞으로 10년, 15년 동안 우리나라에서 가장 많이 분포할 연령층은 바로 50대입니다. 그러므로 50대가 무엇에 꽂혀 있는지, 그들이 무얼 먹고 무얼 사고 어디에 돈을 쓰는지 잘 파악하면 장사를 하든 투자를 하든 성공할 수 있습니다.

50대는 과연 30대, 40대, 60대보다 무얼 더 많이 할까요? 바로 보험 가입입니다. 제가 아홉 종목을 선정하면서 KB손해보험을 넣은 이유가 여기에 있습니다. 보험주는 우리나라 인구 통계를 봐도 투자가 상당히 유망한 산업입니다. 물론 50대는 여행비 지출도 많습니다. 그

저성장, 저금리, 고령화

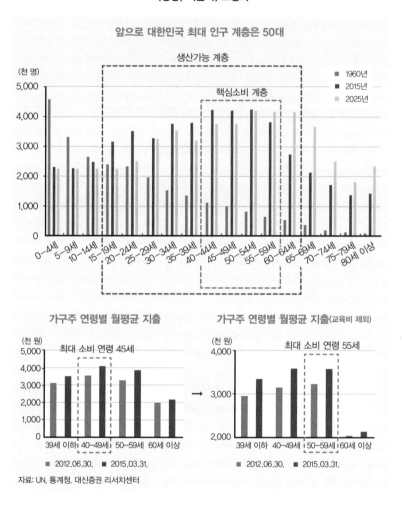

앞으로 대한민국 최대 인구 계층은 50대

(천 명)
생산가능 계층
핵심소비 계층

■ 1960년
■ 2015년
■ 2025년

0–4세 5–9세 10–14세 15–19세 20–24세 25–29세 30–34세 35–39세 40–44세 45–49세 50–54세 55–59세 60–64세 65–69세 70–74세 75–79세 80세 이상

가구주 연령별 월평균 지출

(천 원)
최대 소비 연령 45세

39세 이하 40–49세 50–59세 60세 이상

■ 2012.06.30. ■ 2015.03.31.

가구주 연령별 월평균 지출(교육비 제외)

(천 원)
최대 소비 연령 55세

39세 이하 40–49세 50–59세 60세 이상

■ 2012.06.30. ■ 2015.03.31.

자료: UN, 통계청, 대신증권 리서치센터

렇다면 여행 산업도 굉장히 훌륭하죠. 중요한 것은 여행사 중에서 누가 승자가 될지 잘 짚어내야 한다는 점입니다. 하나투어가 가장 크니

인구통계로 본 투자 유망주

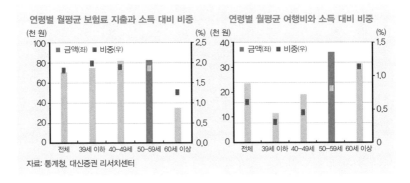

연령별 월평균 보험료 지출과 소득 대비 비중

연령별 월평균 여행비와 소득 대비 비중

자료: 통계청, 대신증권 리서치센터

까 그냥 하나투어를 사겠다고 하는 것도 나쁘지 않습니다. 여하튼 여행 산업은 분명 성장하고 있지만 많은 경쟁자가 들어오면서 마진이 박해진다면 주식투자를 피해야 합니다. 보험 산업은 이런 과다경쟁 구도에서 조금은 자유로운 편입니다.

미국의 경제예측 전문기관 덴트연구소의 창업자 해리 덴트(Harry Dent)는 자신의 저서 《2018 인구 절벽이 온다(The Demographic Cliff)》에서 인구통계학적으로 불황을 예견한 인물입니다. 흥미롭게도 그는 20대가 많으면 경제 활력이 높아진다고 말합니다. 왜 그럴까요? 일을 하는 20대는 자신이 받는 월급보다 더 많이 씁니다. 실제로 신입사원들은 자신이 받는 월급보다 더 많이 쓰지요. 반면 60대가 되면 자산은 많아도 소비활동이 대폭 줄어듭니다. 이런 이유로 경제성장률이 계속 떨어지는 것입니다. 그러니 경제성장을 위해서는 60대, 70대가 자꾸 놀러다니고 쓰게 만들어야 합니다.

50대가 늘어나면 상대적으로 금융 시장이 괜찮습니다. 물론 '계속 버틸 수 있을 것인가'의 문제가 있지만 어쨌든 40대, 50대가 많으면 금융 시장이 나쁘지 않습니다. 많은 경제학자가 인구구조를 연구하는데 투자에서도 인구구조에 대해 세부적으로 들어갈 필요가 있습니다. 가령 여성이 더 많은지, 남성이 더 많은지 혹은 어느 세대가 더 많은지 말입니다. 신흥시장에는 보통 여성보다 남성이 더 많습니다. 특히 중국 남성은 장가가기 힘들다는 말이 나오고 있죠. 방글라데시의 경우에는 20대, 30대에서 남성보다 여성이 더 많습니다.

1987년 블랙먼데이, 1997년 아시아 경제위기, 2000년 닷컴버블 붕괴, 2007년 미국 서브프라임 사태를 예견해 '비극을 예견하는 박사'라는 의미의 닥터 둠으로 불리는 마크 파버가 한 얘기 중에서 지금도 엄청난 혜안으로 불리는 것이 있습니다.

"투자자들이 아주 낙관적으로 생각하거나 아주 비관적으로 생각하면 둘 다 실망한다."

이는 시장을 정확히 읽은 것입니다. 사실 가라앉은 경기는 뚝딱 회복되지 않습니다. 경기가 바닥에서 꾸물거리면 각국 정부는 돈을 쏟아 붓습니다. 경기부양을 위해 돈을 푸는 것입니다. 그러면 주가가 오르지만 여전히 별 볼일 없어서 금세 빠집니다. 상황이 계속 좋지 않으니 정부는 또다시 돈을 풉니다. 주가는 다시 오르지요. 결국 제한된 범위 내에서 주가가 왔다 갔다 합니다. 이걸 한국이 몇 년간 했지요? 지금이 2015년 말인데 대략 5년째 그러고 있습니다. 크게 보면 아마 2016년에도 비슷할 겁니다. 돈을 푸는 것은 경기가 실제로 좋아지는 것과 거리가 아주 멉니다. 그러므로 지나친 기대를 하거나 너무 나쁘게 생각하지 마십시오.

현금이 많은 회사를 선택해야 하는 이유

2015년 말 현재 커다란 이슈 중 하나는 미국의 금리인상입니다.

예를 들어 앞으로 집값이 10년 동안 계속 떨어진다면 집을 갖고 있겠습니까, 아니면 현금을 갖고 있겠습니까? 당연히 현금이지요. 앞으로 10년 동안 경기가 좋지 않을 거라고 해도 현금을 갖고 있을 겁니다. 현금의 위력이 바로 여기에서 나옵니다. 저성장, 저금리, 저물가 시대에는 은행에서 이자를 조금밖에 주지 않기 때문에 보통 돈을 은행에 놔두면 안 된다고 생각하죠. 금리가 낮으니 돈이 주식시장으로 몰릴 거라고 생각하는 겁니다. 그런데 실상은 그 반대입니다. 많은 전략가가 돈이 주식시장으로 몰릴 거라고 전망했지만 사람들은 돈을 은행에 그대로 놔뒀죠. 경기에 대한 기대감이 약해지면 현금의 위력은 굉장히 커집니다. 2016년에도 현금이 위력을 발휘할 것이므로 주식을 고를 때 현금이 많은 회사를 선택해야 합니다.

다음의 그림을 보십시오. 왼쪽 그래프는 국민연금 규모를 보여주는데 2015년이 대략 500조 원입니다. 기울기를 보면 지수적으로 굉장히 빠르게 증가할 것으로 예상됩니다. 국민연금은 해외투자를 보다 많이 하겠지만 한국 주식도 많이 살 겁니다. 앞으로 1~2년간 아주 어려운 시기를 지나면 국민연금을 포함한 많은 연기금이 빠른 속도로 엄청나게 늘어날 겁니다. 더구나 이제 한국에서는 삼성이나 현대처럼 큰 덩어리로 상장할 기업이 별로 없습니다. 그러니 수급은 당연히 좋아집니다. 이것은 연기금이 주식시장을 이끌면 주가가 추세

한국 내부의 장기적인 수급 개선

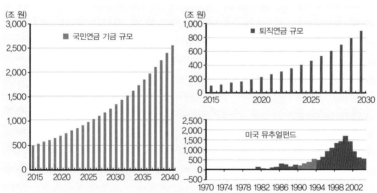

자료: 국민연금, 고용노동부, 블룸버그, 대신증권 리서치센터

적으로 몇 년 동안 올라간다는 것을 의미합니다.

미국의 경우 1980년부터 주가가 20년 동안 올랐는데 그것은 대부분 연기금 때문이었습니다. 한국도 연기금이 시장을 주도하는 장세가 조만간 올 텐데 그때까지 절대 큰 손해 보지 말고 잘 버텨야 합니다.

아직까지 한국 주식은 2년 이상 3년까지 들고 가면 바보입니다. 일단 한국 주식을 사면 2년 내에 파는 것이 좋습니다. 물론 주가가 추세적으로 올라가면 팔지 않아도 되지만 주가가 왔다 갔다 하면 팔아야 합니다.

만약 연기금이 주식시장을 끌어당기면 어떻게 될까요? 연기금 덕분에 미국처럼 10년, 20년 이상 올라간다면 당연히 팔지 않아야 하지요. 주식을 사서 오래도록 묵혀둔다는 말을 많이 들어보셨죠? 연기금이 주식시장을 이끌어 장기적이고 추세적인 장세가 만들어지면 이것이 가능합니다. 물론 2016년까지는 주식을 2년 내에 팔아야 하는 장세겠지만 2017년과 2018년부터는 주식을 오래 들고 가는 장세가 오리라고 생각합니다.

정치 사이클을 경계하라

현재의 미국 대통령 오바마는 민주당 소속입니다. 그러면 2008년의 미국 대선 상황을 되짚어 봅시다. 2008년 캘리포니아는 오바마에게 표를 많이 주었고 선거자금도 많이 댔지요. 그래서 민주당이 집권할 때는 캘리포니아의 색깔이 굉장히 강합니다. 캘리포니아는 자유분방하고 기술, 혁신, 바이오테크에 강하기 때문에 민주당이 집권하면 전 세계적으로 바이오주가 많이 오릅니다.

이런 일은 또 있었죠. 빌 클린턴이 집권한 1998년과 1999년 그리고 2000년에 돌을 집어 코스닥 전광판에 아무데나 던져도 상한가가 나온다는 말이 있을 정도로 기술주와 바이오주가 광풍처럼 몰아쳤습니다. 이것도 캘리포니아에서 표를 몰아줬을 때의 이야기입니다.

이제 2016년 11월에 미국 대통령 선거가 있습니다. 어디가 될지는 모르지만 과거의 패턴에서는 민주당이 8년 하면 그다음에 또 하는 사례는 없었습니다. 좋든 싫든 공화당이 된다고 가정할 때 표를 몰아주는 곳은 바로 텍사스입니다. 기름이 많이 나오는 텍사스가 표를 몰아주면 원유 값이 오릅니다. 실제로 아버지 부시, 아들 부시가 집권할 때 원유 값이 엄청 올랐습니다. 만약 미국의 2016년 대선에서 공화당이 집권하면 원유 값, 원자재 값이 2017년부터 오르기 시작할 겁니다. 짐 로저스의 말대로 3년 정도 투자기간이 있다고 봐야 하지요. 반면 민주당이 집권하는 동안에는 원유 값이 잘 오르지 않습니다.

빌 클린턴은 2000년까지 집권했고 2001년부터 공화당인 부시에게로 정권이 넘어갔습니다. 중요한 것은 그림에서 보여주는 점선입니다. 점선의 간격이 비슷해 보이지 않습니까? 미국의 대통령 임기는 4년이

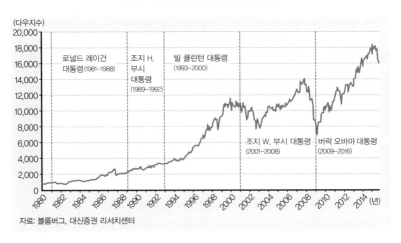

선거 사이클과 8년 주기의 경기 침체

(다우지수)

로널드 레이건
대통령(1981~1988)

조지 H.
부시
대통령
(1989~1992)

빌 클린턴 대통령
(1993~2000)

조지 W. 부시 대통령
(2001~2008)

버락 오바마 대통령
(2009~2016)

자료: 블룸버그, 대신증권 리서치센터

고 보통 연임되어 두 번씩 하니까 8년입니다. 그렇게 8년마다 정권이
바뀌는데 그 전후로 이상한 일이 발생합니다. 가령 갑자기 경기가 나
빠지거나 주가가 엄청나게 내려가는 현상이 발생하는 겁니다. 2016년
11월 미국이 대통령 선거를 치르는데 그 전후 역시 굉장히 불안정할
것입니다. 빌 클린턴이 만들어낸 바이오주나 기술주의 광풍도 공화
당이 집권하면서 '야, 이거 전부 가짜 아니었냐' 하며 무형자산을 계
속 깎아내리는 바람에 주가가 엄청나게 내려갔지요. 일종의 감가상
각 과정을 거치는 것입니다.

지난 10년, 15년을 보면 10배 이상 오른 주식 중에 바이오주가 아주
많습니다. 가령 생명공학주나 제약주가 많은데 이런 주식은 2016년에

조심해야 합니다. 미국에서 정권이 바뀌면 주가는 10종목 중에서 8종목이 떨어집니다. 미국의 생명공학주는 우리나라보다 좋은 주식이 많은데도 불구하고 공화당이 집권한 첫 해(2001년)와 두 번째 해(2002년)에 반 토막이 났습니다. 이러한 투자 위험이 있기 때문에 많은 전문가가 8~9년 정치 사이클을 경계하라고 강조하는 것입니다.

장기적으로 해외투자는 대세다

2015년 말 현재 한국의 경상수지는 '44개월 연속 흑자'라는 신기록을 달성하고 있습니다. 경기도 좋지 않은데 대체 왜 흑자가 나는 걸까요? 이것은 불황형 흑자로 싼 원유 값 덕분에 생긴 현상입니다. 이처럼 달러가 많이 들어오는데 왜 원-달러 환율은 잘 떨어지지 않는 걸까요? 그것은 기관과 정부가 해외투자로 달러를 자꾸만 밖으로 빼내기 때문입니다. 연기금도 해외투자를 늘리고 있지요. 따져보면 들어온 돈보다 나간 돈이 더 많습니다.

앞으로 해외투자는 대세입니다. 2016년부터 3,000만 원까지 해외 주식형 펀드에 가입하면 세금을 깎아줍니다. 즉, 비과세 혜택을 주는 것입니다. 우리가 기억해야 할 점은 이것이 1, 2년짜리가 아니라 장기적인 트렌드라는 사실입니다. 만약 갑자기 국제 금융 시장이 불안정해지면 원-달러 환율은 금세 1,300원을 넘길 것입니다. 제가 달러를

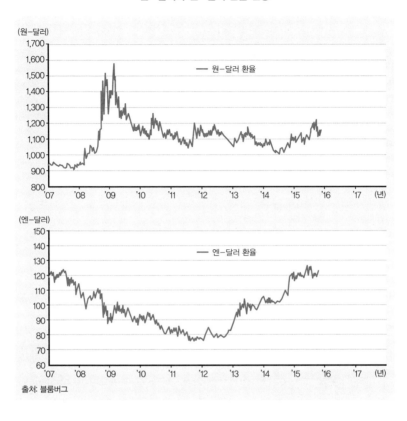

원-달러와 엔-달러 환율 전망

(원-달러)

1,700
1,600
1,500
1,400
1,300
1,200
1,100
1,000
900
800

── 원-달러 환율

'07 '08 '09 '10 '11 '12 '13 '14 '15 '16 '17 (년)

(엔-달러)

150
140
130
120
110
100
90
80
70
60

── 엔-달러 환율

'07 '08 '09 '10 '11 '12 '13 '14 '15 '16 '17 (년)

출처: 블룸버그

좀 갖고 있으라고 하는 이유가 여기에 있습니다.

만약 2016년에도 원유 값이 계속 싸면 문제가 생길 수 있습니다. 브라질, 러시아, 호주, 남미 국가 그리고 러시아 주변의 '탄' 자가 들어가는 많은 나라가 버티다가 한계 상황을 맞이할 테니까요. 상황이 계속 나빠지면 벼랑에 서는 국가가 늘어나면서 신용 위험이 불거질 수 있습니다. 그때 주가는 생각보다 많이 빠집니다. 지금처럼 원유 값이 싼 상황이 지속되는 것은 커다란 위협입니다.

가령 브라질의 국영 석유회사 페트로브라스의 주가는 국제 유가가 140달러를 훌쩍 넘긴 2008년 상반기에 비해 10분의 1 수준으로 하락하는 상황입니다. 베어스턴스는 골드먼삭스 같은 회사와는 비교가 되지 않을 정도로 2001년과 2002년에 단 한 번의 주가 조정이 없는 훌륭한 투자회사였습니다. 한데 일단 무너지기 시작하자 주가가 10분의 1 토막으로 줄더니 결국 시장에서 사라졌습니다. 신용 위험의 한계 상황에 몰리면 그렇게 되고 맙니다.

원유 값이 지금처럼 싼 상황이 지속되면 우리나라 기업 중 일부도 한계 상황에 내몰릴 가능성이 큽니다. 주로 원자재와 관련된 사업을 하는 기업에 빚이 많거나 재무구조가 좋지 않으면 그런 기업은 반드시 피해야 합니다. 정확히 '나는 바닥에서 잡을 수 있다'는 자신이 없으면 사더라도 좀 늦게 사십시오.

1990년대 후반 원유 값이 싼 상황이 지속되면서 멕시코, 브라질, 러시아처럼 기름과 관련된 자원 국가에 위기가 찾아왔습니다. 반면 클린턴이 집권하던 1994년부터 5~6년간 달러는 아주 강해졌습니다. 오바마가 집권하고 있을 때도 똑같은 상황이 일어났습니다. 2014년 7월부터 달러가 강해졌습니다. 그것도 아주 짧은 기간에 강해진 것입니다. 이 추세는 생각보다 길게 갈 수 있습니다.

그럼 원유 값을 구체적으로 살펴봅시다.

WTI(미국 서부 텍사스산 원유) 기준으로 클린턴이 집권한 1997년, 1998년 무렵 원유 값은 24달러에서 12달러까지 내려갔습니다. 현재의 오바마 정권 때 원유 값이 무려 63퍼센트나 내려갔습니다. 내려가는 폭이 커서 충격을 받는 사람도 있겠지만 원유 값이 반 토막 나는 건 전혀 이상한 일이 아닙니다. 조금만 관심을 기울이면 예견이 가능한 일이지요. 캘리포니아에서 너도나도 표를 찍어주면 원유 값이 오르지 않습니다. 최소한 2016년까지는 오바마가 대통령이고 이는 그때까지 원유 값이 급등하기가 어렵다는 의미입니다.

1999년과 2000년에 새천년이라는 기대감에 원유 값이 조금 올랐지만 금세 10달러대, 20달러대로 밀려났습니다. 원유 값이 낮은 상황이 3~4년 이어지면서 한계 기업과 한계 국가가 엄청나게 늘어났지요. 원유 값이 싼 상황이 지속되는 것은 세계 경제나 주식투자를 하는 사람들에게 상당한 위협요소입니다. 그러니까 만약 지금 원유와 관련된 투자를 할 계획이라면 3년을 내다보고 투자해야 합니다. 물론 저는 그보다 훨씬 더 빨리 주가가 오를 거라고 생각합니다.

채권은 어떨까요? 최근 2년간 은행에서 혼합형을 많이 팔았습니다. 그들은 왜 혼합형을 팔았을까요? 고객이 주식을 사지 않으니까 그래도 조금 투자해보라며 혼합형을 판 것입니다. 예를 들면 주식과 채권을 절반씩 섞은 펀드나 완전한 채권형 펀드를 많이 판매했습니다.

앞으로 한국의 경제성장률이 급격히 좋아질 확률은 낮습니다. 그러니 채권금리는 지금보다 더 떨어질 겁니다. 채권금리가 떨어질 경우 채권형 펀드에서 수익이 나는 것까지는 좋습니다. 문제는 아무 탈 없이 현 상황이 지속되지 않는다는 데 있습니다. 가령 1997년과 1998년, 2008년에 채권금리가 떨어지다가 갑자기 급등했습니다. 2013년 중국의 그림자 금융 문제가 불거졌을 때도 그랬습니다. 우리나라의 경제 상황이 좋지 않아 금리가 계속 떨어지면 채권형 펀드에

채권 금리

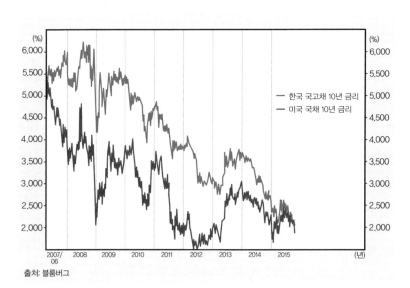

출처: 블룸버그

서 수익이 나지만, 채권금리가 어느 정도 떨어지다가 단기간이나마 잠깐 급등할 수 있습니다. 이처럼 채권금리가 급등할 경우 채권형 펀드에서 손실이 크게 납니다. 저는 2016년 상반기 중에 채권형 펀드를 잠깐 정리하고 상황을 지켜볼 필요가 있다고 생각합니다.

주식투자, 언제 사서 언제 팔아야 할까

만약 2000년에 아모레 퍼시픽의 주식을 샀다면 2015년 말 현재 어느 정도 수익이 났을까요? 무려 110배로 올랐습니다. 당기순이익은 몇 배 늘어났을까요? 아모레의 당기순이익은 10배 정도 늘어났습니다. 이런 주식을 사면 워런 버핏, 짐 로저스, 마크 파버가 전혀 부럽지 않습니다.

문제는 어느 종목의 주가가 많이 오를지 누구도 모른다는 데 있습니다. 쉬운 방법을 말하자면 '저 기업은 한 30년이 지나도 망하지 않을 것 같다' 싶은 회사의 주식을 사십시오. 장수하는 기업의 주식을 사라는 얘기입니다. 장수하는 기업이란 '내부성장률이 매출액 증가율보다 큰 기업'을 말합니다.

내부성장률이란 내부유보율에 자기자본이익률을 곱한 것을 말합니다. 간단히 말해 이것은 현금을 많이 갖고 있다는 의미입니다. 현금이 많은 기업은 20년, 30년, 40년간 버틸 수 있고 그 사이에 시세가 엄청나게 오릅니다.

또 한 가지 방법은 S커브로 주식투자 시점을 판단하는 것입니다. 기업이 S형태로 성장한다고 했을 때 어떤 제품과 서비스가 허리의 3번 요추 부위에 걸려 있을 때가 딱 30퍼센트 수준입니다. 허리의 2번, 3번, 4번 요추가 있는 곳은 디스크에 잘 걸리는데 그 3번 요추가 대박이 나는 자리입니다. 예를 들어 삼성전자 휴대전화가 시장에 나왔을 때 처음에는 아무도 쓰지 않았습니다. 10명이 있으면 10명 모두 쓰지

S커브로 본 주식 매수의 최적 시점

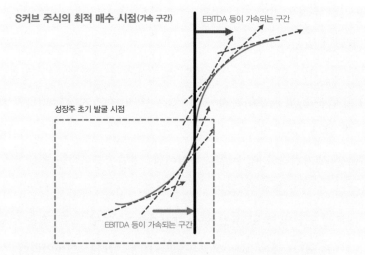

*EBITDA: 법인세, 이자, 감각상각비를 차감하기 전의 영업이익으로 기업의 수익성을 나타내는 지표다.
출처: 대신증권 리서치센터

않았지요. 그러다가 10명 중 3명이 쓸 때 삼성전자 주가가 가장 빨리 올랐습니다. 통신주 역시 LTE 보급률이 30퍼센트일 때 주가가 올랐습니다. 한데 50퍼센트가 되니까 주가가 내려갔지요. 제습기 관련 주식도 서울의 중산층 이상 아파트 10가구 중에서 3가구가 쓸 때 주가가 가장 빨리 올랐습니다. 마찬가지로 5가구가 쓰니까 주가가 부러졌지요. 그러니 주위를 잘 관찰해보십시오. 주변의 10명 중에서 3명이 카톡을 하면 바로 카카오 주식을 사야 합니다.

만약 제가 삼성전자 주식을 산다면 언제 사서 언제 파는 것이 가장 좋을까요? 10년 투자를 하는 경우 2001년에 사서 2012년 말에 파는 것이 가장 좋았겠지요. 그러면 2001년, 2002년에 삼성전자 주식이 뜰지 어떻게 알 수 있을까요? 당연히 아무도 알지 못합니다.

그런데 제가 해보니 태평양을 1999년, 2000년에 살 방법이 있었어요. 당시 그들은 재무구조를 바꿨습니다. 이것저것 손을 댔는데 장사가 되지 않으니까 구조조정을 한 겁니다. 기업이 장사가 되지 않는 것을 떼어내 팔고 빚이 많던 구조에서 현금이 많은 형태로 바뀌면 그때부터 주가가 오릅니다. 재무구조를 바꿨다고 영업 상황이 곧바로 좋아졌나요? 그렇지 않습니다. 2001년에는 기업마다 사업이 굉장히 어려웠는데 2003년에 카드 사태가 터지면서 더 어려워졌습니다. 이때 어디가 망했을까요? 현금을 비축한 기업은 어떤 순간에도 절대 망하지 않습니다. 재무구조가 좋지 않은 기업이 망하는 거지요. 2000년,

2001년, 2002년, 그 어려운 시기를 지나온 태평양이 망했나요? 아니죠. 그 많던 다른 화장품 회사들이 망했고 덕분에 태평양은 과점하는 위치를 차지했습니다. 한마디로 시장 지배력이 아주 강해졌습니다.

재무구조를 바꾸는 것은 이렇게 중요합니다. 사실 '지금이 호황이다', '경기가 아주 좋다' 하면서 재무상태표, 밸런스시트 같은 것을 볼 필요가 없습니다. 차라리 애널리스트가 '내년도 영업이익이 얼마만큼 늘어날 것 같다'고 전망하는 것을 믿고 사면 별로 실수하지 않습니다.

문제는 경기 상황이 계속 좋지 않다는 데 있습니다. 지금은 누구도 2016년에 장사가 잘될지, 영업 환경이 좋아질지 예측하기가 어렵습니다. 그러니 길목을 지키는 수밖에 없습니다. 삼성전자는 2001년, 고려아연은 2007년, 영원무역홀딩스는 2001년에 재무구조를 바꿨습니다. 그때 주식을 샀으면 큰 수익을 올렸을 것입니다. 이런 관점에서 고려아연, 하이닉스, 한국항공우주, S&T모티브를 추천합니다. 제가 종목을 고려아연, 하이닉스, 한국항공우주, S&T모티브 콘셉트로 뽑은 것이 2014년 7월인데 사실 고려아연과 하이닉스는 업황이 지지부진했죠. 반면 한국항공우주와 S&T모티브는 2014년 7월 이후 계속 많이 올랐습니다. 저는 그 상황이 좀 더 갈 거라고 생각합니다.

현금이 많으면 지금처럼 원유 값이 바닥을 길 때 정유회사와 화학회사가 설비투자를 할 수 있습니다. 돈이 없으면 절대 그렇게 하지 못하죠. 2008년 금융위기가 터지고 2009년 세계 경기가 가라앉아 있을 때, 한 치 앞을 보기도 어려운 그 시절에 S-Oil과 고려아연, 롯데케미칼은 투자를 했습니다. 아주 어려울 때 설비투자를 하는 그들을 보면서 저는 기업의 의사결정력이 뛰어나다고 생각했습니다. 당시 다른 회사는 설비와 생산을 감축하고 있었지요.

그로부터 2년 뒤인 2010년과 2011년 원자재 가격이 오르고 인플레가 발생하자 한국의 차화정(자동차, 화학, 정유) 장세가 나왔습니다. 차화정 장세 1등 주식은 S-Oil이었고 고려아연과 롯데케미칼도 많이 올랐지요. 현금을 쥐고 있으면 불황에도 설비투자를 해서 호시절이 오자마자 돈을 법니다. 경기가 좋을 때 투자하면 오히려 과잉공급이 일어나 고전하게 마련입니다.

그럼 부동산 쪽은 어떨까요? 아파트를 짓는 데 보통 30개월이 걸린다고 합니다. 알다시피 2015년에는 52만 채의 아파트 분양이 있었고 이들의 입주가 2017년과 2018년에 시작됩니다. 중요한 것은 그때의 경기입니다. 경기 상황이 지금보다 썩 좋아지지 않는다면 주택 값이 오르기는 힘들지요. 제가 볼 때 2017년 이후의 부동산 시장이 그리 밝아 보이지 않습니다.

그래서 지금은 달러를 가지고 있어야 하고 최소한 2016년 중에는 원자재 관련 기업에 투자해야 합니다. 만약 원자재를 비롯한 기업의 상황이 지금처럼 좋지 않게 이어지면 2017년에는 많은 급매물이 쏟아질 겁니다. 그때는 현금을 쥐고 있는 사람이 싹쓸이를 합니다. 실제로 IMF 때 부동산을 쓸어 담은 사람들은 나중에 돈을 많이 벌었습니다. 또한 소위 무수익여신(부실대출금과 부실지급보증금을 합한 개념. 한마디로 회수할 가능성이 낮은 부실 채권을 말한다)을 다루는 회사가 나중에 큰 돈을 벌 수 있습니다.

15년 동안 10배 이상 오른 주식의 비밀

127쪽의 표는 지난 15년 동안 10배 이상 오른 주식을 나타낸 것입니다. 언뜻 보아도 음식료, 제약이 많습니다. 10년, 15년 전 이들 주식에는 어떤 특징이 있었을까요? 또 지금은 어떨까요? 전체적으로 보면 수명이 긴 주식에서 장타가 나옵니다. 앞서 말했듯 긴 수명을 유지해주는 방법 중 하나는 현금을 많이 확보하는 것입니다.

알짜 주식을 찾는 또 다른 방법은 중소형주를 눈여겨보는 것입니다. 1조짜리가 10조가 될 확률이 높을까요, 아니면 1,000억이 1조가 될 확률이 높을까요? 당연히 1,000억이 1조가 될 확률이 높습니다. 삼성전자 주식이 지금보다 10배 오를 확률보다 중소형주가 10배 오를 확률이 더 높습니다. 이것은 향후 10년 동안에도 마찬가지입니다.

그다음에는 부채비율 혹은 자본유보율을 봐야 합니다. 경영학 교과서에서는 돈을 벌어서 굴리라고 하지만 사실 지금과 같은 불황기에

15년 동안 10배 이상 오른 주식(2000년 이후~)

코드	종목	수익율	코드	종목	수익율	코드	종목	수익율
A033920	무학	15,989%	A000230	일동제약	2,111%	A004990	롯데제과	1,328%
A033930	한미사이언스	6,987%	A003780	진양산업	2,077%	A023150	MH에탄올	1,322%
A007310	오뚜기	6,860%	A005830	동부화재	2,075%	A014130	한익스프레스	1,302%
A006040	동원산업	6,651%	A002350	넥센타이어	2,044%	A003850	보령제약	1,295%
A005740	크라운제과	5,571%	A018120	진로발효	1,969%	A009450	경동나비엔	1,250%
A026960	동서	5,549%	A010780	아이에스동서	1,943%	A025950	동신건설	1,217%
A002790	아모레G	5,358%	A027390	한화갤러리아타임월드	1,906%	A003690	코리안리	1,217%
A025980	에머슨퍼시픽	4,375%	A004250	NPC	1,900%	A001060	JW중외제약	1,192%
A012330	현대모비스	4,300%	A005610	삼립식품	1,866%	A016450	한세예스24홀딩스	1,134%
A007210	벽산	4,278%	A000670	영풍	1,862%	A014280	금강공업	1,133%
A006730	서부T&D	4,062%	A002960	한국쉘석유	1,855%	A000070	삼양홀딩스	1,113%
A005690	파미셀	3,366%	A008290	원풍물산	1,842%	A008770	호텔신라	1,096%
A018310	삼목에스폼	3,283%	A001450	현대해상	1,816%	A001630	종근당홀딩스	1,093%
A005300	롯데칠성	3,259%	A007160	사조산업	1,770%	A005250	녹십자홀딩스	1,078%
A021820	세원정공	3,200%	A004490	세방전지	1,729%	A006280	녹십자	1,067%
A001800	오리온	3,042%	A003120	일성신약	1,714%	A025270	부산방직	1,039%
A009420	한올바이오파마	2,919%	A016250	이테크건설	1,675%	A017810	풀무원	1,007%
A021240	코웨이	2,897%	A001840	이화공영	1,582%	A007570	일양약품	994%
A024950	삼천리자전거	2,845%	A005440	현대그린푸드	1,482%	A000430	대원강업	992%
A005090	삼광글라스	2,594%	A010130	고려아연	1,465%	A005160	동국산업	990%
A002840	미원상사	2,570%	A004910	조광페인트	1,453%	A025900	동화기업	979%
A009970	영원무역홀딩스	2,566%	A011170	롯데케미칼	1,444%	A003650	미창석유	977%
A002270	롯데푸드	2,538%	A013030	하이록코리아	1,439%	A011780	금호석유	951%
A014990	인디에프	2,505%	A000320	노루홀딩스	1,432%	A010640	진양폴리	931%
A005750	대림B&Co	2,421%	A000100	유한양행	1,404%	A003350	한국화장품제조	929%
A024720	한국콜마홀딩스	2,304%	A011000	진원생명과학	1,403%	A000050	경방	924%
A002620	제일약품	2,302%	A001000	신라섬유	1,395%	A005850	에스엘	915%
A000060	메리츠화재	2,299%	A030960	양지사	1,387%	A008870	금비	912%
A019170	신풍제약	2,265%	A006060	화승인더	1,381%	A004700	조광피혁	903%
A003220	대원제약	2,148%	A016580	환인제약	1,338%	A005710	대원산업	895%

출처: 대신증권 리서치센터

는 돈을 벌어 곳간에 쌓아놓는 회사의 주식을 찾아야 합니다. 가령 삼성전자가 100만 원 초반일 때 샀어야 합니다. 영업이 잘될 것 같아서도, 바이오 산업이 성공할 것 같아서도 아닙니다. 지배구조가 좋아질 것 같아서도 아니지요. 이유는 단 하나, 삼성전자에는 70조 원이라는 현금이 있습니다.

　현재 영업 환경이 좋지 않아도 현금을 쥐고 있으면 주식을 사는 것이 맞습니다. 고려아연과 S-Oil은 지금 영업 상황이 좋지 않습니다. 오히려 그렇기 때문에 싸게 살 수 있습니다. 저는 화학회사든 정유회사든 원자재 관련 회사든 2017년 이후에는 업황이 좋아질 거라고 생각합니다. 업황이 좋지 않아도 현금을 많이 갖고 있는 기업은 이 불황을 헤쳐 나갈 수 있습니다. 더구나 지금은 전 세계가 아연을 감산하고 있습니다. 결국 고려아연의 상대적 위치는 2000년대 초반 많은 화장품 회사가 무너지는 중에도 버텨낸 태평양처럼 과점하는 자리입니다. 시장 지배력을 아주 빠르게 늘려갈 수 있는 것입니다.

이용훈

국내 증권사 가운데 해외주식투자 분야에서 선두를 달리는 신한금융투자에서 글로벌 투자를 담당하고 있다. 그는 '박스권'에 갇힌 국내 종목들의 움직임에 답답함을 느끼는 한편, 구글이나 애플 같은 미국 공룡 IT기업들의 시가총액이 폭등하는 것을 부러워하는 국내 투자자를 위해 유망한 글로벌 기업에 직접 투자하는 노하우를 알려준다.

5장

구글과 애플에
투자하는 법

이용훈, 신한금융투자 팀장

해외투자 증가세는 계속 이어질까

최근 소비자가 생활용품부터 음식물까지 직접 구매하는 '직구 시대'가 열렸습니다. 중간 유통단계를 거치지 않고 다이렉트로 최대한 경제적이고 스마트한 소비를 하고 있는 것입니다. 주식도 마찬가지입니다. 과거에는 국내에 있는 해외펀드나 국내에 상장한 해외 ETF(Exchange Traded Funds, 상장지수펀드)를 통해 해외주식에 간접적으로 투자했지만, 지금은 현지 종목을 직접 골라 투자하는 방법이 성행하고 있습니다.

국내 트렌드를 보면 한국예탁결제원 기준으로 국내투자자가 약 8조 원어치 해외주식을 거래했습니다. 이것이 2015년 들어 300퍼센트 급증해 25조 원이 되었습니다. 예를 들어 신한금융투자가 10억 이상을 보유한 고객의 포트폴리오를 조사하자 국채 다음으로 해외주식이 많은 포지션을 차지하는 것으로 나타났습니다.

해외주식 거래 급증 추세는 우울한 우리나라의 경제 상황과 무관하지 않습니다. 한국은 2000년에 이미 5퍼센트 이하의 경제성장률로 내려앉았고 이후에는 2퍼센트로 내려갔습니다. 앞으로도 인구구조 변화나 신성장 동력 부재로 앞날이 매우 암울한 상황입니다.

지금과 같은 해외주식투자 증가세는 계속 이어질까요? 주요 국

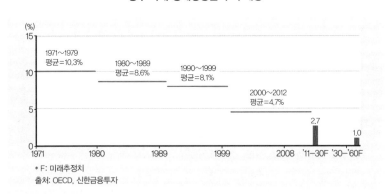

향후 국내 경제성장률 추이 예상

* F: 미래추정치
출처: OECD, 신한금융투자

가는 GDP 대비 해외투자를 얼마나 하고 있을까요? 선진국을 비롯한 OECD의 평균은 약 50퍼센트이고 영국 130퍼센트, 말레이시아 14퍼센트입니다. 한국은 9퍼센트에 머물고 있지요.

경제성장률과 GDP성장률, 해외투자비율을보면 일인당 GDP가 높을수록 해외투자비율이 높습니다. 그리고 국내 경제성장률이 낮을수록 해외투자가 증가합니다.

2008년 금융위기가 터진 뒤 각국은 금융완화 정책과 더불어 양적완화를 시행했습니다. 덕분에 니케이지수, S&P500지수, 상하이지수까지 급등했지만 한국의 코스피는 아쉽게도 '박스피(박스권+코스피)'라는 별명처럼 박스권 안에서 움직이는 경향을 보였습니다.

우울하게도 애널리스트들은 국내에서 가장 좋은 조건을 고르기 위해 소위 버텀업(Bottom-up, 개별 종목 기업을 조사 분석함으로써 일일이 종목을 발굴해 투자하는 방식)으로 종목을 선정합니다. 반면 글로벌 자금은 선진국에서 신흥국으로, 신흥국에서 선진국으로 혹은 주식에서 채권으로 움직이고 있습니다. 이러한 큰 흐름을 따라가지 못하면 국내에서 계속 박스권 안에서만 움직일 수밖에 없습니다. 그러니 상대적 박탈감이 느껴지지요. 심지어 아이슬란드의 화산이 터졌는데 한국의 주가가 빠졌습니다.

몇몇 개별 종목을 대상으로 2008년부터 5년 동안의 차트를 비교해보면 확연한 차이를 느낄 수 있습니다. 가령 현대차의 주가수익률이 약 270퍼센트 오를 때 포드는 650퍼센트나 올랐습니다. 삼성전자의 주가수익률이 지난 10년간 113퍼센트 오를 때 애플은 무려 1,000퍼센트 넘게 올랐습니다. 회사가 주당 벌어들이는 액수는 삼성전자가 14만 원, 애플은 1만 원 정도입니다. 애플이 훨씬 더 적게 벌고 있으면서도 비싸게 팔리는 것은 그만큼 이 회사의 성장 가치를 더 높게 본다는 의미입니다. 더구나 시장이 커서 외생변수(경제체제 밖에서 영향을 미치는 변수)에 별다른 영향을 받지 않습니다. 삼성전자는 열심히 돈을 벌고 있지만 북핵이나 중국의 영향을 받아 흔들리기 쉬운 까닭에 투자자들이 그에 따른 수익률을 누리지 못하는 상황입니다.

왜 미국 주식인가

2015년 말 현재 가장 큰 이슈는 미국의 할인율입니다. 시장이 금리인상을 발표하는 재닛 옐런(Janet Yellen) 연준 의장의 입에 주목하고 있다는 얘기입니다. 시장이 이자율과 인플레이션에 신경을 쓴다는 것은 그만큼 성장을 의심하고 있다는 뜻입니다. 흥미롭게도 사람들은 금리를 인상하면 '대형 호재다', '그만큼 미국 경제가 좋아졌다는 뜻이다'라고 해석합니다. 또 금리를 인하하면 '호재다', '증시에 이만한 호재는 없다'라고 말합니다.

S&P500지수 차트와 미국의 실업률

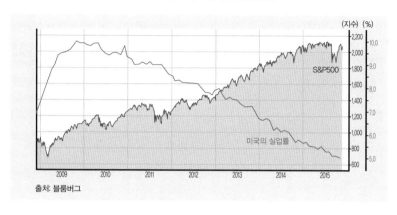

출처: 블룸버그

2016년 시장에서는 당연히 미국과 중국의 흐름을 봐야 합니다.

2008년 금융위기는 리먼브러더스로부터 시작되었으니 그 주범은 미국입니다. 그런데 위 그래프의 S&P500지수를 보면 굉장히 화가 납니다. 자기가 사고를 쳐서 돈을 풀어놓고 증시가 잘되어 그들만 잘사는 꼴을 봐야 하니까요. 미국의 경제구조는 자급자족에 가깝습니다. GDP의 80퍼센트 이상을 자국에서 소비하기 때문에 자국의 실업률이 낮아지면 자기들끼리 잘 먹고 잘사는 구조입니다. 그런데 미국의 실업률은 한때 10퍼센트까지 올랐다가 2015년 말 현재 5퍼센트까지 내려갔습니다. 5퍼센트대면 자발적 실업을 빼고 거의 완전고용을 이룬 상태라 미국의 S&P500지수는 계속 올라가고 있습니다.

그러다 보니 미국 금리가 2016년 1퍼센트쯤 인상될 것으로 보입니다. 여러 가지 예상대로 0.25퍼센트씩 분기당 네 번 인상하든 아니면 베이비스텝(조금씩 천천히)으로 가든 미국 소비는 증가할 것입니다. 미국 주식을 계속 신뢰할 수밖에 없는 이유가 여기에 있습니다.

또 다른 변수는 셰일가스입니다. 사실 미국에는 중국 다음으로 셰일가스가 많이 있습니다. 그걸 알면서도 셰일 층을 깨고 기름을 뽑아내는 기술이 어려워서 그저 보고만 있었지요. 그러다가 최근 수압파쇄법, 일명 프래킹(fracking, 물, 화학제품, 모래 등을 혼합해 고압으로 분사함으로써 석유와 가스를 분리하는 공법) 기술이 등장해 활기를 띠고 있습니다. 미국이 물을 고압으로 내리쏘아 1만 6,000피트(약 4,900미터) 아래에 있는 셰일 암석을 깬 뒤 셰일가스를 처음 퍼 올린 날이 2008년 9월 7일인데 바로 그날 리먼브러더스가 부도났습니다.

전 세계 금융인이 〈월스트리트 저널〉에 오만한 미국인의 경제가 끝났다고 얘기할 때 미국은 새로운 자산 동력을 일으키는 첫발을 내디딘 것입니다. 미국에는 무려 2조 배럴의 셰일가스가 있습니다. 현재의 기술로는 1조 배럴을 캐낼 수 있는데 그 양이 어느 정도인지 감이 옵니까? 2조 배럴이면 미국인이 지금처럼 큰 차를 타고 다니면서 에너지를 펑펑 써도 족히 300년은 쓸 수 있는 양입니다.

그동안 미국 경제가 적자에 허덕이도록 만든 것은 두바이유 수입에 따른 비용입니다. 미국이 에너지를 자급자족할 경우 2020년이면 은행에 더 많은 돈이 쌓이고 금리가 내려가며 부동산 시장이 좋아지는 선순환 구조를 이룰 것입니다. 이것이 바로 미국 시장을 좋게 보는 이유입니다. 셰일가스를 퍼 올리면 기름 값이 계속 떨어지지 않을까요?

저는 원유 값이나 금값이 앞으로 얼마나 오를지 잘 모르겠습니다. 2015년 말 현재 과거에 비해 많이 떨어진 수준이고 미국의 셰일가스도 생산단가가 40달러까지 내려갔습니다. 이 생산단가를 유지하기 위해 생산량을 조절하는 상황이지요. 설령 셰일가스 생산을 중단할지라도 값이 오를지 내릴지는 여전히 의문입니다. 그래서 저는 오일 ETF, 오일펀드에 투자하는 것에는 조심스러운 의견을 내놓고 있습니다.

그러면 미국이 금리를 인상하고 난 후의 상황을 생각해봅시다. 다음의 그래프는 과거의 상황으로 파란색이 선진시장이고 회색이 신흥

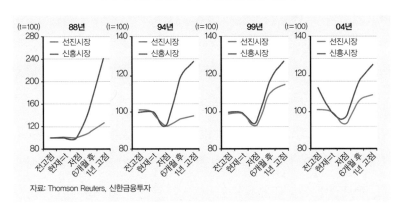

과거 미국 금리인상 시기의 선진 및 신흥시장 주가

자료: Thomson Reuters, 신한금융투자

시장입니다. 미국의 금리인상 이후 신흥시장이 1년 동안 60퍼센트나 상승했습니다. 선진시장은 18퍼센트 정도 상승했지요.

현재 시장이 금리인상에 신경을 곤두세우는 이유는 시장의 불확실성 때문입니다. 시장이 제일 싫어하는 것은 바로 불확실성입니다. 일단 금리인상이 시작되면 불확실성이 시장에 미치는 영향은 줄어들 것입니다.

바이오테크놀로지에 주목하라

제가 먼저 권하고 싶은 분야는 바이오테크놀로지입니다. 소득이 늘어나고 고령화가 지속되면서 사람들이 의료 기술에 지속적으로 투자하고 있습니다. 2010년 약 300조이던 미국의 의료비 지출액이 2020년이면 500조로 늘어날 전망입니다. 특히 인도나 중국 같은 신흥국의 수요가 늘어나면서 이 시장의 성장세에 가속도가 붙을 것으로 보입니다.

그런 의미에서 저는 '셀진'을 관심 있게 지켜보고 있습니다. 미국 나스닥 시장에 상장된 바이오테크놀로지 ETF(Ticker IBB)에는 길리어드사이언스, 암젠, 셀진 등이 있는데 이 세 종목이 대표적입니다. 셀진의 대표적인 약은 레블리미드(Revlimid)라는 다발성 골수종 치료제, 즉 백혈병 치료제입니다. 우리나라의 림프종 중 90퍼센트 이상을 차지하는 것이 비호지킨 림프종(Non-Hodgkin's Lymphoma)이고 나머지 10퍼센트가 호지킨 림프종입니다. 한국에서 1년 동안 약 6만 명이 암으로 사망하는데 그중 900명 정도가 이 암으로 사망합니다.

희귀병 시장은 앞으로 10퍼센트씩 성장할 전망이며 2015년 말 현재 셀진의 EPS(Earning Per Share, 주당순이익)는 4달러 정도입니다. 이것은 향후 5년간 약 12달러, 즉 3배 이상 늘어날 것으로 보입니다. 이러한 예측에는 그럴 만한 이유가 있습니다. 과거에 다발성 골수종 치료제는 일단 암 치료를 받은 다음 두 번째 치료부터 쓸 수 있었습니다. 그런데 2015년 2월 유럽과 미국에서 최초 수술을 받을 때부터 사용하도록 승인을 받아 소비가 폭발적으로 늘어날 가능성이 큽니다.

셀진 차트

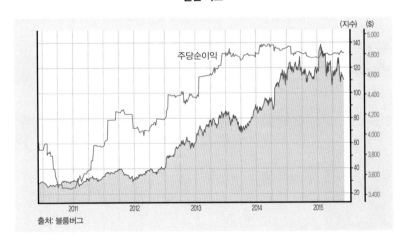

출처: 블룸버그

제약산업 분석업체 이밸류에이트 파마(Evaluate Pharma)도 향후 5년간 가장 높은 매출을 올릴 기업으로 셀진을 꼽았습니다. 셀진의 차트에서 EPS 성장률을 보면 보다 쉽게 이해할 수 있습니다. 주식을 살필 때 국내투자자들은 가장 먼저 퍼를 보는데, 미국 주식은 퍼를 보면 헷갈립니다. 흔히 퍼가 낮을수록 좋고 싼 주식이며 투자가치가 있다고 여기지만 해외주식은 퍼가 높을수록 더 좋습니다. 그래서 퍼가 높은 주식을 주의 깊게 살펴봐야 합니다. 블룸버그 컨센서스는 향후 목표를 30퍼센트 이상인 140달러로 잡고 있습니다.

미국 시장에는 약 1,400개, 홍콩에는 80개의 ETF가 상장되어 있는데 그중 바이오테크놀로지 ETF를 IBB라고 합니다. 2015년 말 현재 달러 수요가 높아 이자가 없어도 되니 달러를 보유할 만한 상품이 없느냐고 묻는 사람이 많은데 ETF도 주식입니다. 즉, ETF 역시 변동성을 회피할 방법은 없습니다. 그런데 재미있는 ETF 중 하나가

IBB ETF의 성과

구분	S&P500지수	KNOW US
6개월	−0.99%	−2.37%
1년	+1.47%	+3.52%
3년	+50.54%	+60.27%

'KNOW'라는 ETF입니다. 코딩명이 KNOW, 즉 '안다'인데 안다는 것은 바로 내부자 정보입니다. 이것은 기업의 내부자, 다시 말해 주식의 5퍼센트 이상을 가진 임원이 주식을 팔면 그 움직임을 지수화해서 따라 하는 것입니다. 다른 정보를 모르는 상태에서 내부자의 행동을 따라 하는 ETF입니다. 이들의 성과를 보니 6개월은 −2.37퍼센트로 적었지만 1년과 3년을 보면 계속 S&P500지수를 능가했습니다.

멀버리, 나이키 그리고 월트디즈니

개인적으로 좋아하는 해외 종목은 멀버리와 나이키, 월트디즈니입니다. 해외에 나가 아울렛에 들어가면 많은 중국인을 볼 수 있습니다. 제가 런던에 있을 때 아내와 함께 생일선물을 사러 아울렛에 들어갔다가 중국인들이 멀버리 가방을 팔에 몇 개씩 걸치고 있는 통에 정신이 없어서 그냥 나온 적이 있습니다. 그때 아내가 말했죠.

"가방 말고 멀버리 주식을 사줘."

안타깝게도 그때 제가 그 말을 흘려들었습니다. 나중에 한국에 와 보니 멀버리 주식이 4,000퍼센트 이상 올랐더군요. 그야말로 가방이 BMW가 될 수 있는 기회를 놓친 것입니다.

해외주식은 말 그대로 해외에 있는 거라 어렵게 접근하면 굉장히 힘듭니다. 오히려 국내에 들어와 있는 외국 회사 제품의 소비 현황을 보는 것이 낫습니다. 소비자가 제품을 많이 구매하는 회사는 당연히 성장하고 그러면 주가는 오르게 마련입니다.

나이키는 2015년 말 현재 매출이 33조가 넘습니다. 스포츠용품을 팔아 현대차의 3분의 1에 해당하는 매출을 올리는 것입니다. 영업이익이 현대차의 절반 이상인 돈을 잘 버는 회사입니다. 특히 중국의 소비자들에게 엄청난 호응을 얻고 있어서 매년 15퍼센트 이상씩 성장하고 있습니다. 2020년이면 55조 정도로 2015년보다 약 70퍼센트이상 매출이 성장할 것으로 예상하고 있습니다. EPS 역시 2배 정도로 예측되는 종목입니다.

디즈니 하면 가장 먼저 떠오르는 것이 미키마우스입니다. 2015년으로 아흔 살쯤 된 미키마우스가 장수하면서 회사에 돈을 엄청 벌어주고 있죠. 사실 월트디즈니는 미디어 쪽에서 가장 많은 돈을 법니다. 미디어가 전체 매출액의 45퍼센트, 영업이익의 60퍼센트를 차지합니다. 케이블에서는 ESPN, 공중파에서는 ABC 방송을 통해 돈을 법니다. 미디어뿐 아니라 〈토이스토리〉를 만든 픽사, 〈어벤저스〉와 〈스파이더맨〉을 만든 마블사, 〈스타워즈: 로그 스쿼드론〉 등이 모두 월트디즈니의 것입니다. 2014년에는 〈겨울왕국〉이 붐을 일으키면서 월트디즈니는 엘사의 왕관과 요술봉으로 1년간 1조 넘게 벌어들였습니다. 한마디로 월트디즈니는 영화 캐릭터와 테마파크를 상품화해서 돈을 버는 회사입니다. 이들은 2016년 상반기에 상하이에 디즈니랜드를 오픈할 예정입니다. 조만간 중국의 많은 아이들이 스파이더맨 옷을 입고 뛰어다니는 모습을 기대해도 좋은 종목입니다. 2015년 EPS가 5달러 정도인데 2016년에는 5.5~6달러로 예상됩니다.

중국은 2퍼센트밖에 들어오지 않았다

이쯤에서 중국의 상황을 생각해봅시다.

그동안 중국은 선진국에 물건을 팔아 먹고살았습니다. 세계의 굴뚝 역할을 하면서 전 세계에 제품을 쏟아 부었는데 선진국 시장이 망가지면서 중국도 갑자기 어려워졌습니다. 중국 정부가 4조 위안 넘게 풀어가며 부양책을 썼지만 결국 설비 과잉공급이라는 문제가 불거졌지요. 이 문제를 해결하기 위해 중국은 신실크로드(중앙아시아와 유럽을 잇는 육상 실크로드 그리고 동남아시아와 유럽, 아프리카를 잇는 해상 실크로드를 말한다)나 AIIB(아시아 인프라 투자은행)처럼 금융 및 건설 쪽과 관련해 새로 정책을 내놓았습니다. 2016년부터 본격 시행되는 이들 정책으로 새로운 순환구조가 탄생할 것으로 보입니다.

중국은 2015년 11월 말 국제통화기금(IMF)의 특별인출권, 즉 SDR(IMF 가맹국이 규약에 따라 IMF로부터 국제 유동성을 인출할 수 있는 권리)에 편입했습니다. 이로써 미국 달러의 패권에 도전하는 시진핑 국가주석의 장기플랜이 본격적으로 가동되기 시작했습니다.

중국은 2014년 후강퉁(홍콩이나 해외투자자가 홍콩거래소를 통해 상하이 주식을 매매할 수 있는 제도)을 바탕으로 시장을 오픈했습니다. 이미 상해A시장을 오픈했고 2016년에는 신천시장을 오픈할 예정입니다.

우리가 후강통에 주목해야 하는 이유는 온갖 변동성에도 불구하고 결국 시장은 GDP 성장과 함께 가기 때문입니다. 시가총액은 GDP의 80~150퍼센트를 차지하는데 유럽이나 미국은 거의 150퍼센트, 아시아 국가들은 보통 80~90퍼센트 규모입니다. 아직 중국 시장은 상해와 신천을 합쳐도 61퍼센트라 저렴한 편입니다.

2016년 중국이 신천시장을 오픈하면 우리가 기대하는 MSCI(모건 스탠리 캐피털 인터내셔널)지수나 영국 런던 증시의 FTSE(푸치)100지수에 편입해 ETF 혹은 글로벌펀드를 통해 글로벌 자금이 유입될 것입니다. 2015년 말 현재는 시장이 많이 올라 투자를 두려워하는 상황입니다. 외국인의 자금이 들어가면 손해를 보지 않느냐고 묻는 사람도 있지만, 한국의 외국인 증시 자금은 거의 40퍼센트에 달합니다. 중국은 현재 2퍼센트밖에 들어오지 않았습니다. 아직까지 중국 시장은 인민들의 돈으로 움직이고 있는 중입니다. 심지어 소림사의 중들도 객장에 와서 주식 차트를 논의하고 계좌를 오픈한다고 합니다.

사실 중국의 주식 차트를 보면 마음이 상당히 불편합니다. 2015년 초반에 5,000포인트까지 급등했다가 3,000포인트까지 빠진 뒤 2015년 말 현재 다시 오르고 있는 상황입니다. 중국 시장이 급등하는 이유는 개인이 90퍼센트 이상 갖고 있는 자금이라 변동성이 굉장히 크기 때문입니다. 어르신들의 성향을 보면 공부는 골치 아파하

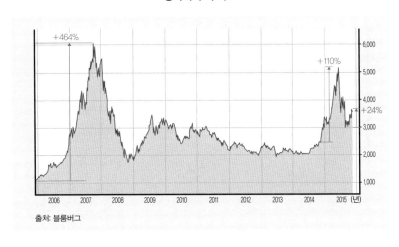

중국의 주식 차트

출처: 블룸버그

고 '카더라' 정보를 듣고 주식을 사지 않습니까? 중국 인민의 개인 총 자산이 3.5경이라고 합니다. 그것의 60퍼센트는 부동산이고 나머지는 예금, 그림자 금융에 쏠려 있습니다. 증권에는 2퍼센트 정도만 들어온 상황이라 자금이 증시로 들어오면 시가총액이 엄청나게 상승할 것입니다.

중국의 유망 종목

중국의 유망 종목을 보면 보험이 있습니다. 한국은 인구 1,000명당

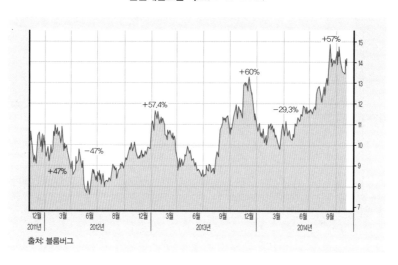

출처: 블룸버그

소유한 차량 수가 400대인데, 중국은 100대입니다. GDP 대비 보험에 쓰는 생명보험 침투율이 한국은 12퍼센트, 중국은 3퍼센트입니다. 즉, 앞으로 성장 가능성이 매우 큽니다. 제가 권하고 싶은 것은 평안보험입니다. 중국의 생명보험사 중 상위 4개 사는 인수보험, 평안보험, 신화보험, 태평양보험인데 이 중 평안보험만 유일하게 민간 보험사입니다. 평안보험은 생명보험업계 2위 회사에다 알리바바나 텐센트홀딩스와 핀테크에 진출하면서 커다란 수혜를 보고 있는 종목입니다. 실제로 평안보험의 EPS 증가율은 거의 40퍼센트에 달합니다.

그러면 여기에서 인민재산보험과 삼성화재의 차트를 비교해봅시다.

삼성화재 차트(1993~2002년)

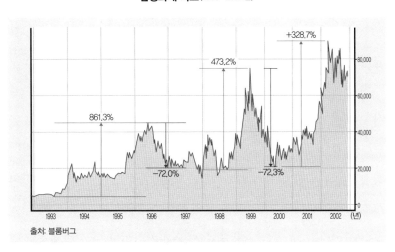

출처: 블룸버그

삼성화재 20년 차트

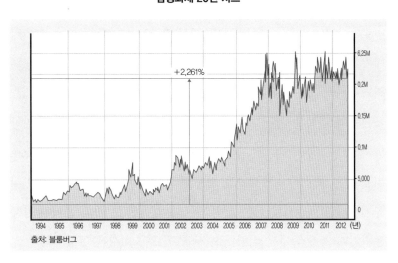

출처: 블룸버그

2011년 인민재산보험을 보면 굉장히 불편한 모습입니다. 삼성화재가 이들과 똑같은 모습을 보인 때가 1993년부터 2002년까지 입니다. 차트를 보면 800퍼센트 올랐다가 70퍼센트 빠진 뒤 다시 400퍼센트 오르는 식으로 큰 변동성을 보이고 있습니다. 그런데 삼성화재의 20년 차트를 보면 2,000퍼센트 이상 오르면서 완만하게 상승하는 모습이 나타납니다.

두 번째는 중국국제여행이라는 회사입니다. 이 회사는 중국의 여행사 중 규모가 가장 큰 회사로 한국의 하나투어와 면세점을 함께하고 있습니다. 중국 인구 중에서 약 8퍼센트가 해외여행을 간다고 합니다. 1년에 1억 명 이상이 해외여행을 가는 셈입니다. 이들 중 약 40퍼센트가 선진국으로 가고 있습니다. 문제는 중국인이 너무 많은 면세품을 사온다는 데 있습니다. 명품 사랑이 지나치다 보니 면세점의 명품 매출 증가율이 한국보다 높은 20퍼센트 이상을 차지합니다. 더 흥미로운 것은 그래도 그것이 한국의 절반 정도에 불과하다는 사실입니다. 그러자 중국 정부가 몇몇 회사에 국내에서 면세사업을 하도록 허가했는데 그중 하나가 중국국제여행입니다.

세 번째 종목은 비행기의 엔진을 만드는 항공동력입니다. 현재 미국과 패권을 다투는 중국은 항공기나 전투기의 엔진을 GE 혹은 롤스로이스 같은 외국 회사에 맡기는 것을 불편해합니다. 그래서 중국이 5대 경제개혁의 핵심으로 삼는 것이 항공 산업인데 그 주요 동력이 항공동력입니다. 중국에서 비행기 엔진을 만드는 회사를 항공동력이 거의 다 합병한 상태라 독점 회사나 마찬가지입니다.

이제 정리를 하면서 해외주식투자에는 환리스크가 따른다는 점을 얘기하고 싶습니다. 우리가 해외주식에 투자하려면 현지 통화로 환전하고 다시 원화로 환전해야 합니다. 물론 환차익을 기대할 수도 있지만 그 반대 상황도 고려해야 합니다. 또 하나 해외주식에는 양도소득세를 부과합니다. 1년간 투자하면 매수와 매도 차익에 대해 주민세를 포함해 22퍼센트를 과세합니다. 국내에서 해외주식에 투자하는 방법에는 해외펀드나 국내에 상장된 해외 ETF를 통하는 것이 있습니다. 이 경우 금융소득종합과세 대상이 되지만 해외주식에 직접 투자하면 양도소득세 분리과세로 과세가 종결되어 절세할 수 있습니다.

민주영

2014년 초 온라인펀드 쇼핑몰을 열어 화제를 모은 바 있다. 지난 1년 7개월간 판매한 펀드를 분석해 수익률이 좋은 펀드를 공개하고 이를 바탕으로 2016년에 유망한 펀드를 추천한다.

2016년, 이 펀드가 뜬다

민주영, 펀드온라인코리아 팀장

금리 1퍼센트 시대, 펀드투자의 법칙

여러 전문가의 2016년 경제 전망을 들어보면 불확실성이 높고 어려울 것이라는 의견이 대세입니다. 어쩌면 우리가 여태껏 겪지 않은 저성장 구도로 본격 진입할지도 모릅니다. 이럴 때야말로 우리는 과거와 다른 방식으로 펀드투자를 해야 합니다.

혹시 여러분은 펀드투자를 하고 있습니까? 2008년 금융위기 이후 많은 사람이 펀드에서 손해를 본 뒤 "이제 펀드는 하고 싶지 않다"고

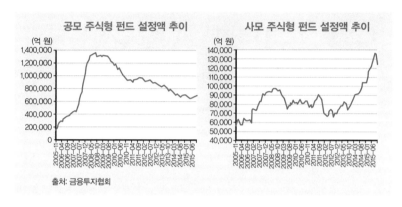

공모펀드 줄고, 사모펀드 늘고

공모 주식형 펀드 설정액 추이 / 사모 주식형 펀드 설정액 추이

출처: 금융투자협회

말하는 경우가 많습니다. 실제로 많은 사람이 랩어카운트(금융자산관리사가 고객의 투자성향에 따라 여러 가지 자산운용서비스를 하나로 묶어 제공하는 개인별 자산종합관리계좌)나 사모펀드(소수의 투자자로부터 돈을 모아 주식이나 채권 등에 운용하는 펀드) 쪽으로 빠지고 있습니다.

실제로 개인투자자들이 투자할 수 있는 공모펀드가 엄청나게 빠지고 있습니다. 반면 사모펀드는 급증하고 있지요. 사모펀드는 49인 이하로 제한을 받으며 보통 거액투자자나 법인이 투자합니다. 많은 사람이 주식펀드를 떠나고 있지만 펀드는 여전히 저금리 시대의 중요한 투자 수단입니다. 물론 2008년 금융위기가 터진 뒤 "펀드투자로 3억을 만들려면 어떻게 해야 할까요? 6억을 투자하면 됩니다"라는 농담이 돌 정도로 펀드에 실망한 사람이 많았습니다. 특히 중국 펀드에 투자한 사람이 6억을 넣어 3억밖에 건지지 못하는 쓰라린 어려움을 겪었으나 지금까지 견딘 사람은 다시 원금을 회복하고 20~30퍼센트의 성과를 올리고 있습니다.

그러면 은행에 돈을 넣어봐야 이자율이 1퍼센트밖에 되지 않는 저금리 시대에 대체 어떻게 펀드에 투자해야 할까요? 곰곰이 따져보면 공모펀드, 사모펀드, 랩어카운트, 일임자문(펀드매니저가 자금을 대신 운용하지만 펀드가 아닌 개인계좌별로 이뤄진다)의 본질은 똑같습니다. 결국 자산을 주식이나 채권에 투자해 수익을 돌려주는 것은 마찬가지입니다.

다만 사모펀드는 적은 수의 사람이 투자한다는 점이 다릅니다. 또한 공모펀드는 한 종목당 10퍼센트 이상 투자할 수 없지만 사모펀드는 더 많이 투자할 수 있습니다. 즉, 제한이 없는 대신 그만큼 더 위험한 편입니다.

랩어카운트도 마찬가지입니다. 과거에 각 증권사 지점에서 랩어카운트를 운용했는데 모두 손해를 봤습니다. 그러자 이것을 증권사 본사에서 운용했지만 역시 손해가 났습니다. 기대수익률이 높으면 그만큼 리스크도 크다는 것을 알아야 합니다.

만약 공모펀드가 대형 여객선이라면 사모펀드는 요트라고 할 수 있습니다. 큰 태풍이 불 때 공모펀드처럼 크고 안정적인 펀드는 덜 위험합니다. '나는 버는 만큼 투자하겠다'라는 생각이라면 공모펀드로 가고, 남보다 더 벌고 싶을 때는 랩어카운트나 사모펀드로 가면 됩니다.

많은 사람이 제게 질문을 합니다.

"A펀드와 B펀드 중에서 어느 펀드에 투자할까요?"

대개는 두 펀드 중에서 어느 펀드가 좋다고 콕 집어 말하기가 어렵습니다. 어느 것 하나가 절대적으로 좋을 수는 없거든요. 저는 보통 이렇게 대답합니다.

"2,000만 원이 있다면 A펀드에 1,000만 원, B펀드에 1,000만 원으로 나눠서 투자하세요."

그러면 대뜸 이런 말이 돌아옵니다.

"아니, 2,000만 원을 가지고 뭘 나눕니까!"

그렇지가 않습니다. 앞으로 점점 더 불확실성이 커지기 때문에 자꾸 나눠야 합니다.

좋은 펀드란 무엇인가

어느 펀드가 좋은 펀드일까요? 간단합니다. 수익률이 높은 펀드가 좋은 펀드입니다. 그 수익률이 한 달만 많이 나고 나머지는 나지 않으면 안 되므로 안정적으로 꾸준히 성과가 많이 나는 펀드가 좋은 펀드입니다. 그러면 이런 펀드가 과연 있을까요? 없습니다. 그런 펀드가 있으면 모든 사람이 그 펀드에 가입해 부자가 되었을 겁니다. 만약 대한민국의 부를 몽땅 모아 5,000만 명에게 똑같이 나눠주고 1년이 지나면 어떻게 될까요? 다시 가난한 사람과 부자로 나뉩니다. 세상에 안정적으로 꾸준히 성과가 많이 나는 펀드는 존재하지 않습니다. 기대수익률이 높으면 항상 위험도 높을 수밖에 없습니다. 안정적인 상품일수록 기대수익이 낮고, 위험한 상품일수록 기대수익이 높습니다. 그러므로 혹시라도 은행이나 증권사에 가서 펀드에 가입할 때 '고수익의 안정적인 상품'이라는 말에 현혹되면 안 됩니다.

ELS(Equity Linked Security, 주가지수 변동에 따라 수익률이 결정되는 주가연계증권) 상품도 안정적으로 은행 이자의 성과를 얻을 수 있다고 말하지만 그렇지 않은 경우도 많습니다. 특이하게도 사람들은 ELS에 가입하고 6개월 후 원금만 줘도 고마워합니다. 그만큼 리스크가 크고 기대수익이 낮다는 얘기인데 그래도 그쪽으로 가는 사람이 꽤 있습니다.

안정적으로 꾸준히 성과를 올리는 방법은 무엇일까요?

156쪽의 그림에 나타나 있듯 어떤 펀드는 파란색처럼 움직이고 또 어떤 펀드는 회색처럼 움직입니다. 그러므로 나눠서 투자하면 이 펀드에서 마이너스가 나도 저 펀드에서 성과를 내 중간 정도의 성과를 얻습니다. 즉, 수익률이 서로 다르게 움직이는 상품에 같이 투자할 경우 우리는 안정적으로 높은 수익을 얻을 수 있습니다. 설령 10만 원을 투자하더라도 망설이지 말고 5만 원씩 나눠서 하는 것이 현명한 자세입니다.

안정적인 성과를 올리는 법

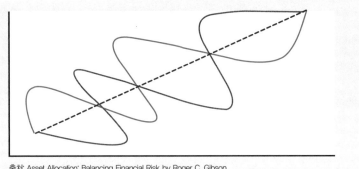

출처: Asset Allocation: Balancing Financial Risk by Roger C. Gibson

또 하나 피델리티자산운용이 내놓은 전설적인 펀드가 있습니다. 마젤란펀드라는 것인데 이 펀드는 1977년부터 1990년까지 뛰어난 성과를 올렸습니다. 미국의 전설적인 투자자 피터 린치(Peter Lynch)가 이 펀드로 13년간 무려 2,700퍼센트의 수익률을 올렸습니다. 쉽게 말해 만 원을 넣어 27만 원이 된 겁니다. 그럼 그 펀드에 투자한 투자자는 모두 부자가 되었을까요? 그렇지 않습니다. 실제로 조사해보니 절반은 마이너스가 났습니다. 왜 그럴까요? 이 펀드도 꾸준히 성과가 오른 것이 아니라 단기적으로 보면 막 움직였기 때문입니다. 블랙 모드일 때는 쭉 빠졌다는 얘기입니다. 그런데 많은 투자자가 올랐을 때 사고 빠졌을 때 팔고, 또 올랐을 때 사고 빠졌을 때 팔다 보니 엉망이 된 겁니다. 그냥 가만히 있었으면 2,700퍼센트라는 어마어마한 수익률을 챙겼을 텐데 끊임없이 사고팔다가 손실을 본 것이지요.

이런 사례는 우리와 멀리 있는 게 아닙니다. 가령 중국 펀드의 경우 2007년과 2008년에 남들이 좋다고 하니까 따라서 투자했다가 마이너스가 나자 남들 빠져나올 때 죄다 빠져나왔지요. 사실 이것은 인간의 본능입니다. 인간은 원시시대 때부터 이처럼 뭉쳐 다녔어요. 그런데 돈을 벌려면 본능대로 하는 게 아니라 오히려 그 반대로 가야 합니다. 2016년에는 남들이 좋다고 하는 곳에 투자하지 말고 남들이 나쁘다고 할 때 팔지 않는 전략을 세워야 합니다.

2016년에는 플랜Z가 필요하다

2016년을 내다보기 전에 먼저 2015년을 간단히 정리해봅시다.

2015년 국내 주식펀드는 상당히 양호했습니다. 유형별로 보면 일반형 주식펀드가 평균 4.17퍼센트 올랐고 중소형주펀드와 배당주펀드는 상당히 높은 성과를 보였습니다. 2015년 초에 코스닥이 뜨면서 중소형주펀드가 10.16퍼센트라는 높은 성과를 보였지요. 그다음에 배당주펀드가 9.97퍼센트로 양호한 성과를 보였습니다. 2014년 말부터 정부가 배당에 세제 혜택을 주면서 배당 종목이 많이 올랐습니다.

반면 해외주식형 펀드는 지역별, 국가별로 성과가 엇갈리는 모습을 보였습니다. 계속 양적완화를 실시한 유럽과 일본의 주식형 펀드는

국내 펀드 2015년 수익률 현황

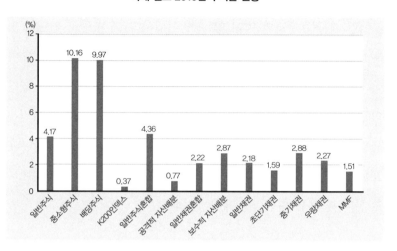

(%)

일반주식	4.17
중소형주식	10.16
배당주식	9.97
K200인덱스	0.37
일반주식혼합	4.36
공격적 자산배분	0.77
일반채권혼합	2.22
보수적 자산배분	2.87
일반채권	2.18
초단기채권	1.59
중기채권	2.88
우량채권	2.27
MMF	1.51

해외 펀드 2015년 수익률 현황

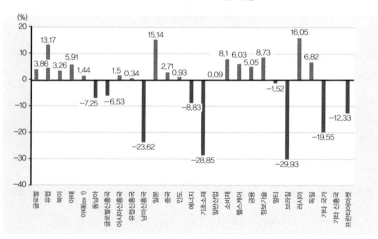

(%)

자료: 펀드닥터 프로, 2015년 11월 23일 기준

양호한 성과를 올렸습니다. 반면 주로 원유와 원자재를 수출하는 신흥국의 성과는 저조했습니다. 대표적으로 브라질 펀드는 −29.93퍼센트로 성과가 아주 나빴습니다. 유럽의 신흥국 펀드도 −23.62퍼센트였고 러시아 펀드는 바닥까지 갔다가 2015년 성과가 좋았지만 최근에는 별로 좋지 않습니다.

그럼 2016년에는 어떤 변화가 있을까요? 여기에 대해 세 가지 측면에서 접근해봅시다.

먼저 중국의 변화입니다. 중국은 더 이상 세계의 굴뚝이 아니라 소비로 가고 있습니다. 2008년 금융위기 이전까지만 해도 중국은 생산 설비에 엄청나게 투자하고 공장을 늘려 물건을 대량으로 생산했지요. 그것을 미국이나 유럽 등에서 소비했는데 이제 그 소비가 더는 생산을 따라가지 못하고 있습니다. 그러다 보니 중국에 재고가 넘쳐나는 중입니다. 즉, 물건을 어마어마하게 만들고 있는데 판매가 이뤄지지 않고 있습니다. 팔리지 않으니 중국도 이제 생산보다 소비 쪽으로 기울고 있지요. 물론 아직까지는 소비가 생산을 따라잡지 못하고 있습니다.

이처럼 중국이 패러다임을 바꿔 소비 쪽으로 기울면서 경제성장률이 뚝뚝 떨어지고 있습니다. 그리고 이러한 중국의 성장 둔화는 세계 경제에 영향을 미치고 있지요.

두 번째는 미국의 금리인상입니다. 물은 높은 곳에서 낮은 곳으로 흐르지만 돈은 낮은 곳에서 높은 곳으로 흐릅니다. 다시 말해 금리가 높은 곳, 경제성장률이 높은 곳, 신용등급이 높은 곳으로 흐르지요. 미국이 금리를 인상한다는 것은 미국의 달러와 자산 가치가 높아진다는 것을 의미합니다. 이 경우 기존에 신흥국에 투자한 돈이 미국으로 빠져나갑니다. 특히 원유나 원자재를 수출해서 성장하던 나라는 외화가 빠져나갈 리스크에 노출되어 있습니다. 일부 나라가 디폴트 위험을 경고받는 이유가 여기에 있습니다. 한국도 미국의 금리인상 리스크에서 안전한 것이 아닙니다. 우리나라에 들어온 외국인의 돈이 빠져나갈 위험이 있습니다.

미국의 금리는 한꺼번에 확 인상되는 것이 아니라 2016년 한 해 동안 조금씩 지속적으로 인상될 것입니다. 그러므로 그 추이를 지켜보면서 대응할 필요가 있습니다.

마지막 한 가지는 한국의 엄청난 가계부채입니다. 2015년 말 현재 한국의 가계부채는 1,166조 원, 즉 1,000조를 넘어 1,200조까지 내달리고 있습니다. 그런데도 부채가 계속 늘어나고 있지요. 정부가 부동산을 살리는 정책을 펴고 대출 금리를 완화하자 전셋집을 구하기 어려워진 사람들이 아예 집을 사기 때문입니다. 2015년 12월 KDI는 주택 공급 물량이 우리가 실제로 소화할 수 있는 것보다 많아서 2017년이나 2018년에 중도금과 잔금을 내지 못해 금융 시장에 리스크가 발생할 수 있다고 발표했습니다.

사실 전 세계가 부채를 줄이는 과정을 겪었는데 유독 한국만 그 과정을 거치지 않았습니다. 미국도 부채가 마구 늘어났다가 저축을 많

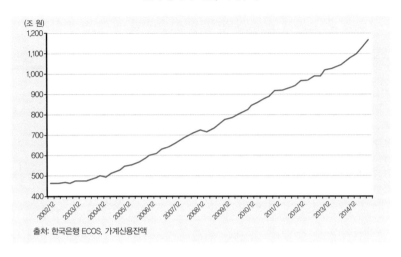

한국 경제의 뇌관, 가계부채

(조 원)

출처: 한국은행 ECOS, 가계신용잔액

이 해서 지금은 부채가 줄었지요. 그래서 경제가 다시 살아나고 있는 겁니다. 한국은 아직까지 그 과정을 겪지 않아 경제에 뇌관으로 작용하고 있는 것이지요.

2016년에 우리는 플랜Z를 마련해야 합니다. 플랜A는 가장 좋은 선택이고 플랜B는 차선책입니다. 플랜Z라면 가장 나쁜 상황의 선택을 말하지요. 우리가 배에 탈 때 가장 위험한 상황에 대비해 구명보트를 준비하듯 2016년에 펀드투자를 할 때는 플랜Z를 염두에 두어야 합니다. 아주 나쁜 상황에 대비해야 한다는 얘기입니다. 쉽게 말해 고수익을 향해 달려갈 것이 아니라 나쁜 상황에 대비해 전체적으로 분산투자를 해야 합니다.

어떤 펀드에 투자해야 성공할까

이제 2016년에 제가 개인적으로 권하고 싶은 펀드 유형을 살펴보 겠습니다.

우선 배당주펀드가 있습니다.

우리가 주식을 통해 얻는 수익에는 두 가지가 있습니다. 하나는 주 식을 낮은 가격에 사서 높은 가격에 팔아 얻는 매매차익입니다. 다른 하나는 우리가 돈을 빌려주고 이자를 받듯 기업으로부터 받는 배당 수익입니다. 2015년 말 현재 금리가 1퍼센트대이기 때문에 5퍼센트 이상 배당하는 기업이 많습니다. 더구나 앞으로 배당이 점점 늘어날 전망입니다. 또 하나 대기업이 서서히 3세 경영으로 넘어가면서 주주 들에게 유리한 환경이 조성되고 있습니다. 상속을 잘하려면 기업의 지배구조를 잘 갖추고 주주 위주의 정책을 펴야 합니다. 그런 의미에 서 배당주펀드에 관심을 기울이기 바랍니다. 단, 배당주에 투자할 때 는 단기투자는 금물입니다. 배당을 꾸준히 재투자하면서 장기적 으로 가야 안정적으로 높은 성과를 올릴 수 있습니다. 예를 들면 신영밸류고배당, 미래에셋고배당, 베어링고배당이 대표적인 배당주 펀드입니다.

그다음은 가치주펀드입니다.

가치주펀드는 성장주펀드와 반대 개념으로 기업의 가치보다 저평 가된 주식에 투자했다가 기업 가치가 높아졌을 때 파는 펀드입니다.

한국밸류10년투자, 신영마라톤, KB밸류포커스, 에셋플러스, 메리츠코리아 등이 대표적인 가치주펀드입니다. 미국의 금리인상으로 2016년에는 주식시장의 변동성이 커져 확 급락한 다음 올랐다가 다시 급락하는 상황이 벌어질 수 있습니다. 이럴수록 우리는 보수적인 투자를 해야 합니다.

글로벌펀드에도 관심을 기울일 필요가 있습니다.

글로벌펀드에 투자할 때 많은 투자자가 특정 국가 펀드에 투자하는 경우가 많습니다. 가령 중국 펀드나 인도 펀드, 브라질 펀드 등에 투자하지만 사실 처음에는 글로벌펀드부터 시작해야 합니다. 즉, 전 세계에 골고루 투자하는 펀드에 나눠서 투자하는 것이 좋습니다. 특히 2016년부터 해외펀드에 비과세 혜택이 주어지므로 해외펀드를 원한다면 먼저 글로벌펀드에 주목하십시오. 대표적으로 에셋플러스 글로벌리치투게더, 피델리티 월드BIG4, 미래에셋 글로벌그레이트, 이스트스프링 글로벌리더스, 템플턴 글로벌이 있습니다.

초과수익을 위한 장기적인 펀드를 원한다면 헬스케어를 염두에 두십시오. 전 세계적으로 고령화가 진행되면서 건강이나 바이오가 장기적으로 성장성이 유망합니다. 다만 단기적으로 조급해하지 말고 장기적으로 봐야 합니다.

마지막으로 선진국 펀드입니다. 미국은 금리를 인상해 양적완화로 풀어버린 돈을 거둬들이고 있지만 유럽이나 일본은 아직 돈을 더 풀 여력이 있습니다. 대표적으로 KB 스타재팬인덱스, 프랭클린 재팬, 피델리티 재팬, 슈로더 유로, 피델리티 유럽 펀드를 눈여겨보십시오.

2016년, 버는 것보다 관리에 집중하라

투자할 때는 다음과 같은 단계를 거쳐야 합니다.

먼저 전체 자산 상황을 놓고 내가 바로 써야 할 돈은 단기금융 자산에 넣습니다. 그다음에 안정적으로 운용해야 할 자산, 2년 정도 짧게 운용할 수 있는 자산은 채권펀드에 투자하십시오. 5년 이상 장기적으로 투자할 자산은 주식형에 나눠서 투자해야 합니다.

만약 내게 1억 원이 있다면 바로 써야 할 돈, 2년 안팎으로 투자할 돈, 5년 이상 장기간 투자할 돈으로 분리해 운용하는 것입니다. 여기에 맞게 금액을 분리한 다음 상품을 넣는 두 단계를 거쳐야 합니다.

2016년에는 돈을 버는 것보다 나가는 돈을 잘 관리해야 합니다. 나가는 돈을 잘 관리하는 방법에는 두 가지가 있는데 하나는 세금이고 다른 하나는 투자비용입니다. 무엇이든 절세와 관련된 상품에는 꼭 투자하십시오. 연금저축이나 소장펀드처럼 세제 혜택을 주는 펀드는 반드시 챙겨야 합니다. 2016년부터 해외펀드를 비과세하고 ISA(개인종합자산관리계좌, 일명 만능통장)를 도입하지요. ISA에 가입해서 나가는 세금을 줄여야 합니다.

투자비용을 줄이려면 같은 펀드라도 더 싼 것을 골라야 합니다. 온라인펀드도 하나의 대안입니다. 일반적으로 펀드 판매 보수는 1퍼센트지만 그 3분의 1, 즉 0.35퍼센트짜리도 있습니다. 예를 들어 1,000만 원을 투자해 연 4퍼센트의 수익을 가정할 경우 5년이면 3.8퍼센트, 30년이면 52퍼센트의 차이가 납니다. 누적되다 보니 엄청난 차이가 발생하는 겁니다. 그러므로 특히 장기투자를 할 때는 비용이 낮은지 잘 살펴봐야 합니다.

결론을 말하자면 2016년은 변동성이 매우 크므로 플랜Z를 마련하는 방식으로 안정성을 꾀해야 합니다.

박성준

국내의 대표적인 P2P 회사 펀다의 대표. 대출형 크라우드펀딩 투자는 저금리에 신음하는
전 세계의 재테크 현장에서 큰 인기를 얻고 있는데, 그는 10퍼센트의 수익을 내는 P2P 투
자법과 투자처를 자세히 설명한다.

7장

P2P 투자로 10퍼센트의 수익 올리는 비결

박성준, 주식회사 펀다 대표

P2P 투자, 개인과 개인을 연결하다

혹시 'P2P 투자'라는 말을 들어보았나요? P2P(Person To Person)란 개인과 개인을 연결하는 투자 방법을 말합니다. 다시 말해 투자할 여력이 있는 개인이 적절한 투자처를 찾지 못할 때 인터넷상에서 서로를 연결하는 투자 방법입니다. 미국이나 영국, 중국에는 이미 P2P 대출중개 플랫폼 회사가 나스닥에 상장할 정도로 규모가 큽니다. 한국은 2014년까지만 해도 관련 규제가 심해 기술 기업이 금융 관련 일을 하기가 굉장히 어려웠습니다. 2015년 들어 규제가 상당히 풀리면서 젊고 진취적인 회사가 참여해 개인과 개인을 연결하는 일을 혁신적으로 해내고 있습니다. 아직은 초기지만 향후 좋은 투자 기회가 생기리라 전망하고 있습니다.

펀다에서는 먼저 돈을 필요로 하는 상점에 초점을 두고 있습니다. 이런 상점 중에는 장사가 되지 않아 쓰러지기 일보직전인 경우도 있지만, 장사가 정상적으로 되고 있거나 잘되어 확장하려는 상점도 있습니다. 장사를 정상적으로 하고 있는 상점도 월말이나 부가세 납부 기간처럼 돈이 갑자기 필요해질 때가 있습니다. 또 학교 앞에서 장사를 하면 학기 중에는 잘 벌지만 방학 때는 매출이 떨어져 긴급자금이 필요하기도 합니다.

이럴 때 돈을 구해야 하는데 아시다시피 은행에서는 돈을 잘 빌려주지 않습니다. 대개는 담보가 있어야 하지요. 그런데 사람들은 보통 상점을 열 때 부동산을 담보로 돈을 빌리기 때문에 운영 중이나 확장할 때는 담보가 남아 있는 경우가 별로 없습니다.

사실 은행은 지역 상인과 거래하지 않아도 돈을 빌려줄 데가 충분한 까닭에 ROI(Return On Investment, 투자수익률)의 관점에서 담보가 없으면 빌려주지 않습니다. 철밥통이 있으니 다른 노력을 기울일 필요가 없는 거지요. 반대로 상인의 입장에서는 은행이 빌려주지 않으면 러시앤캐시나 산와머니 같은 저축은행으로 갈 수밖에 없습니다. 그쪽으로 가면 한도도 높지 않고 말은 17퍼센트 이상이라고 하지만 진실은 30퍼센트 혹은 그 이상의 이자를 내야 하는 자금입니다. 한데 그러한 자금이라도 써야 하는 상점 중에는 건실한 곳이 굉장히 많습니다.

또한 상점들은 지금도 일수를 쓰고 있습니다. 한국의 법정 최고 이자율이 34.9퍼센트라 광고에서는 그것을 지키는 척하지만 실은 100일 동안 34.9퍼센트이기 때문에 1년으로 환산하면 100퍼센트가 넘습니다. 편법을 써서 고리를 받는 것이지요.

지금까지 은행은 상점의 매출이나 건실성을 판단하려는 노력을 기울이지 않아 기술이 뒤떨어져 있습니다. 잘 모르니까 담보가 있으면 빌려주고 담보가 없으면 빌려주지 않는 것입니다. 저축은행의 경우에는 34.9퍼센트에 가까운 이율로 빌려주면 누군가가 잘못해서 돈을 못 갚더라도 또 누군가는 갚아서 결국 수익이 나니까 빌려주는 것입니다.

그러면 어떻게 해야 10퍼센트대 중간금리로 건실한 상점에 돈을 빌려줄 수 있을까요? 그 대상을 과학적으로 꼼꼼히 살펴서 좋은 상점인지 아닌지 골라내야 합니다. 데이터를 기반으로 10퍼센트대 금리로 돈을 빌려주어도 된다는 확신이 서면 펀다는 상점을 믿습니다. 이것이 현재 P2P가 접근하는 방식입니다. 물론 개인을 그렇게 분석하는 회사도 있습니다.

펀다의 목적은 상점에 12퍼센트의 이자율로 자금을 구해주는 데 있습니다. 개인투자자들은 보통 7퍼센트 정도의 수익률을 바라기 때

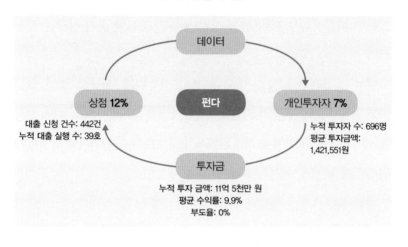

펀다의 운용 사이클

데이터

상점 **12%**　　　펀다　　　개인투자자 **7%**

대출 신청 건수: 442건
누적 대출 실행 수: 39호

누적 투자자 수: 696명
평균 투자금액:
1,421,551원

투자금

누적 투자 금액: 11억 5천만 원
평균 수익률: 9.9%
부도율: 0%

문에 펀다는 그들을 중개하고 4~5퍼센트의 중개수수료를 얻는 것이 목표입니다.

펀다(funda.kr) 사이트에 들어가면 매주 하나씩 상점 소개가 올라옵니다. 매출액, 전망, 전략, 상권, 고객 동향, 입지 등을 분석해서 올리는 것입니다. 물론 이자율과 필요로 하는 액수가 얼마인지도 올리지요. 아직까지 펀다는 한 상점에 한 명이 1억 5,000 혹은 2억씩 한꺼번에 넣는 걸 권하지 않습니다. 가급적 분산투자를 권하지요. 아무리 열심히 분석하고 살펴도 어느 한 상점이 어려워질 수도 있으니까요. 이 경우 다수에 분산투자하면 위험성을 대폭 낮출 수 있습니다. 여기에다 펀다는 고객을 보호하기 위해 보험 상품이나 예금자 보호책을 계속 만들고 있습니다.

지금까지 펀다의 투자자들을 분석해보면 평균 30대 중반의 전문직 직장 남성이 많습니다. 아무래도 정보에 익숙한 이들이 P2P를 알아보고 그 가능성에 도전하고 있는 것입니다. 이들 중에는 한 번에 한 상점에 큰 금액을 넣기보다 분산투자로 재미 삼아 하는 사람도 있습니다. 지금까지 부도율은 0퍼센트고 평균수익률은 9.9퍼센트입니다.

지역 상점에만 투자하는 이유

펀다가 지역 상점만 바라보는 데는 몇 가지 이유가 있습니다.

첫째, 지역 상점에서는 POS(Point of Sales, 점포판매시스템. 금전등록기와 컴퓨터 단말기를 결합한 시스템으로 매출 정산뿐 아니라 소매 경영에 필요한 각종 정보와 자료를 처리해준다)에서 시시각각 데이터가 나옵니다. 이 데이터를 보면 상점의 상환 능력을 보다 자세히 파악할 수 있는데, 아직 이 데이터에 주목하는 회사는 거의 없습니다.

둘째, 상점에서는 일 매출이 발생하므로 돈을 빌려준 뒤 일 상환을 할 수 있습니다. 일 상환을 하면 대출에 따른 잠재적 위험을 계속 낮춰갈 수 있습니다.

셋째, 상점은 고객과 접촉하는 최전선입니다. 그 상점을 애용하는 고객이나 잠재고객의 돈을 모아 자금을 빌려주면 상점의 상환 의지는 더욱 높아질 수밖에 없습니다. 고객이 일종의 담보인 셈입니다. 대출에서는 상환 능력도 중요하지만 상환 의지는 더 중요합니다. 살다 보면 돈을 쓸 데가 얼마나 많습니까? 그때 상환 의지가 있는 사람은 돈을 다른 데 쓰지 않고 빚부터 갚습니다. 그런 의미에서 상점과 고객과의 관계는 '관계 금융'이나 마찬가지입니다.

넷째, 적기에 자금을 수혈한 상점은 더욱 성장합니다. 개인에게는 아무리 돈을 빌려줘도 월급 이상으로 돈이 나오지 않습니다. 반면 상점은 2호점, 3호점을 낼 수도 있고 부가가치가 높은 일에 투자할 수도 있습니다.

치킨집 창업하지 말고 투자하라

그러면 구체적인 사례를 들어보겠습니다.

선릉역에 샐러디라고 젊은 청년 둘이 설립한 샐러드 전문점이 있습니다. 당시 이들은 2호점까지 낸 상태였는데 그러느라 유동자금이 몽땅 들어가는 바람에 3호점을 내면서 광고비로 쓸 자금이 부족했습니다. 그들은 펀다에서 500만 원을 빌렸고 9퍼센트에 6개월을 썼습니다. 앞으로 상점을 더 늘려갈 것으로 보이는데 그때도 펀다와 함께할 수 있을 것입니다.

그다음으로 일로와라는 숯불구이집이 있습니다. 이곳은 펀다를 만

나기 전에 20퍼센트로 대출을 받아 쓰고 있었습니다. 은행을 이용하고 싶었지만 담보가 없다고 대출을 해주지 않아 고심하던 이 가게 주인은 펀다를 만나 11퍼센트의 금리로 갈아탔습니다.

7호점까지 장사가 잘되고 있는 프랜차이즈도 펀다의 문을 두드렸습니다. 이들은 목동에 8호점을 내고 싶어 했는데 필요로 하는 자금이 1억 5,000만 원이었습니다. 한데 이 상점에는 운영 데이터가 없었고 대신 7호점까지 잘 운영하고 있었습니다. 그때 펀다는 상품을 하나 만들었습니다. 장사가 잘되지 않으면 5퍼센트의 이자율로 갚고 장사가 잘되면 매출에 연동해 투자자에게 더 나눠주는 상품을 만든 겁니다. 어떤 달에 매출이 잘 오르지 않으면 BEP(Break Even Point, 손익분기점), 즉 손해가 나지 않는 수준까지는 5퍼센트의 이자율을 내고더 많이 나오면 추가매출의 30퍼센트를 투자자에게 나눠주자는 것이었지요. 이런 가변 이자율 상품은 톡톡히 효과를 냈습니다.

최근 자영업자가 위험하다는 말이 많이 나오고 있는데 그 이유 중 하나는 은퇴 이후 제대로 준비하지도 않고 퇴직금 2~3억 원을 한곳에 털어넣어 사업을 하기 때문입니다. 더구나 대개는 음식점, 그중에서도 치킨집을 차리죠. 그럴 게 아니라 투자를 해야 합니다. 그들보다 더 잘할 수 있는 젊은이, 아이디어가 반짝이는 40대 가장 등이 치킨집을 더 세련되고 재미있게 운영해서 수익을 내는 사회여야 건강한 사회입니다. 거리에 나가 보면 어려운 상점도 많지만 반짝반짝 빛나는 상점도 굉장히 많습니다. 그런 상점이 수익을 내도록 돕고 그 수익을 공유하는 시스템을 만드는 것이 바람직합니다. 펀다 같은 P2P 플랫폼 회사에 그런 사명이 있다고 생각합니다.

세금
예금 03
대출

김근호

지난 15년간 고액자산가, 유명 스포츠 선수 등에게 상속·증여 상담을 해온 국내 상속·증여 분야의 최고 전문가. 그는 고령화 사회에 필요한 효율적인 상속·증여 방법과 상속 이후의 돈 관리를 궁금해 하는 사람들을 위해 그 핵심 요령을 제시한다.

8장

아는 만큼 줄어드는 상속세 재테크

김근호, KEB하나은행 상속·증여센터장

상속·증여는 재산이 있는 사람만 하는 게 아니다

2015년 말 국회에서 2016년 예산안을 386조로 짰습니다. 10년, 그러니까 2005년으로 거슬러 올라가 살펴보면 당시 한국의 살림은 190조 정도였습니다. 10년 만에 나라 살림이 2배가 된 것입니다. 20년 전인 1995년으로 가면 약 73조입니다. 그러고 보면 한국은 무궁무진하게 발전해왔습니다.

나라 살림 중에서 가장 중요한 것은 바로 세수(稅收)입니다. 주요

대한민국 상속·증여세 규모

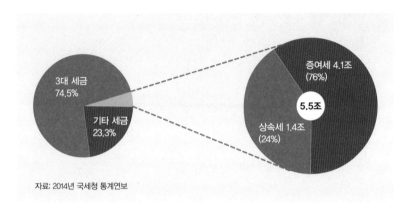

3대 세금
74.5%

기타 세금
23.3%

증여세 4.1조
(76%)

5.5조

상속세 1.4조
(24%)

자료: 2014년 국세청 통계연보

세금에는 법인세, 소득세, 부가가치세가 있는데 이 세 가지 세금이 무려 70~75퍼센트를 차지합니다. 그러면 상속세와 증여세는 얼마나 차지하고 있을까요? 차지하는 비중은 2.2퍼센트로 상속세 1조 4,000억 원, 증여세 4조 1,000억 원으로 모두 5조 5,000억 원입니다. 이렇게 적은 세수를 가지고 왜 그렇게 서로 싸울까 싶기도 하지만 재산이 무상으로 이전되기 때문에 부자든 중산층이든 빈곤층이든 관심을 가질 수밖에 없습니다.

다음의 그래프에서 보듯 2010년에 사망자가 33만 명으로 쭉 올라갔습니다. 2013년에는 28만 2,000명이 사망했는데 그중 6,275명, 즉 약 2.2퍼센트에 해당하는 국민만 상속세를 부담했습니다. 그러니까 실

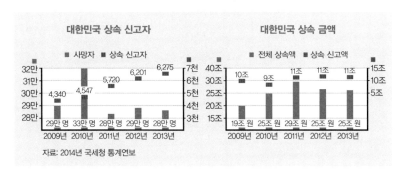

대한민국 상속세 현황

대한민국 상속 신고자

■ 사망자 ■ 상속 신고자

	2009년	2010년	2011년	2012년	2013년
상속 신고자	4,340	4,547	5,720	6,201	6,275
사망자	29만 명	33만 명	28만 명	29만 명	28만 명

대한민국 상속 금액

■ 전체 상속액 ■ 상속 신고액

	2009년	2010년	2011년	2012년	2013년
상속 신고액	10조	9조	11조	11조	11조
전체 상속액	19조 원	25조 원	29조 원	25조 원	25조 원

자료: 2014년 국세청 통계연보

제로는 상속세를 부담하는 사람이 그리 많지 않습니다. 28만 2,000명이 전체적으로 넘긴 상속 총 재산액은 25조 7,000억 정도입니다. 이 중에서 6,275명이 상속으로 넘겨받은 자산이 10조 5,000억 원입니다. 그렇다면 6,275명이 1인당 상속받은 재산이 16억 7,000만 원이고 상속세를 내지 않고 상속받은 27만 6,000명은 약 5,500만 원을 받은 겁니다. 사망자를 기준으로 이 금액을 말하니까 가족이 네 명이면 평균 1,000만 원쯤 받았다고 보면 됩니다.

6,275명 중에서 30억 이상 상속받은 사람이 21퍼센트고 이들이 낸 상속세는 무려 89.3퍼센트입니다. 즉, 상속세는 대부분 30억 원 이상 상속받는 사람이 내는 셈입니다. 그 6,275명 중 수도권에서 상속세를 신고한 사람이 61퍼센트, 실제로 세금을 납부한 사람이 79퍼센트입니다.

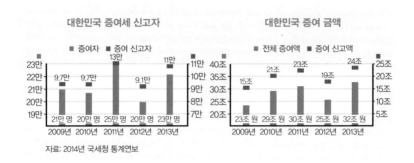

대한민국 증여세 현황

대한민국 증여세 신고자

■ 증여자　■ 증여 신고자

(막대 그래프)
- 2009년: 21만 명 / 9.7만
- 2010년: 20만 명 / 9.7만
- 2011년: 25만 명 / 13만
- 2012년: 20만 명 / 9.1만
- 2013년: 23만 명 / 11만

대한민국 증여 금액

■ 전체 증여액　■ 증여 신고액

(막대 그래프)
- 2009년: 23조 원 / 15조
- 2010년: 29조 원 / 21조
- 2011년: 30조 원 / 23조
- 2012년: 25조 원 / 19조
- 2013년: 32조 원 / 24조

자료: 2014년 국세청 통계연보

2014년 총 증여 건수는 22만 9,000건입니다. 그중에서 세금을 신고하고 증여한 경우가 11만 건이고 세금 없이 넘어간 것이 12만 건입니다. 금액은 31조 6,000억 원으로 상속받는 액수보다 많습니다. 약 77퍼센트를 증여하는데 1인당 평균을 내보면 증여세를 낸 사람 11만 명은 약 2억 2,000만 원을 증여받았고, 증여세 없이 넘겨받은 사람은 6,200만 원을 받았습니다. 돈이 많으면 보통 증여할 거라고 생각하지만 실제로 증여금액은 그리 크지 않습니다.

상속은 30억 원 이상자가 21퍼센트를 차지했으나 증여는 5억 원 이하 신고자가 90퍼센트를 차지합니다. 실은 3억 원 이하 신고자가 85퍼센트입니다. 증여세 신고자 중 수도권 비율은 62퍼센트이고 증여세액 중 세금은 수도권이 82퍼센트입니다. 상속과 거의 비슷하지요.

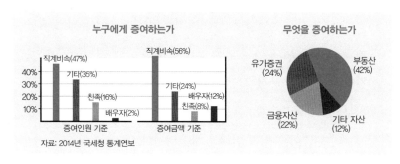

누구에게, 무엇을 증여하는가

누구에게 증여하는가

무엇을 증여하는가

직계비속(47%)
기타(35%)
친족(16%)
배우자(2%)
40%
30%
20%
10%
증여인원 기준

직계비속(56%)
기타(24%)
배우자(12%)
친족(8%)
증여금액 기준

자료: 2014년 국세청 통계연보

유가증권
(24%)
부동산
(42%)
금융자산
(22%)
기타 자산
(12%)

　그럼 대체 누구에게 증여를 하는 걸까요? 그래프를 보면 가장 높은 막대기는 바로 자녀입니다. 그다음은 배우자도, 사위도, 며느리도 아닌 기타입니다. 무엇을 증여하는지 궁금한가요? 가장 많이 증여하는 것이 부동산입니다. 2위는 유가증권, 3위는 금융자산입니다. 여기서 중요한 것은 부동산과 현금자산 중 현금 쪽 비중이 더 높다는 점입니다. 언뜻 우리는 수십억짜리 부동산으로 증여할 거라고 생각하지만 돈이 많은 사람도 적은 금액을 금융자산 형태로 먼저 줍니다. 그렇게 해서 차곡차곡 가는 겁니다. 그리고 남녀 비율로 따지자면 64 대 36의 비율로 남성에게 더 많이 증여합니다.

　대한민국 상속·증여 트렌드를 보면 상속은 큰 변동이 없지만 증여는 꾸준히 증가하고 있습니다. 상속은 우리가 통제할 수 있는 영역이 아니니 이건 어쩔 수 없는 일입니다. 죽지도 않았는데 미리 상속받을 수는 없으니까요. 사실 상속세는 사망자의 2퍼센트만 고민하는 세금이고 그 주축을 이루는 사람들은 서울 거주자입니다.

증여는 꼭 재산을 많이 갖고 있는 사람만 하는 게 아닙니다. 5억 원 이하가 90퍼센트를 차지하지요. 이러한 증여는 주로 자녀 그리고 남성 중심으로 이뤄지고 있습니다. 고무적인 사실은 증여 거래에서는 부동산보다 현금이 앞서고 있다는 사실입니다.

노후 자산의 진정한 의미

그럼 본격적으로 은퇴 설계를 생각해봅시다.

사실 노후를 맞이하는 시점에는 자산을 많이 갖고 있는 것보다 내가 한 달에 쓸 수 있는 돈이 얼마인가가 더 중요합니다. 연금이 소중한 이유가 여기에 있습니다. 통계청 자료에 따르면 현재 직장생활을 하는 직장인에게 당신의 노후는 잘 준비되어 있느냐고 물었더니 53.4퍼센트가 부정적으로 응답했다고 합니다. 더구나 국민연금에 대한 불신이 여전히 가시지 않고 있습니다. 그럴수록 우리는 더욱더 준비를 잘해야 합니다.

그렇다면 현실을 봅시다.

인서울 대학 졸업, 학점 4.0, 토익점수 900점, 인턴 경험, 교환학생, 해외봉사활동이면 그야말로 짱짱한 스펙이 아닙니까? 그런데 2015년

11월 12일 JTBC 뉴스에 따르면 이런 친구가 취업에 실패했답니다. 대체 누가 취업을 한 걸까요? 통계청은 2015년 10월까지 6만 2,000명이 취업해 취업률이 올랐다고 했습니다. 중요한 것은 25~29세의 청년층이 취업을 해야 하는데 이들이 거기에 속하지 않는다는 사실입니다. 자녀세대의 이러한 고충은 곧바로 부모세대의 고민으로 이어집니다. 내 노후에 쓸 돈을 아이의 취업자금으로 써야 하기 때문입니다.

2015년에는 집을 갖고 있는 사람과 전세를 사는 사람들의 희비가 엇갈렸습니다. 지역마다 다르긴 하지만 집값이 엄청 올랐지요. 여기에다 우리는 난생처음 1퍼센트대 금리를 경험하고 있습니다. 주택거래량도 2015년에 최고치로 뛰어올랐습니다. 주택거래량은 수요와 공급의 법칙에 따라 달라질 수밖에 없는데 2015년에 아파트 공급량이 대폭 늘었습니다. 공급량이 늘어나면 앞으로 실제 공급 시점에 가격이 어떻게 될지 어느 정도 예상이 가능합니다.

그러면 2016년에는 매매로 가야 할까요, 전세로 가야 할까요? 한국은행의 발표에 따르면 가계자산의 75퍼센트가 부동산입니다. 그런데 그 75퍼센트의 부동산 중에서 내 집 한 채가 차지하는 비중이 너무 높습니다. 이것은 내 집 한 채를 가진 사람이 하우스푸어가 되면 노후는 사라진다는 얘기입니다. 따라서 40대, 50대는 부동산과 현금자산을 적절히 포트폴리오해서 노년에 현금흐름이 생기도록 준비를 해야 합니다.

2015년 말 현재 우리의 60대, 70대 어르신들은 안녕하십니까? 2015년 9월 24일의 MBC 뉴스를 보니 아주 인상적인 제목을 뽑았더군요.

'한국 2년 뒤 본격적 고령화 사회 진입 예상'

인구학에서는 65세 이상 인구가 전체 인구의 7퍼센트를 넘어서면 고령화 사회라 하고, 14퍼센트를 넘으면 고령 사회라고 합니다. '화'란 진행 중임을 의미하지만 그것을 떼어버리면 이미 그런 사회라는 얘기입니다. 20퍼센트가 넘어가면 거기에 '울트라'가 붙어서 초고령 사회가 됩니다.

고령화 속도를 보여주는 다음의 표를 살펴봅시다.

프랑스의 고령과 초고령을 더하면 155년입니다. 미국은 88년, 일본도 36년입니다. 그럼 한국은 어떨까요? 놀라지 마십시오. 누구에게도 지기 싫어하는 대한민국은 26년입니다. 많이 들어봤을 텐데 일본

국가별 고령화 속도

국가	고령화(7%)	고령(14%)	초고령(20%)
프랑스	1864년	115년	40년
미국	1942년	72년	16년
일본	1970년	24년	12년
한국	2000년	18년	8년

의 '잃어버린 20년'이라는 말은 꽤나 유명하죠. 2015년에서 잃어버린 20년을 되돌리면 1995년입니다. 1970년에서 24년을 더하면 1994년 이죠. 여기에 다시 24년을 더하면 2018년입니다. 2018년을 인구 절 벽의 시기로 보는 사람이 아주 많습니다. 한국이 고령 사회가 되면 소 비가 둔화되고 성장이 일본처럼 더뎌질 수 있으므로 서둘러 대응책 을 마련해야 합니다.

노후 대비를 위한 3층밥 이론

너무 서둘러 성장 페달을 밟느라 한국인은 준비에 아주 서툴렀습 니다. 그래서 안타깝게도 OECD 국가 중 노인빈곤율이 1위입니다. 그것도 2위와의 격차가 아주 현격합니다. 노후에 중요한 것은 자산이 아니라 현금흐름입니다. 아이들 눈치를 보지 않고 내가 한 달 동안 쓸 수 있는 월수입이 중요하지 강남구 압구정동에 40억짜리 아파트를 갖고 있는 게 답은 아닙니다.

노후 대비는 3층밥으로 지어야 합니다. 가장 밑바닥에 까는 것 이 국민연금이고 그다음이 퇴직연금 그리고 개인연금입니다. 2015년 9월 보건복지부가 중위소득(모든 가구를 소득 순으로 순위를 매 겼을 경우 그 가운데를 차지하는 가구의 소득)을 발표했는데 그 액수가 275만 원입니다. 그런데 국민연금 연구원에서 중위소득 50퍼센트의 수입을 연구한 결과 140만 원이 나왔습니다.

통상 우리는 중위소득 50퍼센트의 수입을 얻지 못하는 사람을 빈곤층이라고 말합니다. 흥미로운 사실은 대다수가 '난 중산층이야'라고 생각한다는 점입니다. 일반적으로 중산층은 중위소득 50퍼센트에서 150퍼센트를 사용합니다. 미국의 경우에는 200퍼센트까지도 사용합니다. 우리가 과연 이 금액을 탈출할 수 있을까요?

2015년 국민연금 관리공단에서 발표한 2014년 국민연금 평균 지급액은 35만 원입니다. 10년 이상자의 연금액으로 계산하자 49만 원이 나왔습니다. 140만 원에서 50만 원을 빼면 아직 채워 넣어야 할 게 만만치 않습니다. 다행히 부부가 둘 다 연금을 넣었으면 50+50으로 100만 원이 되겠지요.

전업주부는 어떨까요? 한마디로 말해 전업주부의 노후 대비는 없습니다. 최근 연금 상품 중 IRP(개인형 퇴직연금)가 나왔는데 700만 원까지 환급받을 수 있어 노후 준비에 유리합니다. 그런데 집에서 가사 노동을 하는 전업주부는 그 대상이 아닙니다.

그럼 우리는 손 놓고 노후 대책 없는 삶을 살아야 하는 걸까요? 이제부터 제가 아이디어를 제시하도록 하겠습니다.

첫째, 의식주와 관련해서 옛날 방식을 바꾸십시오.

옷은 가급적 밝게 입고 먹는 것도 과거만 고집하지 않았으면 합니다. 노인들이 많이 모인다는 탑골 공원 옆의 패스트푸드점에 가면 90퍼센트가 어르신인데 그들은 거기서 커피나 햄버거를 먹습니다. 이처럼 시대의 변화에 따라 자신을 맞춰가는 노력도 필요합니다. 더 중요한 것은 '주'입니다. 아직도 어르신들은 큰 평형을 고집하지만 알고 보면 쓰지 않는 방문은 죄다 잠가놓습니다. 청소하기도 힘들고 관리비도 많이 나오는데 굳이 넓은 평수를 고집할 필요는 없습니다. 더구나 요즘에는 젊은이들이 부모님 댁에 방문해도 자고 가는 경우가 거의 없잖아요.

둘째, 체면을 버리십시오. 물론 동양 사상이 강한 우리나라에서 체면을 버리는 것은 정말 어려운 일입니다. 우리가 노후를 맞이하면서 가장 먼저 맞닥뜨리는 관문은 자녀 결혼입니다. 여성가족부가 2015년 말에 발표한 자료를 보면 남성은 결혼비용이 평균 8,000만 원, 여성은 6,000만 원이라고 합니다. 이게 끝이 아닙니다. 서울을 제외하고 평균을 내보니 집을 사주면 2억 8,000만 원이 들고 전세도 1억 5,000만 원이 있어야 합니다. 서울까지 포함해 평균을 내면 감당이 안 됩니다. 자녀 결혼비용과 노후를 맞바꿀 것입니까? 냉철하게 고민해보십시오.

셋째, 전성기 때의 눈높이를 조금만 낮추십시오. 많은 자산보다 중요한 것은 매달 들어오는 현금 수입입니다. 특히 빈곤층일수록 국민연금을 통해 그 부분을 채워야 합니다. 2015년 12월의 인터넷 정보를 보니 국민연금이 2044년에 적자가 나고 2060년에 고갈된다고 하더군요. 얼추 제가 수령할 시점인데 저는 걱정하지 않습니다. 제가 국민연금을 수령하지 못할 정도면 대한민국은 더 이상 아시아에 존재하지 않을 것입니다. 저는 충분히 감당할 수 있을 거라고 봅니다.

사실 국민연금은 빈곤층에게 훨씬 더 기여도가 큰 상품입니다. 그리고 남편은 많고 아내는 적게 하는 것보다 부부가 함께 더 낮은 걸로 가입하는 게 수령액이 훨씬 큽니다. 이왕이면 전업주부도 임의가입보다 소득창출 형태로 가입했으면 합니다.

그러면 연금 3층밥의 세제 혜택을 간단하게 짚어봅시다.

국민연금은 곧바로 소득공제를 하고 나중에 수령할 때 종합과세를 합니다. 개인연금은 불입할 때 세액공제를 해주고 수령할 때 종합과세를 하는데 1,200만 원 이하는 분리과세합니다. 2013년 이전에는 개인연금을 해지하면 본인 소득에 합산해 종합소득세를 부과했지만, 이후에는 중도에 해지해도 16.5퍼센트로 분리과세합니다.

국민연금의 경우 수령 시기가 53년생을 기준으로 60세에서 4년 단위로 1년씩 늦춰지고 있습니다. 69년생부터는 65세부터 수령할 수 있지요. 자신이 수령해야 할 나이보다 1년 앞당겨 받으면 수령할 금액의 6퍼센트씩 감액됩니다. 최대 5년을 빨리 받을 수 있는데 그러면 30퍼센트가 감액됩니다. 반대로 내가 늦출 수도 있습니다. 늦추면 1년에 7.2퍼센트씩 증액됩니다. 5년이면 36퍼센트가 늘어나는 겁니다. 5년 먼저 받는 것과 5년 늦게 받는 것의 차이가 66퍼센트에 이릅니다.

예를 들어 여러분에게 10억 원이 있다고 해봅시다. 2015년 말 현재 10억 원을 4퍼센트로 운용하면 세전 월 333만 원인데 일반적인 금융 소득세율 16.5퍼센트로 하면 월 278만 원을 수령합니다. 3퍼센트로 계산할 경우에는 209만 원으로 떨어집니다. 2퍼센트로 하면 최저임금 수준인 140만 원입니다. 만약 여러분이 월 150만 원의 수입을 창출한다면 몸값이 10억 원인 셈입니다. 월 150만 원만 벌어도 어마어마한 몸값의 가치가 있지요. 이처럼 초저금리 시대가 이어지다 보니 자산 규모보다 소득의 중요성이 더 커지고 있습니다. 지금은 자산보다 어떻게 월수입을 창출할 것이냐에 초점을 맞춰야 합니다.

증여가 나을까, 상속이 나을까

이제 증여세와 상속세를 한번 비교해봅시다.

2013년 금융소득종합과세 기준 금액이 4,000만 원에서 2,000만 원으로 바뀌었습니다. 그러자 2013년부터 증여가 폭발적으로 늘어났습니다. 종합과세를 피하기 위해 다른 사람에게 증여를 했기 때문입니다.

여기에다 금융자산 증여 추정 규정이 생겼습니다. 이 말은 능력이 없는 아이의 통장에 돈이 있으면 증여받은 것으로 추정하겠다는 얘기입니다. 이에 따라 내가 증여받지 않았다는 것을 증명해야 합니다.

그뿐 아니라 금융정보분석원(FIU)법이라고 해서 특정금융정보거래정보법이 있는데 이 FIU 정보를 세무조사에 활용하기 시작했습니다. 이때부터 은행거래를 하다가 "2,000만 원 이상 현금거래를 하면 보고됩니다"라는 말을 듣게 되었지요. 무언가 이상한 거래를 해도 마찬가지입니다. 국세청에서 세무조사를 할 때 그 정보를 활용하기 위한 것입니다. 또 2014년 겨울부터 차명거래금지법을 시행하고 있지요. 그러다 보니 울며 겨자 먹기로 증여를 하는 사람들이 대폭 늘어났습니다.

2013년 11월 29일 FIU 세법이 개정되면서 FIU 정보가 350건 정도에서 무려 18배가 늘어난 1만 254건으로 증가했습니다. 세금 추징도 3,671억에서 갑자기 조 단위로 올라가 2조가 넘었습니다. 증여세가 아주 혁혁한 공을 세운 셈입니다. 6배 이상 증가했으니까요.

2015년 11월 6일 〈매일신문〉에 이런 기사가 나왔습니다.

"국세청은 PCI를 통한 FIU를 활용해 개인의 소득, 지출에 대한 정보뿐만 아니라 금융거래 내역도 파악… 특히 PCI시스템을 통해 자금 출처나 사용 내용을 조사하고… 편법 상속, 증여에 대한 검증을 지속적으로 실시하고 있다."

분명 한국말인데 알아듣기가 어렵죠? 여기서 낯선 용어는 PCI(Property, Consumption and Income Analysis System)일 텐데 한마디로 이것은 국가가 쓰는 가계부입니다. PCI 분석 시스템은 재산증가분, 소비증가분, 소득을 분석해 차이가 많이 나는 사람을 세무조사 대상자로 선정하는 시스템입니다.

아래의 PCI 가계부 표를 살펴봅시다.

여기서 왼쪽에는 부동산과 금융자산 등의 내 재산 증가액, 신용카드 사용액과 해외 체류비 같은 소비 지출액을 채워 넣습니다. 오른쪽에는 소득, 양도소득, 상속, 증여처럼 우리가 국세청에 신고한 금액을 적습니다. 이 차이를 두고 국세청은 어떻게 생각하는지 아십니까?

'탈루 혐의 금액!'

그래서 이 금액이 큰 순서대로 세무조사가 나옵니다. 세무조사 패턴이 완전히 바뀐 것입니다. 과거에는 강남의 재건축, 재개발 구

PCI 가계부

PCI (Property, Consumption and Income Analysis System)
일정 기간 동안 발생한 소득금액과 재산 증가, 소비 지출액을 비교·분석해 탈루 혐의금액을 도출함으로써 정기적으로 조사대상자 선정에 영향을 주는 시스템.

재산 증가액
1. 부동산
2. 금융자산 등

신고(결정) 소득금액 합계
1. 소득/양도소득
2. 상속/증여 등

소비 지출액
1. 신용카드 사용액
2. 해외 체류비 등

역에 부동산을 구입한 사람들을 중심으로 세무조사를 했지만 지금은 PCI 가계부를 조사해 탈루 혐의 금액이 큰 순서대로 조사합니다. 쉽게 말해 과거에는 단품 조사를 했다면 지금은 뷔페식 조사를 하는 것입니다.

2015년 말 현재 '쌀 때 물려주자'는 의식이 널리 퍼지면서 사상 최대의 증여가 이뤄지고 있습니다. 증여 찬성론자는 싼 것을 빨리 넘겨주면 결국 이득이라고 말합니다. 반대하는 사람들은 절세 측면에서는 유리하지만 자녀에게 주었다가 외면당하면 끝이라는 생각을 합니다. 원금은 유지하고 이자만 주는 증여도 하나의 아이디어입니다.

그러면 상속세와 증여세 중에서 어느 쪽 세금이 더 비쌀까요? 193쪽의 표를 보면 상속세는 뭔가 더할 것도 많고 뺄 것도 많지만 증여세는 생각보다 간단합니다. 둘의 공통점은 사전 증여한 것은 더해서 계산한다는 점입니다. 세율도 둘 다 똑같습니다. 과세표준은 공제할 것이 있으면 차감하고 더할 것이 있으면 더해서 정합니다. 가령 과세표준이 5억이라면 1억은 10퍼센트, 나머지 4억은 20퍼센트로 세율을 물린다는 얘기입니다.

아직은 어느 쪽이 더 좋은지 단박에 알아채기가 어렵죠? 이제 상속과 증여의 장단점을 비교해봅시다. 일단 상속의 가장 큰 장점은 공제가 많다는 것입니다. 배우자 공제, 자녀 공제 그리고 부모와 한 집에서 10년 이상 거주하면 주택 공제를 받습니다. 여기에다 금융재산이 있을 경우 금융재산 공제도 받지요. 아무튼 부모가 돈을 쥐고 있으면 늙어서 자녀의 눈치를 볼 필요가 없습니다. 이러한 상속의 장점은 고스란히 증여의 단점으로 작용합니다. 증여는 배우자가 최대 6억을 공제받고 성년이 된 자녀도 10년에 5,000만 원, 미성년자는 2,000만 원

상속세와 증여세 계산

상속세 계산	
	총 상속재산가액 (순수+간주+추정)
(−)	비과세 재산가액
(−)	공과금 / 채무 / 장례비 등
(+)	(사전) 증여재산가액
(=)	상속세 과세가액
(+)	상속개시 전 처분재산
(−)	공익목적 등 출연재산 불산입
(−)	기초공제(또는 일괄공제)
(−)	배우자 상속 공제
(−)	금융재산 상속 공제
(−)	동거주택 상속 공제
(=)	상속세 과세표준

증여세 계산	
	증여재산가액
(+)	(사전) 증여재산가액
(−)	증여 채무액
(−)	증여재산 공제
(=)	증여세 과세표준

상속증여(할증)세율	
1억 원 미만	10%(13%)
5억 원 미만	20%(26%)
10억 원 미만	30%(39%)
30억 원 미만	40%(42%)
30억 원 초과	50%(65%)

을 공제받습니다. 그런데 증여를 잘못하면 가족 간에 불화가 일어나기도 합니다. 가령 자녀가 딸, 딸, 딸, 딸, 아들일 경우 딸들에게 효도를 받아도 부모는 대개 막내에게 주고 싶어 하지요. 심정은 이해가 가지만 이는 분쟁의 씨앗입니다.

증여의 가장 큰 장점은 증여자를 선택할 수 있다는 것입니다. 더 중요한 것은 시기도 선택할 수 있다는 점입니다. 언제 주겠다고 자녀에게 계약서를 써주어도 됩니다. 상속의 단점은 언제 받을지 모른다는 것입니다. 사망 날짜를 우리가 어떻게 알겠습니까. 여기에다 상속은 결과적으로 합산해서 과세하므로 재산이 많을수록 불리합니다.

좋은 것은 지금, 나쁜 것은 천천히

상속세와 증여세는 사전 증여한 재산을 더해서 계산하는데 그 방법은 이렇습니다.

상속하기 10년 전 혹은 5년 전에 증여하고 사망하면 증여 재산을 합산합니다. 10억을 상속받았는데 증여가 없다면 그냥 10억으로 해서 세금을 계산하지요. 그런데 사전 증여가 있다면 증여한 당시의 가액으로 상속세를 합산합니다. 이 경우 그 차액만큼 증여로 이익을 보는 셈입니다.

만약 제가 사망하면 배우자와 자녀까지는 사망 전 10년간을 합산하고 며느리, 사위, 손자, 외손자, 외손녀는 5년을 합산합니다. 그러면 '당연히 사위와 며느리에게 많이 상속하지 않겠어?'라고 생각하겠지만 사실은 그렇지 않습니다. 이것을 잘 활용해도 좋을 듯한데 이상하게 그러는 경우는 드뭅니다.

우리나라에 한창 벤처 붐이 일어나던 시기가 있었죠? 그때 아내에게 몰래 주식을 선물했는데 IMF가 터지면서 그것이 다 꺼져버린 사례가 있었습니다. 증여하지 않고 상속까지 끌고 갔으면 10억이 2억이 되었을 때 2억으로 세금을 계산하면 될 텐데, 사전 증여를 한 겁니다. 그런 뒤 사망하자 그의 아내는 10억으로 세금을 계산할 수밖에 없었지요. 이럴 때 법은 참 냉정합니다.

10년 전, 그러니까 2005년 8·31 대책이 나오면서 집이 팔리지 않자 어르신들이 자식에게 집을 증여하기 시작했습니다. 그때 제가 '왜 팔리지 않는 똥차를 자식에게 떠넘기느냐'며 반대를 했습니다. 그렇게 건너가면 자식은 그것을 팔지 못해 고꾸라지고 말거든요. 왜 내 손해를 자식에게 전가하느냐고 입에 거품을 물고 외쳤던 기억이 납니다.

좋은 것은 증여해도 되지만 나쁜 것은 천천히 주십시오. 가장 대표적인 것이 선산입니다. 사실 선산은 상속까지 가면 비과세가 될 수 있습니다. 그런데 그걸 큰아들에게 준다고 서둘러 증여하는 경우가 많습니다. 선산은 대부분 깊은 골짜기에 있어서 가격도 많이 오르지 않는데 공제도 없습니다. 그러니 서둘러 넘겨줄 필요가 없지요.

이제 상속과 증여 공제를 간단히 정리해봅시다.

상속 공제는 배우자가 있으면 5~30억, 자녀가 있으면 5억, 금융재산과 거주주택 최대 7억으로 최대 42억까지 공제됩니다. 그래서 세금 없이 상속할 수 있으면 상속이 훨씬 유리합니다. 반면 뺄 것 다 빼도 과세표준금액이 20억, 30억이 나오면 사전 증여를 통해 비율을 10퍼센트나 20퍼센트로 낮추는 것이 좋습니다. 결국 증여는 부자가 쓰는 상속세 절세 전략입니다.

배우자가 있다고 무조건 30억을 공제받는 것은 아닙니다. 현행법에서는 배우자의 법정 상속분, 실제로 상속받은 금액, 30억 원 중에서 낮은 금액으로 배우자 공제액을 선택합니다. 그 금액이 5억 이하이면 5억까지는 해줍니다.

예를 들어 45억의 상속 재산에다 배우자와 자녀 셋이 있다면 자녀 모두 1.0에 배우자만 0.5를 가산해서 계산합니다. 그러니까 자녀 셋

상속과 증여 공제

증여 공제	상속 공제
10년 기준 합산	10년 전 증여 합산
배우자 6억 원	배우자 有 5~30억 원
성년자녀 0.5억 원	자녀 有 5억 원
미성년자녀 0.2억 원	금융재산/거주주택 최대 7억 원

(1.0+1.0+1.0)에 배우자(1.5)로 해서 4.5분의 1.5에 45억을 곱하면 15억이 나옵니다. 이렇게 법정 상속액이 15억인데 10억을 상속받았다면 둘 중 작은 금액인 10억에 대해 상속 공제를 받습니다. 만약 배우자에게 20억을 상속했다면 15억에 대해 상속 공제를 받습니다.

자녀 상속 공제도 무조건 5억은 아닙니다.

인적 공제는 기초 공제 2억 원에 1인당 3,000만 원씩 곱해서 계산합니다. 만약 자녀가 10명이라면 2억+3,000만 원×10=5억입니다. 5억 이하면 일괄 공제를 선택할 수 있습니다. 그래서 자녀가 10명 이하면 그냥 5억을 선택하는 것입니다. 물론 집에 장애인이 있을 경우에는 특수한 상황이므로 구체적으로 계산해볼 필요가 있습니다. 왜냐하면 평균 기대여명까지 연수 곱하기 1,000만 원으로 금액을 산정할 수 있기 때문입니다.

만약 상속에 임박해서 증여를 하면 독일까요, 약일까요? 한마디로 독입니다. 의외로 많은 사람이 사망 직전에 재산을 팔아 넘겨주려고 합니다. 문제는 팔지 않았으면 공시지가, 기준지가로 낮게 평가받을 것을 팔아버리니 시가로 껑충 뛰어버린다는 데 있습니다. 이렇게 노출이 되었으니 세무서에서는 양도한 매각자금을 어디에 사용했는지 묻습니다. 다들 받지 않았다고 하지만 통장에 찍혀 있는데 어쩝니까. 상속에 임박해 부동산을 팔아 현금으로 나눠주는 것을 세무서는 아주 좋아합니다.

상속 순위는 돈 쥔 사람의 마음이다

실제 상속은 이런 절차를 밟습니다.

상속 신고는 1개월 내에 해야 하며 하지 않으면 과태료를 물게 됩니다. 3개월째에는 상속포기나 한정승인을 할 수 있습니다. 아주 중요한 시기죠. 6개월이 되면 세금 신고를 해야 하는데 여기에 대해서는 설명이 필요합니다.

법률 용어로 상속포기는 내가 내 지분을 포기함으로써 나머지 형제의 지분이 늘어나게 해주는 효과가 있습니다. 한정승인은 부모에게 빚이 있어서 내가 0원 밑으로는 받지 않겠다고 법원에 신청해 빚잔치를 하는 것을 말합니다. 할아버지가 빚을 남겼다면 그냥 상속포기를 하면 안 됩니다. 내가 포기하면 다른 형제들 빚이 그만큼 늘어나는 것입니다. 다 포기하면 다음 순위자, 즉 손자한테까지 갑니다. 이것을 꼭 구분해야 합니다.

상속 개시 절차

1개월	사망 신고 및 명의 변경 관계
2개월	상속재산 찾기(금융감독원, 국토정보센터 등)
3개월	상속재산 승계 선택(상속포기 및 한정승인 결정)
6개월	재산분할 및 세금 신고 납부

만약 자녀 중에 신용불량자가 있다면 어떻게 해야 할까요? 본인이 굳이 상속을 받아서 채권자에게 넘길 필요는 없겠지요. 3개월 이내에 상속포기를 하면 소급해서 처음부터 받지 않은 걸로 봅니다. 그러면 부모가 주신 상속 재산이 나를 통해 다른 사람에게로 가는 것을 막을 수 있습니다. 그런 의미에서 3개월은 굉장히 중요합니다.

상속 순위는 돈을 쥔 사람의 마음입니다. 하지만 미리 유언을 남겨두지 않았다면 남은 가족이 협의분할하면 됩니다. 협의분할이 어려우면 법정분할로 넘어갑니다. 큰아들이라고 더 받는 것은 없으며 배우자만 1.5, 자녀는 모두 1.0입니다. 다시 말해 출가한 딸도 큰아들과 똑같이 받습니다. 만약 내가 사망했을 때 재산 때문에 싸움이 일어날 것 같다면 미리 유언장을 작성해두는 것이 좋습니다. 변호사 사무실에 가서 쓰기 힘들면 증인을 데려다놓고 스마트폰에 남겨놓아도 괜찮습니다. 무엇보다 중요한 것은 날짜를 정확히 써야 한다는 점입니다. 만약 유언장을 오늘도 쓰고 내일도 쓴다면 오늘 쓴 것은 효력이 없습니다.

자녀가 없을 경우 상속 순위는 부모로 올라갑니다. 갑자기 어린아이가 상속받을 경우에도 부모로 올라갑니다. 만약 부모가 없다면 사망자의 형제자매, 그마저도 없을 경우에는 아버지 형제의 조카까지 갑니다.

본래 사망자는 생전에 재산을 남에게 증여하거나 유언을 통해 처

198

상속재산 분배와 순위

상속재산 분배 순위

법정분할 시 상속 순위

법정유언
(1순위)

협의분할
(2순위)

법정분할
(3순위)

사망 이전까지 사망 이후부터

1순위:
피상속인의 직계비속(+배우자)

2순위:
피상속인의 직계존속(+배우자)

3순위:
피상속인의 형제자매

4순위:
피상속인의 4촌 이내 방계혈족

• 법정유언: 자필증서, 녹음, 공정증서,
  비밀증서, 구수증서
• 협의분할: 상속인 전원의 동의가 있어야 함.

분할 수 있습니다. 하지만 민법에서는 본래 상속자의 생계를 감안해 상속액의 일정 부분을 법정상속인의 몫으로 인정합니다. 이것을 유류분(遺留分)이라고 하는데 대법원 통계에 따르면 유류분 반환 청구 소송이 2005년 대비 9년 동안 5배나 늘었습니다.

미리 증여한 재산은 유류분을 계산할 때 제외할까요? 제외하지 않습니다. 그러면 미리 증여한 부동산 유류분을 계산할 때는 증여 당시의 평가로 할까요, 아니면 상속 시점의 가격으로 할까요? 상속 시점입니다. 한 가지 주의해야 할 것은 상속세와 민법의 유류분 계산 방식이 다르다는 사실입니다. 상속세법에서는 10년 이후 증여하면 그것으로 종결됩니다. 그러나 유류분 청구소송은 1979년 이후 증여한 것은 형제자매가 가져갈 수 있습니다. 만약 가격이 당시에 5,000만 원이었는데 현재 시가가 10억이라면 10억으로 산정해서 계산합니다.

혹시 각서를 받으면 분쟁이 일어날 일은 없을 거라고 생각합니까? 그렇지 않습니다. 각서가 아무리 많아도 법률상 전혀 효력을 발휘하지 못합니다.

우리가 상속을 말할 때는 꼭 증여를 검토해야 합니다. 그리고 증여를 생각할 때는 노후를 다시 한 번 점검해서 자녀에게 기대지 않고 살아갈 방도를 강구해야 합니다. 2015년 말 현재 한국 남성의 평균 수명은 79세이고 여성은 84.6세입니다. 그때까지 독립적으로 행복하게 살 방법을 마련하는 것이 현명합니다.

서혜민

'연말정산의 여왕'으로 불리는 연말정산 재테크 전문가. 연말이면 많은 사람이 연말정산으로 신경을 곤두세우지만 늘 무언가를 빠뜨려 수십만 원을 토해내는 직장인이 한둘이 아니다. 이런 사람들을 위해 그녀는 연말정산에 필요한 체크리스트를 콕 집어 알려준다.

30분 투자해 100만 원
돌려받는 연말정산 이용법

서혜민, 미래에셋증권 세무사

세액공제 전환 후 달라진 점

직장인들은 매달 급여를 받을 때 세금을 떼고 수령합니다. 간이세액표에 따라 일정비율의 세금을 미리 내고 받는 것입니다. 예를 들어 연봉이 4,200만 원이라면 매달 15만 원씩 180만 원을 냅니다. 그렇게 2015년을 보냈다면 이제 2016년 2월, 3월에 2015년 소득에 대해 연말정산을 합니다. 서류는 보통 1월에 제출합니다. 연봉이 동일해도 부양가족이나 의료비 같은 지출 상황에 따라 세금을 다시 한 번 계산

202

하는 과정을 연말정산이라고 합니다. 이때 새로 계산한 금액이 매달 선납한 금액보다 많거나 적을 수 있습니다. 낸 것이 많으면 환급받고 적으면 추가 납부를 해야 하지요. 가령 연말정산을 해보니 실제 세금이 100만 원이라면 80만 원을 환급받고, 만약 200만 원이라면 20만 원을 더 내야 합니다. 물론 소득공제가 아무리 많아도 자신이 낸 금액 이상으로 돌려받을 수는 없습니다.

2014년 이후 세액공제로 전환되면서 세 부담이 달라졌습니다.

먼저 총 급여란 세전으로 내가 회사에서 받은 전액을 말합니다. 일단 상여를 모두 포함해 총 급여에서 근로소득공제를 차감합니다. 세율표에 따라 1,000만 원에서 500만 원 정도 차감하는 것입니다. 가령 연봉이 5,000만 원이면 1,000만 원쯤 빠진다고 보는 겁니다. 여기에다 소득공제를 하면 과세표준이 나옵니다. 과세표준이 중요한 이유는 여기에 세율을 곱하기 때문입니다. 연봉에 세율을 곱하는 것이 아니라 두 가지를 차감한 다음 곱하므로 소득공제를 많이 받는 것이 중요합니다. 소득공제를 많이 받아야 낮은 세율을 적용받습니다.

여기에다 세액공제로 전환된 사항을 마지막에 차감합니다. 세액공제는 연봉과 상관없이 납부금액의 일정비율(12퍼센트와 15퍼센트)을 동일하게 적용해 계산하는 절차입니다.

과세표준은 공제금액을 차감한 금액인데 바로 여기에 세율을 곱합니다. 1,200만 원 이하는 6퍼센트, 4,600만 원 이하는 15퍼센트, 8,800만 원 이하는 24퍼센트, 1억 5,000만 원 이하는 35퍼센트, 1억 5,000만 원을 초과하면 38퍼센트가 구간별 세율입니다. 여기에 지방소득세 10퍼센트가 붙으므로 6.6퍼센트, 16.5퍼센트 하는 식으로 계산합니다. 예를 들어 내가 연봉이 5,000이고 과세표준이 5,000이라고 해서 몽땅 이 세율로 적용하는 게 아니라 끊어서 1,200까지 적용하고 초과금을 적용하는 식입니다.

세액공제 비율이 12퍼센트, 15퍼센트이므로 고소득자는 세액공제 전환으로 세금이 늘어납니다. 다시 말해 연봉 5,500을 고소득 기준으로 잡아 그 위는 오르고 그 밑은 감소하는 구조입니다. 가령 소득공제를 할 때는 내가 보험료 100만 원을 내면 세율에 따라 환급액이 모두 달랐습니다. 연봉이 높은 사람은 세율도 높지만 환급액도 많았지요. 하지만 세액공제로 전환되면서 연봉과 상관없이 누구나 13만

과세표준과 구간별 세율

과세표준	구간별 세율	
1억 5,000만 원 초과	38%	↑ 세금 증가
1억 5,000만 원 이하	35%	
8,800만 원 이하	24%	**연봉 5,500만 원**
4,600만 원 이하	15%	
1,200만 원 이하	6%	↓ 세금 감소

2,000원을 돌려받습니다.

　달라진 점은 또 있습니다. 연금 계좌에 400만 원까지 입금하면 세액공제가 되는데 만약 퇴직연금에 가입했을 경우 IRP 계좌에서 300만 원까지 추가로 세액공제가 이뤄집니다.

　주택청약종합저축도 소득공제 항목으로 원래 120만 원까지 혜택을 주었지만 연봉 7,000만 원 이하 무주택 가구주의 경우 한도가 240만 원으로 늘어났습니다. 연봉 7,000이 넘는 사람은 그대로 한도가 120만 원입니다.

연금저축과 퇴직연금

　2016년 연말정산을 위해 저축을 하면서 세제 혜택을 받을 수 있는 상품 중 눈에 띄는 것이 세액공제 연금저축계좌입니다. 여기에는 최대 연 1,800만 원까지 불입이 가능하고 연 400만 원까지 세액공제를 받습니다. 이것은 은행에서 가입하는 연금신탁, 보험사에서 하는 연금보험, 증권사에서 하는 연금펀드 형태인데 세제 혜택은 동일합니다.

　연금 자체가 55세 이후 연금으로 받는 것이다 보니 장기투자가 필요한데 다행히 상품 간 이전이 가능합니다. 즉, 투자수익률을 보면서 은행에서 가입한 것을 증권사로 옮길 수 있습니다. 여기에다 퇴직연

소득공제, 세액공제 네 가지 상품

금융상품	불입액(최대한도)	절세액	비고
소득공제 장기펀드	600만 원	396,000원	소득공제 (적용세율 16.5% 가정)
주택청약종합저축	240만 원	158,400원	
보장성보험	100만 원	132,000원	세액공제(13.2%)
연금저축, 퇴직연금	700만 원	1,155,000원	세액공제 (16.5%, 13.2%)

금에 300만 원을 추가로 더 넣으면 추가로 세액공제를 받습니다. 연금저축에는 400만 원까지만 가능하므로 퇴직연금 계좌에 넣어야 합니다. 아니면 퇴직연금에 700만 원을 몽땅 넣어도 상관없습니다. 앞으로 한도까지 저축할 생각이라면 연금저축에 33만 원, 퇴직연금 IRP 계좌에 25만 원씩 저축하면 됩니다.

부양가족 공제를 잘 챙겨야 하는 이유

2015년 소득공제 항목에는 부양가족과 관련된 인적공제, 주택자금, 신용카드, 장기펀드가 있습니다. 여기서 세액공제 15퍼센트는 의료비·기부금·교육비, 12퍼센트는 보험료·연금계좌, 10퍼센트는 월세가 있습니다. 이 중에서 가장 중요한 것은 부양가족입니다.

부양가족은 세액공제 항목 중에서도 절세 효과가 크기 때문에 잘 챙겨야 합니다. 부양가족에는 일단 본인이 포함되고 기혼자는 배우자가 들어가며 부모, 형제, 자매, 자녀도 들어갑니다. 연말정산 시 부양가족은 스스로 등재할 수 있는데 1인당 150만 원까지 기본 공제를 받으려면 요건을 충족시켜야 합니다.

배우자가 부양가족 공제를 받으려면 배우자의 소득이 없어야 합니다. 나머지 가족도 소득이 없어야 하고 연령 요건도 갖춰야 합니다. 부모는 만 60세 이상, 자녀는 만 20세 미만을 말합니다. 형제, 자매의 나이도 마찬가지입니다. 이러한 요건을 충족시키면 1인당 150만 원씩 소득공제를 받을 수 있습니다. 형제 중에 장애인이 있다면 연령 제한은 없고 소득 제한만 있습니다. 나이가 70세 이상이면 경로우대 공제가 있으며 장애인은 1인당 200만 원을 공제합니다. 부녀자 공제는

연말정산 소득공제, 세액공제 항목

결혼만 했어도 가능합니다. 미혼일지라도 부양가족이 있는 여성은 50만 원을 공제받지만 연봉이 4,100만 원 이하여야 합니다. 그밖에 한 부모 소득공제, 다자녀 공제도 있습니다.

이 중에서 꼭 챙겨야 하는 네 가지만 다뤄보겠습니다.

첫째, 형제를 한 명 받으면 150만 원을 공제받는 부양가족을 늘릴 수 있습니다. 부모 공제는 할머니, 할아버지, 외할머니, 외할아버지까지 살펴봐야 합니다. 조부모 공제가 가능하면 경로우대자 공제까지 해서 공제금액이 상당히 커집니다.

둘째, 내 부모뿐 아니라 배우자의 부모도 받을 수 있습니다. 굳이 같이 살지 않아도 됩니다. 함께 거주하지 않아도 등재할 수 있습니다.

셋째, 만약 직계존속이 사망했을 경우, 사망은 연중에 일어나므로 지금은 계시지 않지만 그해까지는 등재할 수 있습니다.

넷째, 장애인 공제에서 장애인에는 장애인법상의 장애인뿐 아니라 중증환자도 포함됩니다. 부모가 암, 중풍, 뇌졸중에 걸렸다면 공제 대상입니다. 진료를 받는 병원에서 의사가 장애기간을 표시해준 장애인 증명서로 장애인 공제 신청을 하면 됩니다.

연말정산 사용설명서

주택 관련 소득공제·세액공제 4종 세트도 눈여겨봐야 합니다. 주택은 형태에 따라 이 네 가지가 모두 항목에 들어갈 수 있습니다.

우선 앞서 말한 주택청약종합저축이 있고 월세 역시 세액공제가 가능합니다. 물론 이것은 연봉 7,000만 원 이하여야 신청이 가능합니다. 공제액이 월세의 10퍼센트이므로 한 달 치는 돌려받을 수 있는 셈입니다. 집주인의 동의는 필요 없고 전입신고만 되어 있으면 가능합니다. 확정일자와도 상관이 없습니다. 계약서와 내가 입금해준 내용만 있어도 충분히 세액공제를 받을 수 있습니다.

전세자금대출에도 원리금상환 소득공제가 있습니다. 단, 무주택가구주에다 국민주택 규모 이하이고 대출기관에서 임대인 계좌로 직접 입금을 해줘야 한다는 요건을 충족시켜야 합니다. 일단 대출을 받은 다음에는 요건을 갖추기가 어려우므로 대출 전에 연말정산용이 맞는지 확인하십시오.

또한 집을 구입할 때 대출을 받으면 저당차입금에 대한 이자상환액에 대해 공제가 이뤄집니다. 기준시가 4억 원 이하면 가능하고 면적 요건은 없습니다. 기준시가가 4억이라면 시세로는 6억까지 갈 수도 있습니다. 즉, 시세는 비싸도 공시가격은 4억 원 이하일 수 있으므로 반드시 확인하는 것이 좋습니다. 그리고 대출기간을 15년 이상으로 해야 합니다. 요건이 15년 이상이므로 처음 대출을 받을 때 이렇게 해놓고 공제를 받다가 나머지를 미리 갚아도 앞에 공제받은 것은 전부 유효합니다. 다시 말해 처음에 요건을 갖춰야 이자를 갚는 부분에 대해 소득공제를 받을 수 있습니다.

다음은 신용카드인데 신용카드는 내 연봉의 25퍼센트를 써야 공제가 이뤄집니다. 최소한 4분의 1 이상을 써야 합니다. 예를 들어 직장인이 연봉 4,800만 원이면 적어도 1,200만 원 이상은 써야 합니다. 그 이하는 서류를 낼 필요도 없습니다. 그러니 내가 쓰는 액수가 부족하다면 부양가족이 쓰는 것까지 합해야 합니다. 형제, 자매는 안 되지만 자녀와 부모가 쓴 것은 합산할 수 있습니다. 체크카드는 신용카드보다 2배 더 많이 해줍니다. 그런데 내가 사용한 신용카드 액수가 많다면 신용카드와 체크카드의 공제액이 비슷합니다. 최대한도가 300만 원이기 때문입니다. 따라서 많이 쓰는 사람은 둘 중 무얼 쓰든 상관없지만 연봉의 절반 정도만 쓴다면 체크카드가 유리합니다. 물론 25퍼센트까지는 신용카드를 쓰고 초과분만 체크카드를 써도 좋습니다.

의료비는 총 급여의 최소한 3퍼센트를 초과해야 공제가 시작됩니다. 만약 연봉이 5,000이면 적어도 150만 원 이상은 써야 시작된다는 얘기입니다. 물론 나를 위해 쓴 의료비뿐 아니라 부양가족을 위해서 쓴 의료비도 전부 합산할 수 있습니다. 부양가족에게 소득이 있어도

신용카드 vs. 체크카드

사례: 총 급여 4,800만 원의 직장인 A씨

사용금액	소득공제액		실제 환급 차이
	신용카드(15%)	체크카드(30%)	
1,200만 원	0원	0원	차이 없음
2,000만 원	1,200,000원	2,400,000원	198,000원
2,800만 원	2,400,000원	3,000,000원	99,000원
3,200만 원	3,000,000원	3,000,000원	차이 없음

상관없습니다. 의료비는 소득이나 연령의 요건이 없습니다. 아버지가 경제활동을 해도 아버지 의료비로 내가 공제받을 수 있습니다. 의료비는 국세청 사이트에서 출력하면 나옵니다. 단, 안경이나 콘택트렌즈는 50만 원까지 공제되는데 국세청 사이트에 필수적으로 전송하는 항목이 아니다 보니 빠질 수도 있습니다. 만약 출력했는데 빠져 있다면 구입 영수증을 첨부해 다시 신청해야 합니다. 치아교정이나 임플란트, 틀니도 진단서가 있으면 전부 의료비 공제 대상입니다. 진단서를 첨부하지 않으면 의료비 공제 대상에 들어가지 않습니다. 큰돈이 들어가므로 교정할 때는 의사에게 저작기능장애 진단서를 요구해야 합니다.

교육비는 대학교까지만 공제됩니다. 본인은 대학원까지 가능하지만 가족은 대학교까지만 필수교육으로 보기 때문에 그 이상은 공제 항목이 아닙니다. 소득이 없는 형제, 자매, 처남, 처제의 교육비도 공제받을 수 있지만 함께 살아야 한다는 조건이 붙습니다. 일단 함께 살지만 학교 때문에 일시적으로 이사했다면 괜찮습니다. 교복구입비, 어린이집 특활비도 공제 항목이므로 영수증을 챙겨 신청하십시오.

맞벌이 부부, 연말정산 절세 전략

이제 맞벌이 부부의 연말정산 절세 전략을 알아봅시다.

우선 한 명이 최대한이 아니라 두 명이 합쳐서 최대로 받는다는 목표를 세우십시오. 일단 서로의 연봉을 확인해 어느 세율 구간에 들어가는지 확인합니다. 근로소득공제는 세율표에 따라 1,000만 원을 차감합니다. 그다음에 주의할 항목은 누가 부양가족, 의료비, 신용카드 공제를 받을지 정하는 것입니다.

부양가족 공제는 급여가 높은 사람이 받아야 유리합니다. 소득공제 항목이라 연봉이 높은 사람이 세율도 높고 환급금도 많습니다. 급여 차이가 많아서 평균 세율이 6퍼센트, 15퍼센트로 확연히 차이가 나면 높은 쪽으로 자녀 공제를 하는 것이 유리합니다. 이때 자녀와 관련된 나머지 공제 항목도 모두 이쪽에서 받습니다.

신용카드와 의료비는 거의 비슷합니다.

부부의 연봉이 비슷한 경우, 가령 남편이 3,000이고 아내가 3,800이라면 같은 15퍼센트 세율 구간에 들어 있는 것입니다. 이럴 때 자주 쓰는 카드는 남편 것으로 쓰는 것이 유리합니다. 연봉의 4분의 1을 써야 하므로 급여가 낮은 쪽이 유리한 겁니다. 연봉 차이가 커서 한쪽이 더 높은 세율을 적용받는다면 급여가 많은 쪽이 유리합니다. 소득공제 항목이라 한계세율이 높은, 즉 연봉이 높은 사람이 쓰는 것이 유리합니다. 의료비도 3퍼센트 이상 써야 하므로 같은 개념입니다.

안창국

'국민의 목돈 마련'을 위해 2016년부터 도입하는 개인종합자산관리계좌(ISA)는 개인의 판단에 따라 예금과 적금, 파생결합상품, 펀드 등을 한 계좌에 담아 운용하는 넓은 개념의 펀드다. ISA를 설계하는 데 참여한 안창국 과장은 "계좌 내 순소득 중 200만 원까지는 무조건 비과세 혜택을 준다"며 ISA를 '저금리 시대의 필수 재테크 상품'으로 보고 있다.

무조건 200만 원 버는
만능통장 ISA

안창국, 금융위원회 자산운용과 과장

왜 만능통장인가

개인종합자산관리계좌(ISA)가 만능통장으로 불리는 이유는 투자자의 수요와 욕구에 맞게 탄력적으로 접근할 수 있기 때문입니다.

지금은 저성장, 저금리, 고령화 시대입니다. 그런데 알다시피 정기예금 금리, 주택 가격, 잠재성장률 등이 고수익을 내거나 고령화 시대에 장기적으로 자산을 운용하는 데 적합하지 않은 방향으로 흘러

가고 있습니다. 그러다 보니 예금을 할지, 부동산에 투자할지, 주식이나 채권에 투자할지 갈팡질팡하는 사람이 많습니다. 비록 혼돈의 시대이긴 하지만 저성장 시대일수록 고수익을 내야 한다는 점은 분명합니다. 실물자산, 특히 부동산 가격이 떨어질 수 없는 구조라는 것과 고령화에 대비해 장기자산을 운용해야 한다는 것도 마찬가지입니다.

2015년 금융위원회에서 ISA 제도를 도입한 가장 근본적인 배경은 기존 제도와 차별화하기 위해서입니다. 기존에는 하이엔드(high end) 펀드, 소장펀드(소득공제 장기펀드), 채권형 펀드에 개별 상품별로 세제 혜택을 주었습니다. 하지만 저성장, 고금리 시대에는 예금뿐 아니라 시기가 긴 투자 상품이라면 예금을 채권형에서 주식형으로 혹은 연금 상품으로 다양하게 바꿀 수 있는 포트폴리오 상품에 세제 혜택을 주는 게 효과적이라는 판단을 했습니다. 실제로 현재까지 금융위원회의 재산 형성, 소득 지원, 세제 관련 지원 프로그램을 보면 농어민·저소득층·장애인만 이득을 볼 뿐 중산층과 저소득층이 효과적으로 재산을 불릴 프로그램은 별로 없습니다. 가령 재형저축은 가입 대상이 5,000만 원 미만 근로소득자입니다. 이런 문제를 해소하고 가급적 많은 국민이 재산을 축적하도록 할 프로그램을 만들려는 취지입니다.

개인이 직접 만들고 운용하는 펀드

ISA란 기본적으로 개인이 직접 구성 및 운용하는 넓은 개념의 펀드입니다. 일단 개인이 가입한 다음 예금, 펀드, 파생결합증권 등으로 포트폴리오를 짜서 돈을 넣으면 일정 기간 경과 후 여기에서 수익이 발생합니다. 그러면 이것을 통합해 순익에 대해 세제 혜택을 부여합니다. 한마디로 한 개인이 직접 만들어 운용하는 펀드라고 할 수 있습니다. 결국 ISA는 여러 금융 상품을 담는 계좌라는 의미로 자산 관리 및 운용 기능을 수행합니다.

가입 자격은 직전년도 근로사업소득이 있는 사람으로 1인당 1계좌입니다. 5인 가족 중 3명에게 근로소득이 있으면 3명 모두 가입이 가능합니다. 신규 취업자도 당해연도 수입이 있는 경우 가입할 수 있습니다. 단, 직전년도 금융소득종합과세 대상자는 제외합니다. 고소득층에게 과도한 혜택이 돌아갈 수 있기 때문입니다. 근로소득이나 사업소득이 없어도 농어민이면 가입이 가능합니다. 기존의 소장펀드는 5,000만 원 한도 같은 제한이 있었지만 ISA는 금융소득종합과세 대상자를 제외하면 모두 가입할 수 있습니다.

납입한도는 연간 2,000만 원이고 의무가입 기간이 5년이므로 최대 1억 원까지는 불입이 가능합니다. 여기에는 특례가 있는데 소득이 있는 15~29세 가입자와 일정 소득 이하 가입자는 의무가입 기간이 3년입니다. 원래 일정 소득 이하자는 2,500만 원을 생각했지만 국회

ISA란 무엇인가

가입 자격	• 직전 연도 근로소득·사업소득이 있는 자(1인당 1계좌) • 신규 취업자 등은 당해연도 소득이 있는 경우 가입 가능 + 농어민 ＊ 직전 연도 금융소득종합과세 대상자는 제외
납입 한도	• 연간 2,000만 원, 의무가입 기간 5년(최대 1억 원) • 소득이 있는 15~29세 가입자 ┐ • 일정소득 이하 가입자 ─────┘ 의무가입 기간 5년 ⇒ 3년으로 단축 ＊ 총 급여 2,500만 원 이하 근로자, 종합소득 1,600만 원 이하 사업자 ＋ 농어민 ⇒ 총 급여 5,000만 원, 종합소득 3,500만 원 이하
편입 상품	• 예·적금 등 • 펀드(국내주식형·채권형, 해외주식형·채권형, 국내혼합형·해외혼합형, ETF 등) • 파생결합증권
세제 혜택	• 계좌 내 상품 간·기간 간 손익 통산한 후 순소득 중 ┌ 200만 원(농어민 250만 원)까지 비과세 └ 200만 원(농어민 250만 원) 초과분 9% 분리과세(지방소득세 포함 시 9.9%)

심의 과정에서 총 급여 5,000만 원, 종합소득 3,000만 원 이하 가입 대상자도 의무가입 기간을 3년으로 했습니다.

편입 상품은 예금과 적금은 물론 국내주식형·채권형, 해외주식형·채권형, 국내혼합형·해외혼합형, ETF 그리고 파생결합증권입니다.

세제 혜택은 하나의 계좌 내에 여러 상품을 담았을 때 전체 기간 간 또는 상품 간 손익을 통산해서 순소득에 대해 과세합니다. 이때 200만 원까지는 비과세이고 200만 원 초과분은 9퍼센트 분리과세합니다. 지방소득세를 포함하면 9.9퍼센트인데 통상 펀드 등의 배당 및 이자소득이 15.4퍼센트이므로 6퍼센트 이상 효과를 볼 수 있습니다. 혹시 운용을 잘해서 금융소득종합과세 대상자가 되더라도 분리과세하므로 세제 혜택이 큽니다. 특히 15~29세 가입자와 일정 소득 이하 가입자는 250만 원까지 비과세되고 250만 원이 넘는 부분만 9퍼센트 분리과세합니다.

손익은 묶어서 과세, 상품 교체는 자유롭게

ISA의 가장 큰 특징은 손익을 통산해 순이익에 과세한다는 점입니다.

기존의 과세체계에서는 내가 예금을 비롯해 펀드에 가입하고 파생결합증권을 샀다면, 이 중 예금에는 이자소득세 15.4퍼센트를 과세했습니다. 펀드는 주식이나 채권과 관련해 이자, 배당, 매매차익, 환차익이 나올 때 여기에 배당소득세 15.4퍼센트를 과세했습니다. 파생결합증권은 투자수익이 발생할 경우 이것을 배당소득으로 간주해 15.4퍼센트의 배당소득세를 과세했습니다. 이처럼 기존에는 이 모든 것에 각각 15.4퍼센트씩 과세했습니다.

ISA에서는 예금, 펀드, 파생결합증권이 하나의 상품으로 묶입니다. 그리고 여기서 나오는 손익을 통산해 순이익에 과세합니다. 이때 손익을 통산하는 시점은 1년이 아니라 가입 기간 전체입니다. 이 가입계좌에 주식과 채권을 넣지 않은 이유는 주식은 이미 상장주식의 상장차익에 비과세하고 있기 때문입니다. 채권은 거래 단위가 100억이라 개인이 넣기 힘듭니다. 만약 채권을 잘게 쪼갤 수 있다면 그걸 상품으로 묶어 넣도록 포용할 예정입니다.

우리나라는 상장주식, 벤처주식의 경우 매매차익을 비과세합니다. 따라서 국내 주식형 펀드에서 손실이 발생하더라도 다른 ISA 내 예금이나 펀드에서 발생한 이익과 통산하지 않습니다. 나머지 이자·배당 같은 수익을 일정 기간 동안 통산해 순이익에 대해 과세합니다.

또 다른 특징은 상품 교체를 허용한다는 점입니다.

기존의 경우 주식형으로 가입했다가 채권형으로 바꾸면 해지로 간주합니다. 가령 소장펀드는 상품이나 운용자, 운용사를 바꾸면 6.6퍼센트의 세금을 추징합니다. 재형저축은 비과세 혜택이 축소됩니다. 반면 ISA는 주식을 채권으로 바꾸는 것은 물론 상품과 운용사도 마음대로 바꿀 수 있습니다. 일정 기간 내에 자신의 의지에 따라 자유롭게 교체가 가능한 것입니다. 물론 세제 혜택은 그대로 유지됩니다.

ISA의 일곱 가지 장점

ISA에는 일곱 가지 장점이 있습니다.

첫째, 만능통장이라는 이름답게 근로자와 자영업자 외에 농어민도 가입이 가능합니다. 재형저축이나 소장펀드, 세금우대종합저축에는

ISA와 다른 금융 상품 비교

	재형저축	소득공제장기펀드	(구)세금우대종합저축	ISA
가입 자격	총 급여 5천만 원 이하 거주자 종합소득 3천 5백만 원 이하 거주자	총 급여 5천만원 이하 거주자	만 20세 이상 거주자	근로소득자·사업소득자·농어민 *단, 금융소득종합과세 대상자는 제외
납입 한도	분기 300만 원 (연 1,200만 원)	연 600만 원	총 1,000만 원	연 2,000만 원
편입 상품	예금, 펀드, 보험	펀드	만기 1년 이상 예금, 펀드 등	예금, 펀드, 파생결합증권
손익 통산	X	X	X	O
상품간 교체	X	X	X	O
세제 혜택	비과세	납입액 40% 소득공제	9% 분리과세	순이익 200~250만 원까지 비과세, 초과분은 9% 분리과세 (지방소득세 포함 시 9.9%)
기타	의무가입 기간 7년 (저소득층·청년은 3년) 2015년 일몰	의무가입기간 5년 2015년 일몰	2014년 일몰	의무가입 기간 5년 (만 15~29세 청년, 총급여 5,000만 원 이하 근로자, 종합소득 3,500만 원 이하 사업자는 3년)

총 급여 5,000만 원이나 만 20세 이상이라는 가입 자격이 있습니다.

둘째, 납입 한도가 가장 높은 연 2,000만 원입니다. 재형저축은 분기별 300만 원, 소장펀드는 연 600만 원입니다. 반면 ISA는 연 2,000만 원입니다.

셋째, 예금부터 펀드까지 편입 상품의 폭이 매우 넓습니다.

넷째, 투자의 특성을 반영한 과세구조입니다. 재형저축, 소장펀드, 세금우대종합저축은 모두 손익 통산을 허용하지 않지만 ISA는 허용합니다.

다섯째, 시장 상황에 맞게 상품을 자유롭게 교체할 수 있습니다.

여섯째, 순이익 200∼250만 원까지 비과세하고 초과분은 9퍼센트로 분리과세합니다. 기존의 혜택보다 장기 자산 운용이나 투자에 적합한 구조를 갖추고 있습니다.

일곱째, 의무가입 기간이 짧은 3∼5년입니다.

그러면 ISA를 통한 절세 효과를 살펴봅시다.

가령 두 개의 금융 상품에 투자해 300만 원 이익, 50만 원 손실이 발생했다면 과세기준 금액은 얼마나 될까요? ISA에서는 이익에서 손실을 차감한 순이익에 과세합니다.

기존처럼 개별 상품별로 투자한 경우 300만 원 이익이 나고 50만 원 손실이 나면 손실을 차감하지 않습니다. 이럴 때는 당연히 300만 원이 과세기준입니다. 반면 ISA는 똑같은 구조 내에서 손익을 통산하므로 250만 원이 과세기준입니다.

만약 순이익 200만 원까지 비과세 대상일 경우 상품별 투자는 과세기준이 300만 원이니 15.4퍼센트를 적용해 46만 2,000원의 세금이 발생합니다. 하지만 ISA에 투자하는 경우 순이익 250만 원에서 200만 원은 비과세이므로 초과분 50만 원에 대해서만 지방소득세를 포함해 9.9퍼센트를 적용한 세금 4만 9,500원이 발생합니다. 무려 41만 2,500원의 절세 효과가 나는 것입니다. 만약 특례를 적용해 250만 원까지 비과세되면 절세 효과가 더욱 커집니다.

아래의 표는 5년 동안 순이익이 200만 원, 500만 원, 1,000만 원, 1,500만 원, 2,000만 원, 2,500만 원이 났을 때 현행 세금체계 내에서

순이익에 따른 세제 혜택

순이익	현행 세금(A) (개별 상품별 투자)	ISA 계좌에서의 세금(B)	차이(A-B) (세금감면 효과)
200만 원	308,000원	0원(전부 비과세)	308,000원
500만 원	770,000원	297,000원 (순이익 200만 원 → 0[비과세]) (순이익 300만 원 → 297,000원[9.9%])	473,000원
1,000만 원	1,540,000원	792,000원 (순이익 200만 원 → 0[비과세]) (순이익 800만 원 → 792,000원[9.9%])	748,000원
1,500만 원	2,310,000원	1,287,000원 (순이익 200만 원 → 0[비과세]) (순이익, 1300만 원 → 1,287,000원[9.9%])	1,023,000원
2,000만 원	3,080,000원	1,782,000원 (순이익 200만 원 → 0[비과세]) (순이익 1,800만 원 → 1,782,000원[9.9%])	1,298,000원
2,500만 원	3,850,000원~ 5,170,000원 *금융소득 2,000만 원 초과로 금융소득종합과세(15.4~41.8%)	2,277,000원 (순이익 200만 원 → 0[비과세]) (순이익 2,300만 원 → 2,277,000원[9.9%])	최대 2,893,000원

* 순이익 200만 원까지 비과세인 경우.

의 세금과 ISA 계좌에서의 세금을 비교한 것입니다. 단, 2,500만 원을 벌 경우 금융소득종합과세 대상자가 되므로 세율을 15.4~41.8퍼센트로 정했습니다.

ISA의 경우 200만 원 미만이면 세금이 비과세되고 500만 원이면 29만 7,000원, 1,000만 원이면 79만 2,000원으로 나아가다 보면 2,500만 원 이상 구간에서 세금 감면 효과가 최대 289만 원까지 나옵니다. 더욱이 보다 많은 순이익을 낼수록 세금 감면 효과가 큽니다.

매달 165만 원씩 5년간 ISA에 납입하면 납입원금이 9,900만 원입니다. 이때 예상수익은 어느 정도 일까요? 227쪽의 표는 그 포트폴리오를 예시한 것입니다.

금융기관에 가서 ISA에 가입할 때 성향에 따라 초저위험, 저위험, 중위험, 고위험 등을 선택할 수 있습니다. 이 경우 목표수익률이 각각 연 2퍼센트, 4퍼센트, 6퍼센트, 8퍼센트로 세전수익은 520만 원, 1,076만 원, 1,670만 원, 2,305만 원입니다. 고위험 쪽은 당연히 금융소득종합과세 대상자가 됩니다. 세후소득으로 봤을 때 ISA는 일반적인 경우보다 각각 48만 원, 79만 원, 112만 원, 200만 원 정도가 더 높습니다.

ISA 계좌는 2016년 3월부터 가입이 가능하고 가입기관은 은행, 증권사, 보험사입니다. 이때 증빙서류를 제출하고 계좌를 개설한 다음

자신이 돈을 넣고 싶은 상품을 지시합니다. 그러면 일정 기간 동안 가입자 운용 지시를 수행하며 도중에 상품 편입 및 교체가 가능합니다. 기간은 자격 조건에 따라 3년 만기, 5년 만기로 이뤄집니다.

수익을 내려면 투자성 상품으로 가고 노령화 대비라면 장기 상품으로 가야 하지만, 만약 장기 상품에서 이익을 내기 힘들다면 전문가의 조언과 자문을 받아 자신의 성향에 맞는 상품을 골라 편입

ISA를 통한 수익창출 예시

매달 165만 원씩 5년간 ISA에 납입(납입원금 9,900만 원)하는 경우 예상수익은?

	안정형 (초저위험)	안정추구형 (저위험)	적극투자형 (중위험)	공격투자형 (고위험)
포트폴리오 (예시)	예금, MMF 등	예금, 채권형·혼합형·인덱스형 펀드 등 균형 있게 투자	국내·해외, 주식·채권 등 다양한 펀드와 파생결합증권 분산투자	해외형·파생형 펀드 등 고위험 펀드와 파생결합증권 위주로 투자
목표수익률 (월 복리)	연 2%	연 4%	연 6%	연 8%
세전수익 (목표수익률 달성 가정)	520만 원	1,076만 원	1,670만 원	2,305만 원 (금융소득종합과세 대상)

세후소득

안정형: 일반 440만 원 → 488만 원 / ISA 48만 원

안정추구형: 일반 910만 원 → 989만 원 / ISA 79만 원

적극투자형: 일반 1,412만 원 → 1,524만 원 / ISA 112만 원

공격투자형: 일반 1,870~1,950만 원 → 2,096만 원 / ISA 146~226만 원

하는 것이 좋습니다. 앞으로 정책 당국도 재산을 형성하거나 장기 상품을 만드는 쪽으로 세제 지원 및 혜택을 부과하는 상품을 많이 만들 예정입니다.

현재까지 ISA가 나아가고자 하는 방향은 자문 기능 활성화, 은행의 PB 기능 대중화입니다. 더불어 계좌가 다양해지면 은행도 고객유치에 적극 나서는 한편 인센티브를 주는 구조로 갈 거라고 기대합니다.

문광원

주택담보대출 금리가 2~3퍼센트대로 낮게 형성되다 보니 돈을 빌려 집을 장만하려는 수요
가 계속 이어지고 있다. 이와 관련해 문광원 차장은 주택담보대출을 지혜롭게 이용하는 방법
과 가계부채 증가로 2016년부터 심사를 강화하는 주택담보대출의 조건을 자세히 알려준다.

11장

주택담보대출,
고수들은 이렇게 이용한다

문광원, 우리은행 스마트금융사업단 차장

부동산 활황의 그늘

2015년의 커다란 화두는 바로 주택 시장의 엄청난 활약입니다. 가격도 많이 올랐고 거래량도 대폭 늘었습니다. 특히 전국 주택 분양률이 무려 45.7퍼센트에 달합니다. 2000년 이후 이처럼 어마어마한 분양률은 없었습니다. 그 바탕에는 저금리 기조가 한몫했음을 여러분 모두 알 것입니다. 활발한 거래와 저금리가 부동산 경기를 드높이긴 했지만 여기에는 그늘도 있습니다. 그것은 2016년부터 본격적인 영향을 미칠 금리인상에 어떻게 대처할 것인가 하는 점입니다. 가계대출 연체율도 그늘입니다. 아직까지 빨간불이 들어온 것은 아니지만 조심스럽게 노란불이 켜진 상태입니다.

　연령대별 전국 주택담보대출 잔액 및 연체일수를 보면 잔액은 40대가 가장 많고 연체일수는 50대가 가장 길게 나타납니다. 왜 그럴까요? 알다시피 교육비에 허리가 휘어지기 때문입니다. 60대 역시 비교적 많은 편인데 이것은 자녀 결혼비용을 대주느라 그렇습니다. 여러분이 알고 있는 베이비붐 세대는 상당수가 많은 부를 축적하지 못했습니다. 사실은 고생을 많이 했고 평생 애써서 집 한 채를 갖고 있는 것이 고작입니다. 그런데 애들을 가르쳐야 하고 결혼할 때 일정 금액을 내줘야 합니다. 문제는 매매는 고사하고 전세마저도 고공행진을 이어가는 바람에 많은 돈이 들어간다는 데 있습니다. 전세가격이나 매매가격에 별다른 차이가 없어서 '전세를 구해준다는 것은 집을 사줄 수도 있다'는 말이나 같습니다. 아무튼 2015년 말 현재 가계대출이 무려 1,100조 원이고 그중에서 담보대출이 약 466조 원입니다.

저금리 시대, 공략해야 할 사각지대

지금부터 저금리시대의 사각지대, 내게 적정한 대출금액, 대출 갈아타기, 장기저당주택차입금 공제를 중심으로 주택담보대출을 이용한 절세를 검토해보겠습니다.

먼저 저금리의 사각지대를 봅시다. 은행에서 대출을 해줄 때는 기준금리와 가산금리를 통해 금리를 결정합니다. 또 우대금리도 있습니다. 여기에는 어떤 허점이 있을까요? 보통 신문지상에 드러나는 금리체계는 어떻게 되어 있죠? 그냥 최저금리에서 최대금리입니다. 절대 최저금리에 현혹되면 안 됩니다. 최저금리보다 은행연합회의 평균취급금리에 주목해야 합니다. 은행연합회에서 매달 고지하는 은행 신규 평균취급금리가 있는데 그것이 바로 평균금리입니다.

일단 은행에서 우대금리라고 제시하는 항목을 꼼꼼히 따져 어디에 해당하는지 알아봐야 합니다. 거기에는 여러분에게 평균적으로 해당하는 항목이 있고 보통 그 범위 내에서 금리를 결정합니다. 또 하나의 전략은 최대한 우대받는 금리를 사전에 체크하는 것입니다. 절대로 우대금리를 감안하지 않은 최저금리를 그대로 받아들이면 안 됩니다.

그다음에 중요한 것은 기준금리입니다. 예를 들어 A은행에서 3퍼센트, B은행에서 2.8퍼센트를 제시하면 여러분은 어디로 갈 것인가요? 당연히 2.8퍼센트를 선택할 겁니다. 그런데 A은행이 고정금리 3퍼센트, B은행이 변동금리 2.8퍼센트라면 어떻게 해야 할까요? 더구나 지금처럼 금리가 오를 가능성이 큰 상황에서는 어떻게 하겠습니까? 이런 문제가 있기 때문에 기준금리를 정확히 파악해야 합

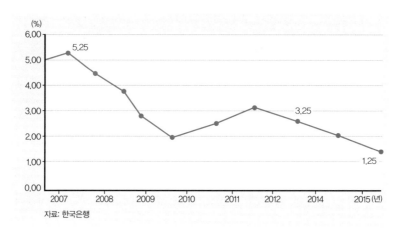

기준금리 추이

(%)

6.00	
5.00	5.25
4.00	
3.00	3.25
2.00	
1.00	1.25
0.00	

2007 2008 2009 2010 2011 2012 2014 2015 (년)

자료: 한국은행

니다. 다시 말해 CD(양도성예금증서)금리, 코픽스(Cofix, 은행연합회가 발표하는 은행권 자금조달비용지수)금리, 코리보금리(KORIBOR, 국내 12개 은행이 제시하는 기간별 금리를 통합해 산출하는 단기기준금리), 금융채금리(특정 금융기관이 공익에 필요한 장기대출자금을 마련하고자 발행하는 채권에 적용하는 금리) 중 어느 것인지 면밀히 따져보아야 합니다.

이러한 기준금리가 현재 어떤 변동성으로 움직이는지 개인이 고민하기는 어려우므로 대출을 받을 때 물어보십시오. 은행에는 최근 5년간 혹은 3년간의 기준금리 변동폭이 다 있습니다. 그런 것을 따져보고 여러분 스스로 기준금리에 대한 리스크를 해지해야 합니다. 기준금리에는 일률적인 기준이 없습니다. 분명 변동폭과 변동주기를 감안해야 합니다.

변동금리는 주기에 따라 변하는데 기간은 정하기 나름입니다. 이 변동금리의 특징은 금리가 오르면 따라간다는 것입니다. 주기가 짧을수록 관성이 붙어서 더 빨리 따라갑니다.

고정금리는 앞으로 금리인상이 예상될 때 유리합니다. 반대로 금리가 내려가면 불리하지요. 이것은 갈아타기 부분에서 다시 한 번 논의를 하겠습니다.

내게 적정한 대출금액은 얼마일까

적정한 대출금액을 알아보기 위해 45세 가장 A씨를 상정해 사례를 살펴보겠습니다.

대출 신청 금액은 2억 원이고 상환 방식은 원리금 분할 상환이며, 대출 기간 15년에 매매가격이 4억 5,000만 원입니다. KB국민은행의 부동산 시세는 5억 원입니다. 자산 현황은 전세금 3억 5,000만 원, 연봉 5,000만 원, 평균 월소득 416만 원 그리고 60세에 은퇴할 예정입니다. 이미 전세자금 대출을 5,000만 원 받았는데 금리가 3.5퍼센트입니다. 여기에다 금리 4.5퍼센트의 신용대출 2,000만 원에 생활비 200만 원, 자녀교육비 100만 원, 보험 30만 원, 저축 50만 원의 고정 지출이 있습니다.

대출 상환 능력(DTI) 계산식

DTI= ② 해당 주택담보대출 연 원리금 상환액 +
③ 해당 주택담보대출 연 환산 만기일시 상환액 +
(④ 기타 부채총액 X ⑤ 평균대출금리) / ① 연소득
* ③ = 만기일시 상환액 / ([대출기간 - 거치기간]/12)

자, 이런 상황에서 해결해야 할 과제와 앞으로 상환 부담은 어떻게 진행될까요?

주택담보대출을 이용할 때 가장 관심을 보이는 항목이 DTI죠. DTI 계산식에서 분모는 '연소득'입니다. 따라서 소득이 많으면 DTI가 낮게 나옵니다. 분자는 주택담보대출의 연 원리금 상환액입니다. 다시 말해 내가 매년 주택담보대출에서 얼마만큼의 원리금을 상환해야 하는가를 말합니다. 분자가 크면 클수록 DTI는 올라갑니다.

A씨의 사례를 시뮬레이션해보니 2억을 대출받았을 때 거치가 없는 경우 15년간 매월 상환금액이 약 137만 6,000원입니다. 이건 금리가 2.95퍼센트일 때의 액수고 만약 금리가 3.5퍼센트라면 142만 9,000원입니다. 이 정도면 금리가 IMF 때처럼 5퍼센트, 10퍼센트로 오르지 않는 한 매월 원리금 상환 금액이 크게 흔들리지 않습니다.

그런데 만약 A씨가 소득이 5,000만 원에서 3,000만 원으로 줄고 기타 부채가 7,000만 원에서 1억 5,000만 원으로 바뀌면 어떻게 될까

소득과 부채 변동에 따른 대출가능성

대출 조건	대출원금(2억 원), 기타 부채(7천만 원: 전세5천만 원[3.5%],신용2천만 원[4.5%]) →평균금리*(4.46%)], 대출기간(15년), 담보평가액(5억 원), 소득(5천만 원) (*평균금리: 예금은행가중평균가계대출금리, 한국은행)			
	비거치		거치(3년)	
금리 종류	변동금리	고정금리	변동금리	고정금리
금리	2.95%	3.50%	2.95%	3.50%
월상환 원리금액	1,376,000	1,430,000	1,651,000	1,703,000
DTI	39	41	46	47
대출 가능 여부	가능	가능	가능	가능

소득: 5천만 원에서 3천만 원으로
기타부채: 7천만 원에서 1억 5천만 원으로 바뀌었을때

↓

대출 조건	대출원금(2억 원), 기타 부채(1억 5천만 원:전세1억 원[3.5%],신용5천만 원[4.5%])→평균 금리*[4.46%)], 대출기간(15년), 담보평가액(5억 원), 소득(3천만 원)(*평균금리:예금 은행가중평균가계대출금리,한국은행)			
	비거치		거치(3년)	
금리 종류	변동금리	고정금리	변동금리	고정금리
금리	2.95%	3.50%	2.95%	3.50%
월상환 원리금액	1,376,000	1,430,000	1,651,000	1,703,000
DTI	77	79	88	90
대출 가능 여부	불가	불가	불가	불가

요? 비거치일 경우 원리금 상환액은 상관없지만 DTI가 금리에 따라 2배 가까이 뛰어오르면서 대출을 받기가 어렵습니다.

A씨가 아파트를 구입하기 전 전세로 살 때는 현금흐름표와 재무제표가 239쪽의 위의 표와 같이 나타납니다.

순자산이 2억 8,000만 원이고 앞서 말한 생활비 내역을 통해 매달 13만 9,000원을 저축할 수 있습니다. 그러다가 대출을 받아 집을 사자 신용대출은 그대로고 전세대출이 없어진 대신 주택담보대출이 2억이나 늘었습니다.

결론은 총 자산 가치가 아파트 5억짜리라 순자산은 변동이 없습니다. 그런데 주택담보대출 원리금 상환액이 늘어나면서 현금흐름표는 마이너스 100만 원으로 바뀌었습니다. 이 정도면 거의 디폴트 상태입니다.

저금리도 좋고 대출을 많이 받는 것도 중요하지만 그에 앞서 가계의 현금흐름, 가계 자산, 재무 상황을 꼼꼼히 확인해야 합니다. 이렇게 마이너스가 된다면 집을 팔아야 합니다. 집을 팔 수 없을 경우 부채를 줄이거나 허리띠를 졸라매고 생활비를 줄여야 합니다.

A씨에게 적정한 대출 금액은?

| 아파트 구입 전 | 대출금이 자기 자본의 30%를 넘지 않을 것

자산		부채 및 순자산	
전세금	350,000,000	전세대출(3.5%)	50,000,000
		신용대출(4.5%)	20,000,000
총 자산	350,000,000	총 부채	70,000,000
		순자산	280,000,000

현금 유입		현금 유출	
월수입	4,160,000	생활비	2,000,000
		자녀교육	1,000,000
		보험	300,000
		저축	500,000
		전세대출 이자	145,833
		신용대출 이자	75,000
현금 유입 총계	4,160,000	현금 유출 총계	4,020,833
		잉여자금	139,167

| 아파트 구입 후 | 원리금 상환액이 소득의 30%를 넘지 않을 것

자산		부채 및 순자산	
소유 아파트	500,000,000	신용대출(4.5%)	20,000,000
		주담대(2.95%)	200,000,000
총 자산	500,000,000	총 부채	220,000,000
		순자산	280,000,000

현금 유입		현금 유출	
월수입	4,160,000	생활비	2,000,000
		자녀교육	1,000,000
		보험	300,000
		저축	500,000
		신용대출 월이자	75,000
		주담대출 월상환	1,376,000
현금 유입 총계	4,160,000	현금 유출 총계	5,251,000
		잉여자금	−1,091,000

대출 잘 갈아타는 법

이제 대출금리 갈아타기를 알아봅시다.

대출을 갈아탈 때는 금리도 중요하지만 페널티, 즉 중도상환해약금에 주의해야 합니다. 보통 계약이 3년인데 그 안에 대출금을 갚으면 잔여기간을 감안한 중도상환해약금 이율을 적용해 페널티를 뭅니다. 그러므로 페널티를 감안해 여러분이 내야 할 페널티 금액에 현재 이용하는 대출금리 그리고 갈아탈 금리를 비교해서 유리한 쪽을 선택해야 합니다.

2016년에는 정책적으로 소득기준을 강화합니다. 기존에는 원천징수영수증이나 공공기관에서 발행한 입증 가능한 소득으로 여러분의 소득을 설명했습니다. 하지만 자영업자는 보통 소득증빙이 어려워 신고소득이나 인정소득으로 설명했는데 이제 이것의 제재를 강화한다는 얘기입니다.

장기저당주택차입금 공제는 소득이 있고 무주택자 혹은 1주택 소유자로 주택의 기준시가가 4억 원 이하인 사람들이 그 대상자입니다. 기준시가는 국토교통부에서 확인할 수 있습니다. 현재 그 기준과 면적에 대해서는 문제가 없습니다. 차입금 상환기간은 15년 이상이고 주택소유권 이전등기를 해야 차입금 요건을 충족시킬 수 있습니다.

공제 한도는 241쪽의 표와 같습니다.

장기저당주택차입금 공제한도

이자 지급 방법	공제한도	대상 연도
고정금리 방식 or 비거치식 분할상환 방식	1,500만 원	'14년 1/1 이후 차입
상기 이외의 방법으로 이자지급 시	500만 원	'14년 1/1 이후 차입
고정금리 방식 & 비거치식 분할상환 방식	1,800만 원	'15년 1/1 이후 차입
고정금리 방식 or 비거치식 분할상환 방식	1,500만 원	'15년 1/1 이후 차입
상환기간 15년 이상으로 상기 이외의 방법으로 이자지급 시	500만 원	'15년 1/1 이후 차입
상환기간 10년 이상 (고정금리 방식 or 비거치식 분할상환 방식)	300만 원	'15년 1/1 이후 차입

대상 연도에 따라 공제 한도가 조금씩 다르고 고정금리 방식과 비거치 분할상환 방식에 따라서도 적용하는 공제 한도가 다릅니다.

사실 내 집을 마련할 때 금리보다 더 중요한 것은 밸류, 즉 가치입니다. 밸류란 내가 구입하는 아파트가 앞으로 매매가 활발하고 가격 유지를 넘어 상승까지 기대할 만한 물건인가 하는 점입니다. 집을 살 때는 원래 급매물을 사고 신규 분양을 받는 것이 원칙입니다. 그리고 조금 지식이 있다면 경매를 노리는 게 집을 싸게 구입하는 최선의 방법입니다.

여기다 하나를 더 붙이자면 바로 희소성입니다. 다른 지역, 다른 단지에는 40평대가 다 있는데 내가 사는 곳에는 없다면 그게 바로 희소성입니다. 반대로 대형 평형 아파트 위주인데 소형 평형 아파트가 딱 한 동 있다면 그것도 희소성입니다.

앞으로의 경제 상황을 예측하기 힘든 상황에서 우리가 담보 가치가 떨어지거나 그다지 가치 없는 집을 선택하면 어떻게 될까요? 심하면 집을 팔아야 합니다. 그 시점에 주택담보 가치가 형편없으면 심각한 상태에 직면하고 맙니다. 그래서 금리도 중요하지만 가치 있는 집을 선택하는 것은 그 이상으로 중요합니다.

금융기관 직원들은 대부분 부동산 거래에서 많은 네트워크를 형성하고 있습니다. 그러다 보니 어느 정도 옥석을 가릴 만한 감을 갖추고 있지요. 그러므로 금융기관에 가서 금리만 따지지 말고 집을 계약하기 전에 금융기관 직원에게 물건이 어떠냐고 슬쩍 물어보세요. 그것이 금리 0.1 ~ 0.2퍼센트를 아끼는 것보다 훨씬 더 돈을 버는 길입니다.

빚 줄이는 법

이제 빚을 어떻게 줄여야 하는지 '빚테크'를 한번 생각해봅시다. 전세에 들어가든 집을 사든 빚을 줄여야 하는데 그 모범 답안은 이렇습니다.

- 우리 집 가계 재무상태표를 작성해서 관리한다.
- 부채 관리를 위한 현금흐름표를 작성한다.
- 만기가 짧은 부채부터 상환 계획을 작성한다.
- 부채별로 금리를 파악하고 상환 순서를 정한다.
- 상황에 맞는 대출 상품을 비교해 유리한 것으로 갈아탄다.
- 빚부터 갚되 상환 여력을 유지하기 위해 저축을 한다.
- 이자가 가처분소득의 30퍼센트를 넘지 않도록 한다.

2016년에는 금리가 오르긴 하겠지만 순식간에 대폭 오르지는 않을 것입니다. 그러므로 원리금 상환액에 대한 부담보다 재무제표와 현금흐름표를 잘 작성해서 저축과 투자에도 관심을 기울여야 합니다. 그다음으로 정부정책은 소득과 소득 지위를 제한하는 쪽으로 움직일 가능성이 큽니다. 또한 정부는 거치기간 없이 꾸준히 부채를 줄여가는 방안으로 몰아가고 있습니다.

대부분의 전문가가 2016년 상반기까지는 매매 시장이나 주택 가격이 괜찮을 거라고 전망합니다. 그러나 하반기부터는 약간 부정적으로 보고 있습니다. 2015년에 대량으로 분양이 이뤄졌는데 그들이 입주하는 2년 후의 실제 입주율과 가격 변동성을 우려하는 전문가도 많습니다.

우리나라의 인구 비율을 살펴보면 베이비부머 세대는 약 700만 명입니다. 그런데 현재 은퇴가 진행 중인 그들이 자꾸만 주택을 내놓고 있습니다. 베이비부머 세대의 자녀세대를 에코세대라고 하는데 이들이 1,000만 명입니다. 2015년 분양 시장에 활기를 불어넣은 2030세대가 바로 이들 에코세대입니다. 이처럼 베이비부머의 은퇴와 다운사이징으로 매매가 줄어들고 하향세를 타는 경향도 있지만, 에코세대가 유입되면서 역으로 매매 시장이 활성화될 여지도 있습니다. 대한민국에는 희망이 있습니다. 베이비부머가 서서히 은퇴하고 있지만 그 뒤에는 에코세대가 있습니다.

재테크
성공법 04

최병오

1994년 동대문 남평화시장의 3.3제곱미터(1평) 매장으로 출발한 '형지물산'을 20년 만에 매출 1조 원대의 '패션그룹 형지'로 키워낸 주인공. 지금까지 중·장년 여성 캐주얼 브랜드를 잇따라 히트시킨 형지는 2020년 매출 3조를 목표로 계속 달려가고 있다. 더불어 아웃도어 시장에 진출하는 등 끊임없이 새로운 시장에 도전하고 있다.

12장

꿈을 좇았다,
돈이 모였다

최병오, 패션그룹 형지 회장

"그 순간만 참아봐"

저는 어릴 때부터 장사를 시작해 장사꾼으로 산 지 45년이 되었습니다. 사실 저는 머리가 좀 나쁩니다. 도무지 암기라는 게 안 됩니다. 사람들은 보통 노래 몇 곡 정도는 부르는데 저는 단 한 곡도 외우지 못합니다. 암기력이 부족해서인지 어릴 때 공부를 못했습니다. 대신 남의 말을 예사로 듣지 않는 장점은 있습니다. 저는 다른 사람의 말을 암기하는 것이 아니라 가슴에 담는데 제법 기억력이 좋다는 말을 들습니다.

늘 남의 이야기를 잘 듣다 보니 저는 대한민국에서 최고로 부족하고 늦습니다. 그래도 주위에서 정보를 많이 줘서 좋은 일이 많이 생깁니다. 열심히 사는 것보다 더 중요한 것은 효율적으로 사는 것인데 그러려면 정보가 필요합니다.

요즘 사람들이 많이 얘기하는 화두 중 하나는 헝그리 정신입니다. 가난한 집에서 태어나 열심히 공부해 소위 '사'자가 들어간 직업을 갖는 것도 헝그리 정신의 산물이지만, 저는 공부보다 운동을 좋아했습니다. 그중에서도 과격한 권투를 했지요. 열아홉 살에 장사를 시작하느라 돈에 대한 한이 있어서 그랬는지도 모릅니다. 아마추어는 3분 3회전을 하지만 그걸 위해 매일 윗몸일으키기, 러닝, 줄넘기 등 아주 고되게 운동을 해야 합니다. 저는 당시 저를 가르친 코치의 한마디를 지금도 잊지 않고 있습니다.

"마! 마! 그 순간만 참아봐."

40대, 50대 시절 사업에서 힘들 때마다 고되게 스파링을 하면서 듣던 그 말이 기운을 북돋워주었습니다. 힘들 때 역경과 고비를 넘기는 끈기가 바로 헝그리 정신입니다. 그때나 지금이나 헝그리 정신을 발휘하는 사람은 뭐든 해냅니다. 사실 사람의 고통지수라는 건 환경과 상관없이 개개인이 느끼는 것이므로 '나는 이랬다' 식의 조언은 필요 없습니다. 똑같은 상황에서 나는 100의 고통을 느끼지만 다른 사람은 50의 고통을 느낄 수 있으니까요. 힘들고 우울해도 그 순간만 참아보십시오. 이건 아주 중요합니다. 지금도 젊은이들과 이야기할 기회가 생기면 저는 말합니다.

"그 순간만 참아봐!"

참고 견디면 좋은 일이 생깁니다.

식빵은 뜨거워야 맛있다

저는 기술고등학교 전자과에 들어갔는데 머리가 나빠서 그런지 회로도가 눈에도, 머리에도 들어오지 않았습니다. 그래서 전공과 상관없이 페인트 장사도 하고 제과점도 운영했습니다. 제과점은 아주 흔한 사업이지만 저는 '기본에 충실하자'는 자세로 했습니다. 삶에서 기본을 지키는 것은 매우 중요합니다. 이것은 사업을 하든 직장에 다니든 마찬가지입니다. 다행히 사업을 하다가 돌아가신 아버지의 유전자가 제게 많이 전달되었는지 남들에게 "최병오, 저 친구 장사 잘하네" 소리를 꽤나 들었습니다.

하지만 저를 이끌어주고 지혜를 전해줄 어른이 있었으면 좋았을 텐데 그럴 여건이 아니라서 무척 고전했습니다. 특히 젊을 때는 욕심을 내게 마련이라 사업을 잘하기가 어렵습니다. 물론 젊은 시절에 사업에 뛰어들면 오랜 경험 속에서 하나하나 터득하며 성장한다는 장점이 있습니다. 그렇게 밑바닥부터 다지면 나이가 들어 위기가 닥쳐도 단단한 맷집으로 버텨낼 수 있습니다.

서울에 무일푼으로 올라온 저는 구반포에 제과점을 열었는데 옆에 뉴욕제과, 고려당, 김춘복 빵집, 김영모 제과 등 명장들의 빵집이 줄줄이 있었습니다. 호텔신라 빵과 플라자호텔 빵도 구반포에 있었지요. 뉴욕제과나 고려당은 지금으로 치면 파리바게뜨 같은 빵집입니다. 한데 50년, 100년을 이어갈 것 같던 그 대단한 빵집도 20년 안에 다 사라졌습니다. 그런 만큼 저는 지금도 살얼음판을 걷는 심정으로 사업을 하고 있습니다. 한순간도 긴장의 끈을 놓지 않아야 급격하게 변화하는 이 세상에 적응해 지속가능한 경영을 할 수 있습니다.

제과점은 식빵, 중국집은 짜장면처럼 기본적인 메뉴가 가장 중요합니다. 여기에 뭐든 할 수 있다는 긍정적인 마인드가 있으면 다 할 수 있습니다. 페인트 장사를 하던 제가 밀가루 반죽 방법을 알고 제과점을 시작했겠습니까? 아무것도 모를 때 시작했지만 기본에 충실했고 무엇보다 차별화를 위해 즉석빵을 고집했습니다. 다른 사람은 빵을 공장에서 받아와 팔았지만 저는 아침 일곱 시, 열두 시, 저녁 다섯 시에 즉석빵을 만들어 팔았더니 불티나게 팔렸습니다. 사실 식빵은 재료가 빤합니다. 단, 뜨거워야 맛있습니다. 또 하나 길거리에서 파는 어른들이 좋아하는 센베이 과자를 좋은 재료를 써서 고급스럽게 만들었습니다. 그러니까 멀리서도 어른들이 사러 오더군요. 남들과 똑같이 해서는 경쟁이 안 됩니다.

시장 물건을 팔되 브랜드를 달겠다

동대문에 처음 진출했을 때 저는 큰 꿈을 꾸었습니다. 나이와 상관 없이 누구나 꿈을 크게 가져야 합니다. 동대문에 가서 체험을 해보니 브랜드가 있는 것과 없는 것이 하늘과 땅만큼이나 차이가 있더군요. 그래서 꼭 브랜드 사업을 하겠다고 결심했습니다.

여성들은 보통 옷장에 옷이 하나 가득 들어 있습니다. 그래도 여성들은 입을 것이 없다고 투덜대지요. 그래서 그런지 여성복은 지속적으로 소비가 발생합니다. 당시 백화점과 동대문시장의 옷은 가격 차이가 엄청났습니다. 그때 제가 생각한 것은 시장 물건을 만들되 브랜드를 달겠다는 것이었습니다. 시장 상인들이 브랜드에 대한 인식이 희박할 때 저는 처음부터 상표등록을 했습니다. 그 시절에도 광장시장의 한 평짜리 가게가 권리금이 2~3억이나 했습니다. 매일 400~500만 원어치 팔리니까요. 공장 직원 10명이 옷을 만들어 산더미처럼 쌓아놓으면 한두 시간이나 세 시간 만에 다 팔립니다. 전국에서 상인들이 몰려들었기 때문이지요.

권리금을 낼 돈이 없던 저는 새로 지은 상가로 갔습니다. 덕분에 권리금을 내지 않았지만 장사가 되지 않아 1~2년 동안 고전했습니다. 그런 곳에서 완전히 자리를 잡으려면 3년쯤 지나야 합니다. 그러니까 남들이 망해서 나가고 또 망해서 나가고 그렇게 네 번 정도 바뀌는 것을 보며 버텨내야 자리를 잡는 겁니다. 주인이 자주 바뀌면 지방 상

250
251

12장 꿈을 좇았다, 돈이 모였다

인들이 그 집에서 옷을 사지 않습니다. 여름옷을 팔다가 가을이 오면 여름옷을 반품해야 하는데 주인이 바뀌면 난감할 수밖에 없지요.

저는 그때 옷을 어깨에 메고 팔러 다녔습니다. 본래 시장은 물건을 진열해놓고 가만히 앉아서 파는데 장사가 안 되니까 직접 팔러 다닌 겁니다. 저는 벼랑 끝에 서 있던 몸이라 가만히 앉아 있을 수가 없었습니다. 여기서 반드시 돈을 벌어야 한다는 절박함이 저를 움직이게 만든 겁니다. 당시 저는 옷을 어깨에 메고 천호 의류공판장, 반포 의류공판장, 잠실 의류공판장, 명동 의류상가, 부산 진시장, 국제시장, 대구 서문시장, 광주 충장로 지하상가로 팔러 다녔습니다. 물건을 팔러 가면 처음부터 '어서 오세요' 하는 곳은 없습니다. 하지만 두 번, 세 번, 열 번을 찾아가면 달라집니다. 어떤 경우에는 물건을 맡겨놓고 팔리면 돈을 달라고 했습니다. 품질에는 자신이 있었으니까요. 그렇게 몸으로 개척했더니 그 신설 상가에서 저만 대박을 터트렸습니다.

그런데 성공이란 자리는 조금만 자만하면 곧바로 나락으로 떨어지는 곳입니다. 기업의 수명이 짧은 이유가 여기에 있습니다. 오래가는 강소기업, 히든 챔피언이 그래서 중요합니다. 이런 기업이 가장 많은 나라가 독일인데 그 나라에는 몇 백 개씩 있는 강소기업이 한국에는 고작 20여 개에 불과합니다. 이처럼 히든 챔피언이 많은 독일은 금융위기가 와도 흔들림이 없습니다.

무엇이 명품인생인가

브랜드에 관심을 기울이면 생각이 달라집니다. 스티브 잡스가 "다르게 생각하라"고 말한 것처럼 다르게 생각하는 것은 정말 중요합니다. 경쟁이 아주 치열한 환경이라 남과 비슷하게 해서는 배겨낼 수가 없습니다.

늘 브랜드 사업에 관심을 기울이다 보니 제 눈에 남들이 가지 않은 길이 보이더군요. 이런저런 사업에 도전하는 과정에서 기존의 방법으로는 안 된다는 걸 터득한 덕분입니다. 요즘 많이 듣는 말이 창조경제인데 창조라는 것이 그리 특별한 건 아닙니다. 한덕수 무역협회 회장은 창조를 두고 이렇게 말했습니다.

"창조라는 건 별것 없습니다. 〈설국열차〉 같은 영화를 만들어서 3,500만 관객이 보게 하는 것이 창조입니다. 싸이의 〈강남스타일〉처럼 전 세계 13억을 열광하게 만드는 것이 창조입니다."

창조란 남과 아주 조금만 다르면 됩니다. 모방도 차별화해서 하십시오. 그러면 그게 창조입니다.

브랜드에 관심을 갖다 보니 어느 순간 크로커다일이라는 브랜드가 눈에 들어왔습니다. 이것은 70년의 역사를 자랑하는 싱가포르의 남성복 브랜드입니다. 그런데 가만 보니 우리나라에 미시들이 입을 만한 옷이 없더군요. 제가 크로커다일에 여성복을 론칭한 이유는 이처럼 미시들의 시장이 비어 있음을 알아챘기 때문입니다. 유통망은 보

12장 꿈을 좇았다. 돈이 모였다

통 서울에서 시작해 지방으로 내려가지만 저는 거꾸로 했습니다. 아니, 거꾸로 한다고 벌금을 냅니까? 5년 전만 해도 스타벅스는 지방에 하나도 없었는데 지금은 지방에 더 많습니다.

이쪽저쪽 사방으로 살피고 뒤집고 거꾸로 생각하면서 자꾸만 폭을 넓혀야 합니다. 관심을 기울이되 늘 생각을 다방면으로 열어놓아야 좋은 아이디어가 떠오릅니다. 남과 똑같이 해서는 절대 앞으로 나아갈 수 없습니다. 저는 마케팅의 '마' 자도 모르지만 늘 고객의 입장에서 생각합니다.

무엇보다 중요한 것은 나보다 남들이 먼저 돈을 벌게 해줘야 한다는 점입니다. 사실 크로커다일 대리점 사장들 중에는 대리점을 내서 부자가 된 사람이 많습니다. 더불어 크로커다일 옷 덕분에 옷에 대한 스트레스를 덜 받았다는 미시들이 수두룩합니다. 대한민국에서 제가 엄마들을 위한 코디북을 만들어 스트레스를 덜어주고 나아가 행복을 전해준 것입니다.

젊은 시절에는 정말 죽어라고 노력해보십시오. 예순 살 전까지는 그렇게 해야 합니다. 그런 뒤에 명품인생을 사십시오. 몇 천만 원짜리 시계를 차고 외제 고급차를 타는 것도 명품인생이지만, 그보다 더 중요한 것은 사회에 큰 영향을 미치는 사람이 되는 것입니다. 그것이 진정한 명품인생입니다. 개중에는 돈을 우습게 아는 사람도 있으나 사람 노릇을 하며 살자면 돈이 좀 있어야 합니다. 돈이 있어야 건강도 챙기고 남도 도울 수 있습니다. 그러니 열심히 노력해서 돈을 버십시오.

명확한 목표를 세우고 그것을 위해 엄청나게 노력하면 부는 자연스럽게 따라옵니다. 그다음에는 존경받는 명품인생을 사는 겁니다. 그것이 제 꿈이었고 그 꿈은 여전히 진행 중입니다.

잔돈을 아껴야 큰 돈 벌 수 있다

제 좌우명은 일근천하무난사(一勤天下無難事)입니다. 한결같이 부지런한 사람은 세상에 어려울 일이 없다는 뜻이지요. 나중에 알고 보니 정몽구 회장과 좌우명이 같더군요.

여러분의 목표는 무엇입니까? 제 경험으로 말하건대 노력하면 반드시 이루어집니다. 한번 아주 열심히 노력하며 살아보십시오. 그러한 여러분의 노력 중 하나가 남의 물건을 아끼는 자세였으면 좋겠습니다. 목욕탕에 가서도 남들이 물을 펑펑 쓸 때 아껴 쓰십시오. 한국 콜마 화장품의 회장은 목욕탕에 가서 물을 펑펑 쓰는 사람을 보면 '저 사람은 저럴 정도로 잘살까' 하는 생각이 든답니다. 저는 500원짜리 면도기도 꼭 두 번, 세 번 씁니다. 일회용 칫솔도 마찬가지입니다.

돈은 큰 돈보다 작은 돈을 더 아껴야 합니다. 사실 큰 돈은 막 써도 됩니다. 기업을 운영하는 사람은 M&A를 할 때 실제로 몇 백억을 씁니다. 물론 저도 써야 할 때는 확실히 쓰지만 일상생활용품에

254

는 자린고비처럼 굽니다. 자동차는 진열했던 것을 20퍼센트 할인해서 사고 가전제품도 가장 할인을 많이 해주는 것을 고릅니다. 잔돈을 아껴야 큰 돈을 벌 수 있습니다. 돈을 많이 벌어서 팍팍 쓰세요. 그때는 크게 써도 줄어드는 표시가 나지 않습니다.

머리가 아무리 좋아도 제대로 쓰지 못하면 소용없습니다. 저는 아이큐가 두 자리지만 한 70퍼센트는 쓰는 것 같습니다. 아마 지금 검사를 하면 학창시절보다 더 좋게 나올 겁니다. 늘 창의적으로 생각하기 위해 고민하고 남과 다르게 살고자 애쓰니까요.

기회는 날아가는 새와 같습니다. 기회가 오면 놓치지 마십시오. 도전하고 쟁취하십시오. 저는 무언가에 도전할 때 남보다 반의 반만 더 가겠다는 자세로 임합니다. 남들이 열 발자국 갈 때 그들보다 반 발자국만 더 가보는 겁니다. 그렇게 가다 보면 돈은 따라옵니다. 저는 남보다 배움도 짧고 능력도 부족하다고 생각하기 때문에 늘 부지런히 남보다 반 발자국만 앞서려고 합니다. 한 발자국을 더 가려고 했더니 힘들더라고요. 그래서 반이라도 앞서가려고 애쓰고 있습니다. 이런 각오로 사니까 두 군데 가려다 세 군데 가고, 조금 느슨해졌다가도 벌떡 일어섭니다.

지금 아흔 살인 크로커다일 회장이 여든다섯 살 때 저에게 명언을 주었습니다.

'생각은 창의적으로, 일은 성실하게. 어려운 일이 있을 때는

절대 실망하지 말고 성공한 뒤에는 더 낮은 자세로.'

기존의 생각으로는 안 됩니다. 항상 남다르고 창의적인 생각을 접목해야 합니다. 무엇이든 열심히 하면 복이 들어오고 창의적인 생각도 더 납니다. 늘 남을 배려하고 좋은 생각만 하십시오.

이제부터 여러분에게 몇 가지 질문을 받겠습니다.

반드시 알아야 할 질문과 답변

저는 가난하게 자라 사업을 하고 싶은데 사업가 기질을 타고나지 못했습니다. 사업을 좋아하긴 하지만 잘하지는 못합니다. 잘하지 못해도 열정을 발휘해 계속 하다 보면 꿈을 달성할 수 있는지 경험을 토대로 알려주십시오.

최병오 제가 아버지의 사업 유전자를 많이 전달받은 것 같다고 했는데, 사실 유전자 검사를 해본 적도 없고 그런 유전자가 있는지도 모릅니다. 그래도 제 스스로 그런 최면을 걸었습니다. 신경 쓸 게 너무 많아서 옷 장사가 매우 힘들었지만 저는 그걸 감사한 마음으로 받아들였습니다. 양복집 아들로 태어난 유니클로의 야나이 다다시 회장도 부자가 될 가능성이 0.01퍼센트도 없었지만 세계적인 부자가 되었지요. 부모가 어떤 직업에 종사하든 자기 최면을 걸고 최선을 다하면 자기가 잘할 수 있는 게 눈에 들어옵니다. 사람에게는 다 재주가 있습니다. 요즘처럼 창의적인 시대에는 부모의 유전자와 상관없이 뭐든 할 수 있습니다. 학자 집안에는 학자만 나오고 의사 집안에는 의사만 나오는 것은 결코 아닙니다.

지금까지 우리나라 아웃도어 시장은 고성장을 이어왔습니다. 그런데 최근 성

장률이 떨어지고 구조조정을 하는 회사가 속출하고 있는데 그 전망을 알고 싶습니다.

<u>최병오</u>　　아웃도어 시장은 굉장히 빠르게 성장했습니다. 겨우 10년 만에 1조 시장에서 곧장 7조 시장으로 갔지요. 세계에서 가장 큰 시장이 어디인지 아십니까? 바로 인구가 3억 명인 미국입니다. 그런데 미국의 아웃도어 시장은 10조입니다. 한국은 인구 5,000만 명에 무려 7조로 세계에서 두 번째로 큰 시장입니다. 아웃도어는 앞으로도 잘될 겁니다. 왜냐하면 우리나라는 국토의 85~87퍼센트가 산지이기 때문입니다. 중국 상해만 가도 한두 시간을 다녀도 산을 볼 수가 없습니다. 건강은 1인당 국민소득 2만 달러대부터 신경을 쓰는데 한국은 지금 거의 3만 달러에 가깝죠.

문제는 거품이 너무 끼었다는 데 있습니다. 고어텍스라고 많이 들어봤을 텐데 사실 그게 별것 아닙니다. 옷값이 50~60만 원이나 하는 이유는 옷 하나에 로열티가 몇 만 원씩 나가기 때문입니다. 한국인은 폼 잡는 걸 좋아하는 까닭에 비싼 옷이 잘 팔립니다. 그저 브랜드 차이일 뿐인데 거기에 돈을 쏟아 붓지요. 물론 열심히 돈을 벌어 좋은 브랜드의 옷을 입고 행복감에 젖는다면 그것도 나쁠 것은 없습니다. 그러나 너무 브랜드를 좋아하다 보니 거품이 지나칩니다.

우리나라의 경우에는 흥미롭게도 사는 게 힘들어지면서 산악회가 뜨기 시작했습니다. IMF 때 남성들이 회사가 아니라 산으로 출근하면서 아웃도어가 성장하기 시작한 것입니다. 고어텍스는 원래 높고

험난한 산에 오를 때 입는 것인데 우리는 야트막한 뒷산에 가면서도 그걸 입지요. 이제 사람들이 점점 그것을 알아채기 시작했습니다. 그래서 지금 거품이 빠지고 있는 중입니다. 한 30퍼센트 빠진 것 같습니다. 앞으로 지금 같은 호황이 지속되지는 않겠지만 시장은 계속 성장할 겁니다. 제가 볼 때 5조 시장을 유지할 것 같습니다. 아무튼 지금은 거품이 빠지는 시기라 아웃도어를 파는 사람들이 우울해하고 있습니다.

경청 능력과 열정이 회장님의 성공을 이끈 것 같은데, 어떻게 하면 경청 능력을 갖추고 열정을 불사를 수 있을까요?

최병오　보통 자기가 똑똑하다고 생각하는 사람은 남의 말을 잘 듣지 않습니다. 예전에는 명강사도 공기업의 최고 직급 사람들, 대기업 임원들, 군 장성들 앞에서 강연하는 것이 어렵다고 하소연했습니다. 마음을 열고 들어야 하는데 그들이 '얼마나 강연을 잘하는지 한번 해봐라' 하는 식이었으니까요. 물론 요즘은 그렇지 않습니다.

세상이 달려가면 우리가 아무리 뛰어도 우리는 제자리일 뿐입니다. 지금처럼 세상이 빛의 속도로 바뀔 때는 특히 남의 이야기를 잘 들어야 합니다. 남의 이야기를 잘 들으면 정보가 저절로 들어옵니다. 물론 젊을 때는 남의 이야기를 듣다가 실패하는 경우도 있습니다. 아무래도 경험과 판단력이 부족하니까요. 하지만 나이가 들면 분별력이 생기지요. 가끔 밥이나 술을 사주면서 열심히 경청하면 진솔한 이야기와 좋은 정보를 다 얻을 수 있습니다. 밥값, 술값은 빚을 내야 할 정도로 큰 돈이 드는 게 아니지만 얻는 것은 아주 큽니다.

그리고 열정이란 부지런히 남보다 반의 반만 더 가는 것을 말합니다. 열정을 발휘하려면 무엇보다 목표가 있어야 합니다. 목표를 향해 가다 보면 열정은 자연스럽게 나를 이끌어줍니다.

김생민

재테크에 밝은 연예인. 그는 남들이 '차비' 정도로 인식하는 공채 월급 28만 원으로 목
돈을 만들어 선배들을 놀라게 했고, 나중엔 10억 원의 통장을 만들어 화제가 됐다. 지난
2008년에는 본인의 재테크 경험담을 담은 책을 출간하기도 했다. 실제 방송국보다 방송
국 내 은행에서 더 많은 시간을 보낸다는 소문이 돌 정도로 재테크에 관심이 많다.

절실함,
일 그리고 내 집 마련

김생민, 개그맨이자 리포터

재테크의 시작은 절실함이다

제가 사회에 나와 처음 돈을 번 것은 1992년의 일입니다. 당시 출연료가 7만 원이었는데 그때 저는 포졸 역할을 했습니다. 저는 돈이 많아서 우리 가족이 행복했으면 좋겠다는 생각을 많이 했습니다. 회사에 다니던 아버지가 부도로 직장을 잃고 퇴직금으로 개인택시 일을 해서 삼남매를 먹여 살렸거든요. 부모님의 교육열이 높아 아버지는 개인택시, 어머니는 시장 일을 하면서 누나와 저를 대학까지 보냈지만 두 분이 아무리 노력해도 돈은 늘 부족했어요.

제가 재테크에 관심을 둔 가장 큰 이유는 그러한 환경에서 비롯된 '절실함'에 있습니다. 실제로 절실함은 재테크의 시작입니다. 절실하게 관심을 기울이고 또 실망하거나 억울해하기도 하면서 노력해야 기억에 남거든요. 이것은 연습문제에서 틀렸을 때보다 진짜 시험에서 틀렸을 때 더 기억에 남는 것이나 마찬가지입니다. 저는 23년 동안 저축을 했지만 절실함이 없는 친구나 후배와는 여전히 그 부분에 대해 대화하기가 어렵습니다.

'재테크'라는 말 그대로 돈을 모으는 데는 어떤 대단한 기술이 필요하다고 생각하는 사람이 많습니다. 사실 저는 테크닉을 그리 좋아하지 않습니다. 제가 좋아하는 어느 투자 관련 책에 이런 말이 나옵니다.

"모든 것은 카메라의 삼각대처럼 세 가지가 받쳐주어 중심을 잡는다."

만약 그것이 100쪽짜리 책이라면 15쪽, 즉 15퍼센트는 매매기법에 관한 얘기입니다. 무엇에 투자할 것인가, 언제 집을 사고 또 언제 팔 것인가, 언제 펀드에 가입할 것인가 하는 내용은 15쪽에 불과합니다.

그다음은 심리적 요인인데 이것 역시 15퍼센트입니다. 제가 1992년부터의 사회 경험을 통해 깨달은 것은 인간은 공포와 기쁨, 두 구간을 왔다 갔다 한다는 점입니다. 가령 집값이 떨어지면 공포가 오고 집값이 오르면 기쁨이 옵니다. 저는 이 두 가지가 어느 정도 오차범위 안에 있다고 생각합니다. 그런데 인간은 그 오차범위를 넘어서서 슬퍼

합니다. 또 오차범위를 넘어서서 공포에 휩싸입니다. 원래 그 밑으로 내려갔을 때가 사는 구간입니다. 거의 모든 책에 그렇게 쓰여 있습니다. 하지만 미래를 알지 못하는 인간은 그걸 알아도 지키기가 어렵습니다.

기쁠 때도 어느 정도만 기뻐해야 하는데 너무 기뻐합니다. 그때가 파는 구간입니다. 기쁠 때 겸손하기가 쉽지 않지만 이 순간에 멘탈, 즉 심리적 요인이 필요합니다. 정말로 믿음이 가는 사람의 말을 들어도 손해를 볼 때가 있습니다. 손해보고 다시 따고 또 손해보고 다시 따는 과정을 거치면서 성숙해지는 것이지요. 200만 원 잃고 3,000만 원 따고, 300만 원 잃고 5,000만 원 따고 하면서 가는 것이지 백전백승은 없습니다.

그러면 나머지 70퍼센트를 차지하는 것은 무엇일까요? 바로 자금관리입니다. 인생은 자금관리가 전부입니다. 아무리 기쁜 것도 그것을 위해 모든 걸 바쳐서는 안 됩니다.

우리는 심리적으로 나약한 인간이고 미래는 알 수 없다는 사실을 꼭 기억해야 합니다. 살다 보면 어느 순간 확신이 드는 때가 있습니다. 그 확신이 맞으면 부자가 되겠죠. 그럴 때 저는 제가 큰 부자는 아니니까 그 확신은 잘못된 것이라고 생각합니다.

혹시라도 저에게 돈 버는 비결을 물어보는 사람이 있으면 몇 가지가 있는데 그 순서를 잘 기억하라고 말합니다. 첫 번째는 '절실함'입니다. 절실함 안에는 굉장히 많은 것이 들어 있습니다. 제가 가장 중요하게 생각하는 것은 효도입니다. 효도라고 해서 부모를 모시며 책임지는 개념이 아닙니다. 사실 효도는 부모보다 자기 자신을 위해서 하는 것입니다. 효도를 하면 멘탈이 굉장히 좋아집니다. 회사에 가서 좀 힘든 일이 있어도 참게 되고 대접받지 못해도 견딜 수 있습니다. 저는 2015년 말 현재 〈연예가중계〉 19년, 〈동물농장〉 14년, 〈출발, 비디오 여행〉을 16년간 했습니다. 그 긴 기간을 일하면서 별로 두각을 나타낸 적이 없지만 사랑하는 가족을 위해 시집살이를 한다는 생각으로 참았습니다. 시간이 지나니까 저에게 돌아오는 것도 점점 늘어났죠.

절실함은 내가 앞으로의 인생길에서 만날 거대한 파도와 비바람을 이겨낼 멘탈을 만들어줍니다. 벌이가 200만 원, 250만 원밖에 되지 않을 때도 제게 그 돈이 절실했던 이유는 돌아가야 할 집이 있고 돈을 드려야 할 부모가 있었기 때문입니다.

미래가 불확실한 것은 누구에게나 똑같습니다. 일류대를 나오든 대학 진학을 포기하든 불확실한 인생 마라톤에 잘 적응하는 사람은 멘탈이 강한 사람입니다. 때론 주식이나 땅에 투자해 즉각 10배 이상의 이득을 챙기는 사람도 있습니다. 그건 로또만큼이나 확률이 낮지만 이상하게도 그런 일은 소문이 빠르게 퍼져 나갑니다. 그것을 부러워하면 중심을 잘 잡고 앞으로 나아가는 다른 수많은 사람이 보이지 않습니다.

투자를 궁리하지 말고 일을 찾아라

절실함으로 무장했다면 그다음엔 투자를 궁리할 게 아니라 일을 해야 합니다. 흔히 '노동'이라고 하죠. 가장 먼저 절실함이 있어야 하고 그다음에는 일을 찾아야 합니다. 특히 젊은이들은 투자를 궁리하기보다 일을 먼저 찾는 것이 중요합니다. 그 대가가 100만 원이든 200만 원이든 상관없습니다.

일을 찾다가 뜻대로 되지 않으면 '내 절실함이 어느 정도인지' 검토해야 합니다. 저도 절실함을 안고 일을 시작했습니다. 첫 월급이 28만 원이었죠. 1992년이라 은행금리는 12퍼센트였습니다. 저는 절실함이 강했기에 열심히 저축을 했습니다. 어머니가 동대문 흥인시장에서 자식들을 위해 하루 종일 열심히 일하는 걸 보면서 돈을 마구 쓰고 다닐 수가 없었습니다.

2000년 아버지는 60대에 생애 처음으로 집을 장만했는데 그걸 제 돈으로 샀습니다. 물론 돈은 제 것이지만 저는 집을 장만하는 일을 온전히 아버지의 손에 맡겼습니다. 우리는 계속 전세만 살았는데 제 등록금 60만 원, 80만 원을 마련하기 위해 어머니가 고모에게 전화해서 빌려달라고 하는 얘기를 건넌방에서 잠결에 듣곤 했지요. 어쩌면 그래서 제 절실함이 더 강했는지도 모릅니다.

2000년에 정확히 현금으로 1억을 저축했습니다. 그땐 금리가 높아서 매달 50만 원에서 80만 원을 저축하면 모을 수 있었지만 사실 젊은이가 이걸 행동에 옮기기는 쉽지 않습니다. 이건 사업에서 성공하는 것만큼이나 힘듭니다. 왜냐하면 무려 10년간 저축을 해야 하니까요. 어른들은 흔히 인사만 잘해도 성공할 수 있다, 약속만 잘 지켜도 성공할 수 있다고 말합니다. 단, 여기에는 조건이 있습니다. 10년 이상 해야 합니다. 흔들리지 않는 뿌리를 가지려면 길게 가야 합니다.

내 집의 의미

사실 절실함과 일에서 끝나는 사람도 많습니다. 저는 이 두 가지 다음으로 가는 단계가 내 집 마련이라고 생각합니다. 그 한 채의 집 안에는 여러 가지 메시지가 담겨 있습니다. 무엇보다 가족사랑, 책임감, 멘탈이 커집니다. 가끔 기회비용이라는 말을 듣지요. 집값이 떨어질 것을 예상해서 전세나 월세로 살고 그 돈을 운용해 더 큰 돈을 벌라고 합니다. 책에 보면 그렇게 쓰여 있습니다. 저는 현실적으로 그 말을 믿지 않습니다.

저는 내 집이 있어야 한다는 데 한 표를 던집니다. 사실 저는 그저 대한민국을 믿고 간 것뿐입니다. 1999년 무렵, 그러니까 IMF 때 저는 포졸 역할을 하는 개그맨이라 쥐꼬리만큼의 돈밖에 없었습니다. 더구나 뭘 알아야 투자를 하지요. 그게 제 운명이었습니다.

IMF 시절 은행에는 '지금 적금을 해약하고 새로 적금을 드세요'라는 글이 붙어 있었습니다. 12퍼센트짜리 적금에 23퍼센트까지 금리를 준 겁니다. 나라에 위기가 오면 은행, 보험회사 등은 돈을 모읍니다. 돈을 모으려면 당연히 금리를 올려야 하지요. 반대로 집값이 너무 떨어지면 집값을 올려야 하니 은행에 돈이 오지 못하도록 금리를 내립니다. 금리가 오를 경우 집값이 떨어지기 때문입니다.

제 아버지의 꿈은 넓은 마루에서 제사를 지내는 것이었습니다. 재테크와는 전혀 상관이 없는 것이었죠. 당시 여기저기 돌아다닌 모양인데 서쪽 어느 동네는 60평짜리가 2억이었습니다. 노량진 수산시장 쪽에 있는 아파트는 48평인데 2억 8,000이었고, 삼풍아파트 32평이 3억 2,000이었습니다. 아버지는 빚을 진다는 건 꿈에도 생각지 않는 분이라 결국 2억을 주고 60평짜리를 샀습니다. 대출은 한 푼도 없었죠. 나중에 우리 집은 2억 8,000이 되었지만 노량진 수산시장 쪽에 있는 집은 8억, 삼풍아파트는 12억이 되었습니다.

부동산을 살 때 저는 내가 살 아파트, 상가, 건물, 땅의 순서로 생각합니다. 저는 아직 상가 단계로 가지는 못했습니다. 아파트 고르는 법은 인터넷에 다 나와 있지요. 제가 가장 좋아하는 것은 평지입니다. 그다음은 대단지, 학군, 교통의 순서로 고려합니다. 마음에 드는 아파트가 없으면 어떻게 하느냐고요? 그냥 저축하면 됩니다. 시장은 계속 움직이니까요.

2000년에 어느 스타가 3억짜리 집을 샀습니다. 그런데 2007년까지 쉬지 않고 값이 오르더니 13억까지 갔습니다. 어떤 사람이 그걸 13억에 샀는데 2008년 금융위기로 8억까지 내려왔습니다. 2010년, 2013년 사람들은 계속 공포에 휩싸여 있었지만 지금 그 집은 12억입니다.

그럼 '6년 정도를 기다려 한 번 더 내려갈 때 살 것인가'라는 문제가 남습니다. 냉정하게 말해 대한민국은 3억짜리가 13억 갔다가 다시 3억으로 가지는 않습니다. 그런데 13억에 산 사람은 8억까지 떨어졌을 때 엄청난 공포를 느낍니다. 사실 자식들과 행복하게 살 내 집을 3억에 산 사람들은 그 집이 13억에서 8억이 되든 말든 별로 관심이 없어요. 내 집 한 채는 그냥 가족과 함께 살아야 하는 공간이라고 생각하지요. 첫 번째 집은 그냥 가족의 사랑입니다.

아파트, 상가, 건물, 땅, 그다음에 금융

만약 이 시점에서 첫 번째 집이 15억이 된다고 생각하는 사람은 대한민국을 믿는 겁니다. 지금은 우리나라의 교육열이 높으니 더 오를 것이라는 낙관론자와 갈수록 떨어질 것이라는 비관론자로 나뉘어 있지요. 그런데 가족과 함께할 공간이 첫 번째 집인데 모두가 사지 말자는 쪽으로 가다 보니 전셋값이 폭등하고 있습니다.

이 단계에서 어떤 결정을 하든 저축과 일로 계속해서 체력을 비축해야 합니다. 무언가를 선택하는 것보다 자금관리가 훨씬 더 중요합니다. 현금이 없으면 커다란 위기를 당해낼 수 없기 때문입니다.

제가 아파트, 상가, 건물, 땅의 순서로 순위를 매겼지만 사실 땅이 나쁜 것은 아닙니다. 이것은 터지면 수익률이 큰 순서일 뿐입니다. 제가 땅을 가장 마지막에 둔 이유는 "땅은 잘못 사면 200년간 팔리지 않는다"는 어느 교수의 말이 마음에 와 닿았기 때문입니다. 이 순서가 다 끝나면 금융이라는 곳에 가십시오.

사회에 첫발을 내디딘 새내기가 첫 월급으로 주식을 사는 것은 지나치게 앞선 것입니다. 부잣집 자녀라면 상관없지만 스스로 자기 집을 책임져야 할 경우에는 너무 멀리 가는 것입니다.

그래도 주식으로 가겠다면 저는 인덱스를 권합니다. 배당주도 괜찮습니다. 사실 연 10퍼센트면 굉장히 행복한 건데 100명 혹은 1,000명 중 3명이 큰 돈을 벌었다고 하면 심리적으로 솔깃합니다. 한두 명이 1,000만 원을 투자해 3,000만 원을 벌었다는 말을 들으면 보통의 멘탈로는 그 유혹을 이겨내기가 어렵습니다. 멘탈이 강하지 않을 경우 자기 원칙 없이 군중심리에 휩쓸리고 맙니다. 인덱스와 배당주를 골라 스스로 그래프를 그리고 검토하면서 해야 합니다.

부동산에서 재미를 못 봤다면 두 번째 집을 노리면 됩니다. 가령 어떤 사람은 자기 고모의 집이 20억으로 올랐다며 부러워합니다. 한데 잘 살펴보면 그 고모는 무려 25년간 그 집을 갖고 있었던 거예요. 몇 년 안에 뚝딱 집값이 오를 수는 없어요. 고모는 애들을 키우느라 바빠서 다른 생각을 할 겨를이 없으니까 그냥 거기에서 계속 살았던 거지요. 재건축이 내 맘처럼 순서대로 착착 진행되는 경우는 없습니다.

그러면 앞에서 말한 집을 13억, 즉 꼭지에 산 사람은 지금 슬퍼할까요? 아니죠. 기회만 있으면 또 사는 거예요. 집이 얼마나 좋으면 13억이겠습니까. 지금은 8억까지 갔다가 다시 12억으로 올랐으니 1억 차이가 있지만 그 사람이 마음 졸이지 않고 세계적인 흐름을 보고 있다면 9억에 이르렀을 때 열심히 일해서 한 채를 더 살 겁니다. 사람들이 공포 구간에서 두려워할 때 사는 거지요. 이처럼 투자에는 자기중심이 있어야 합니다.

부동산은 영원히 움직일 것이고 여기에는 영원한 승자도, 영원한 패자도 없습니다. 중요한 것은 어떤 비바람에도 흔들리지 않는 자기 원칙입니다.

역사적으로 계속 떨어진 적은 없다

2015년 말 현재 아직은 금리가 낮습니다. 이는 무언가 하라는 뜻입니다. 실제로 광교, 죽전, 판교가 8억이라는 숫자에서 12억까지 올라왔어요. 즉각 이런 생각이 들죠.

'어, 늦은 거 아냐?'

그러니까 이것도 저것도 아닌 겁니다. 중심이 없잖아요. 그렇게 중심이 없으면 다시 8억이 되어도 못 삽니다. 모두가 공포에 휩싸여 있으니까요. 2007년 10월을 기억하십시오. 그때 대한민국 부동산은 꼭지였습니다. 그런데 2008년 10월, 2009년 10월, 2010년 10월, 2011년 10월, 2012년, 2013년이 바닥입니다. 6년 동안 계속 떨어졌지요.

그렇다면 열심히 일한 사람은 이제 대한민국을 믿어야지요. 역사적으로 계속 떨어진 적은 없습니다. 6년 동안 서서히 떨어지니까 여기저기 떠도는 이야기가 굉장히 부정적입니다. 하지만 원칙은 변하지 않습니다.

사람들은 어디서 한두 가지 사례만 나오면 그걸 부풀려서 온갖 이야기를 만들어냅니다. 예를 들어 1,000가구가 넘어도 아파트는 전부 똑같은 모양으로 생겼지요. 그중에서 어떤 사업가가 부도가 나서 13억짜리를 두 채만 8억에 팔아도 부녀회에서 난리가 납니다. 우리 집이 8억이 됐다고 법석을 떠는 겁니다. 1,000가구 중에서 단 두 채밖에 거래가 이뤄지지 않았는데도 똑같은 평수라 신문에 한 번 기사가 나면 모두 공포에 휩싸이지요. 반대로 8억짜리 아파트가 12억에 팔리면 한 채밖에 거래가 이뤄지지 않았는데도 또 난리가 나요. 우리 집이 12억이라고. 12억 밑으로는 절대 팔지 않는다고. 그러나 막상 팔면 딱히 갈 데가 없으니 그냥 숫자로만 만족할 뿐이지요.

아무튼 아파트, 상가, 건물, 땅의 순서로 매매를 하십시오. 전세 세입자가 갑자기 땅을 먼저 샀을 때 유동성 위기가 오면 골치 아픕니다.

01
02
03
04

글로벌 경제 05

마크 파버

지난 10년간 연평균 수익률이 22.8퍼센트에 달하는 세계적인 투자 전략가. 미국 금융전문지 〈배런스〉는 그를 2012년 '최고의 투자자'로 선정했고 〈CNBC〉, 〈포브스〉, 〈배런스〉 등 미국의 주요 경제 전문 매체는 경제위기 때마다 혜안이 필요하면 마크 파버에게 가장 먼저 전화를 건다. 그는 글로벌 경기침체 와중에도 "투자 기회는 있다"고 말하며 세계적인 관점에서 투자가치가 뛰어난 곳을 분명하게 짚어준다.

소용돌이에 빠진 글로벌 경제: 2016년 재테크 승부처는 여기다

마크 파버, 마크파버리미티드 회장

경제적 힘의 균형이 바뀐다

제가 한국에 처음 온 것은 1973년입니다. 당시 한국은 가난한 나라였는데 지난 40년 동안 어마어마하게 성장했습니다. 그 무렵 일본에서 경제개발 상황을 목격한 저는 앞으로 한국, 대만, 홍콩, 싱가포르가 발전할 것을 예상하고 이들 국가에 투자를 했습니다. 중국이 개혁개방을 시작할 때는 앞으로 중국이 상당히 성장할 것이라고 예측했지요.

세계적인 경제 지리는 계속 변하게 마련입니다. 앞으로 아시아 지역은 전쟁이 없다는 가정 아래 인도차이나 반도가 크게 성장할 것입니다. 다시 말해 베트남 동쪽부터 라오스, 중국, 캄보디아, 태국, 미얀마, 인도, 방글라데시 지역에 어마어마한 성장 잠재력이 있습니다. 물론 아주 낮은 데서부터 시작하겠죠.

오늘날 세계에는 두 가지의 계획경제가 있습니다. 하나는 최악의 시스템인 공산주의입니다. 다른 하나는 정부의 중재로 재무정책, 통화정책을 펼쳐가는 계획경제입니다. 전 세계의 중앙은행은 어찌 보면 중앙에서 계획하는 기관입니다. 저는 여기에 의문이 듭니다. 과연 성공적인 계획이 가능할까? 성공적인 계획이 아주 드물기 때문입니다.

일본을 포함한 서양 국가 혹은 선진국의 경우 젊은 세대는 자신의 부모세대보다 덜 벌고 실질적으로 더 가난한 상태로 부모보다 일찍 죽을 것입니다. 반면 지금의 부모세대는 자신의 부모세대보다 훨씬 더 잘살고 있습니다. 이것은 중국인과 인도인에게도 해당됩니다. 대부분의 개도국이 마찬가지입니다. 그들에게는 지금 기회가 많고 보다 부유한 상태로 죽을 것입니다. 경제적 힘의 균형이 서구에서 신흥국으로 바뀌고 있기 때문입니다. 서구 세상의 상대적 몰락은 곧 개도국의 상대적 부상을 의미합니다.

완전히 달라진 시대

세계 인구의 80퍼센트가 개도국에서 살고 있습니다. 또 다른 놀라운 것은 변화가 일어나는 속도입니다. 50년 전만 해도 미국과 서구는 경제적, 군사적으로 지배적인 위치를 차지하고 있었습니다. 그런데 20년 전 중국이 갑자기 중요한 국가로 떠오르더니 이제는 굉장히 중요한 경제대국이 되었습니다. 한국의 경우 대중 수출이 대미 수출이나 대EU 수출보다 더 중요해지고 있습니다. 우리는 지금 새로운 세상에 살고 있고 이로 인해 어마어마한 경제적, 지정학적 긴장관계가 생기고 있습니다. 이 긴장관계가 미래에 부정적 영향을 미칠지는 아직 알 수 없지만 현재 긴장이 분명 존재합니다. 서구에서 태어난 저는 서구 세상의 상대적 몰락과 개도국의 상대적 부상을 보면 조금 우울합니다. 세상은 계속 변하고 있습니다. 2005년만 해도 Top 10 브랜드는 대부분 미국 브랜드였지만 이제 Top 10 브랜드 중 네 개가 중국 브랜드입니다. 삼성과 현대 브랜드도 세계를 지배하고 있지요.

브랜드뿐 아니라 경제 성과에도 변화가 나타나고 있습니다. 예를 들어 세계 원유 소비량을 보면 20년 전 개도국은 20퍼센트 이하를 소비했지만 지금은 50퍼센트 이상을 소비합니다. 산업 생산 면에서 서구는 지난 20년 동안 그대로였으나 한국을 포함한 개도국은 계속 성장해왔습니다. 지난 12년 동안 2배나 성장했지요.

세계 무역의 경우 전체적인 무역량이 계속 늘어나고 있는데 그 구

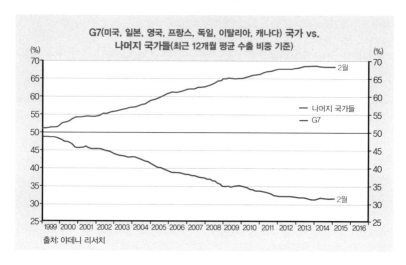

전 세계 수출 비중

G7(미국, 일본, 영국, 프랑스, 독일, 이탈리아, 캐나다) 국가 vs.
나머지 국가들(최근 12개월 평균 수출 비중 기준)

출처: 야데니 리서치

성은 예전과 다릅니다. 1960년대에 세계 무역의 80퍼센트는 서유럽과 미국 사이에서 이뤄졌습니다. 이제 선진국, 즉 G7의 무역 비중은 35퍼센트 이하로 떨어졌습니다. 반면 비중이 꾸준히 증가한 개도국은 지금 70퍼센트 가까이 늘어났습니다. 무역까지 달라진 것입니다. 50년 전에는 대부분 서유럽과 개도국 사이, 개도국과 미국 사이, 미국과 서유럽 사이에서 무역이 이뤄졌습니다. 이제는 개도국 간의 거래가 활발하게 이뤄지고 있습니다. 이처럼 일본, 서유럽, 미국을 제외한 새로운 거래관계가 생기면서 경제적 긴장관계와 함께 지정학적 경제관계가 등장하고 있습니다.

다음의 통계는 제가 가장 놀라운 통계라고 생각하는 것입니다. 이것은 중국의 원자재 소비를 보여주는데 두 번째 줄에 중국의 금속 소

중국의 원자재 소비

	1970	1980	1990	2000	2010	2012	5년간 성장률
전체 소비량	2%	3%	4%	10%	29%	34%	11%
금속	2%	4%	5%	12%	40%	47%	10%
주석	–	–	–	16%	41%	53%	1%
납	–	–	–	11%	47%	48%	8%
니켈	0%	3%	3%	5%	34%	48%	20%
알루미늄	2%	4%	4%	13%	39%	45%	10%
아연	3%	3%	6%	16%	43%	44%	8%
구리	2%	4%	5%	12%	38%	43%	12%
에너지							
석유	1%	3%	3%	6%	11%	12%	7%
농업	14%	16%	18%	21%	24%	24%	5%
돼지	–	23%	35%	47%	50%	50%	2%
면	18%	23%	23%	25%	40%	34%	−4%
쌀	34%	37%	36%	34%	30%	31%	1%
콩	18%	10%	9%	16%	26%	29%	7%
옥수수	11%	15%	17%	20%	21%	24%	5%
밀가루	10%	17%	19%	19%	17%	18%	1%
설탕	3%	4%	7%	7%	9%	9%	0%
커피	–	–	–	–	0%	1%	28%

중국은 석유보다 금속이 더 많은 소비량을 차지

출처: 브리지워터 어소시에이츠

비 비중이 나와 있습니다. 중국은 산업 발달 과정에 있으니 당연히 주석, 니켈, 납, 아연, 구리 등이 필요하겠지요.

1970년대에 중국은 전 세계 금속의 2퍼센트만 소비했습니다. 1990년대가 되자 5퍼센트로 늘어났고 2000년이 되면서 12퍼센트로 늘었습니다. 2015년 말 현재는 50퍼센트에 가까운 금속을 소비하고 있습니다. 2000년부터 2012년 사이에 중국의 원자재 소비는 세계 원자재 소비 비중의 12퍼센트에서 50퍼센트 가까이 늘어났습니다. 이것이야말로 경제적 힘의 균형이 전환되었음을 보여주는 대표적인 수치입니다. 물론 중국의 원자재 소비가 100퍼센트까지 올라갈 수는 없겠죠. 중국이 세계 원자재를 100퍼센트 소비할 수는 없습니다. 어느 정도 올라가면 그대로 유지되거나 조금 하락하겠죠.

제가 하고 싶은 말은 이것입니다. 중국은 덩샤오핑의 개방 정책에 따라 1978년 개혁개방을 했습니다. 하지만 1990년까지는 별다른 변화가 없었습니다. 이후 홍콩과 주장강 유역에 경제특구가 들어섰고 이는 중국의 여러 도시로 확장되었습니다. 제가 중국을 처음 방문한 해가 1980년인데 그때는 아무것도 없었습니다. 그러다가 경제특구를 만들면서 상해가 급격히 성장하기 시작했고 중국은 진정한 의미의 경제성장에 시동을 걸었습니다. 덕분에 1995년부터 2007년 사이에 어마어마한 성장이 이루어졌습니다.

특히 다국적 기업이 중국에 공장을 세우기 시작하면서 자본 투자와 더불어 고용과 소비가 늘어났습니다. 이때부터 중국은 원자재를 대량으로 소비하기 시작했지요. 2000년 이후 중국의 원자재 소비가 지속적으로 늘어나면서 전 세계의 원자재 가격이 뛰기 시작했습니다. 원유는 1990년의 배럴당 12달러에서 2008년 7월 147달러까지 뛰었고, 구리는 파운드당 60센트에서 4달러까지 올랐습니다. 이것이 선순환을 일으켜 원자재를 생산하는 국가가 경제성장이라는 기차에 올라탔습니다.

이처럼 1995년부터 속도를 낸 전 세계적인 경제성장으로 원자재 생산국들은 점점 부강해졌고 소득이 늘어나자 수입을 늘리기 시작했습니다. 그들은 한국, 미국, 유럽의 공산품은 물론 중국의 공산품을 수입했습니다. 중국은 개도국에서 원자재를 수입해 물건을 만든 뒤 그것을 개도국에 팔았지요. 결과적으로 중국은 오늘날 124개 국가의 최대 무역 대상국이 되었습니다. 미국의 최대 무역 대상국은 74개 국가입니다. 제가 아시아로 이주했을 때 아시아에는 이런 말이 있었습니다.

"미국이 기침하면 아시아는 감기에 걸린다."

아시아의 수출품 중 80퍼센트가 미국으로 갔기 때문입니다. 이제 상황은 완전히 달라졌습니다.

284쪽의 그래프를 한번 봅시다. 이것은 중국이 원자재 생산국, EU, 미국에 수출한 양을 비율로 나타낸 것입니다. 보다시피 미국이나 유럽에 대한 수출 절대량은 떨어지지 않고 단지 비중만 떨어졌습니다.

중국의 수출 지역

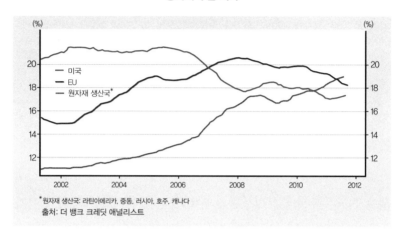

(%)

- 미국
- EU
- 원자재 생산국*

2002 2004 2006 2008 2010 2012

*원자재 생산국: 라틴아메리카, 중동, 러시아, 호주, 캐나다
출처: 더 뱅크 크레딧 애널리스트

그리고 원자재 생산국에 대한 수출 비중이 높아지고 있음을 볼 수 있습니다. 심지어 유럽이나 미국보다 더 많이 수출하고 있습니다. 한국도 원자재 생산국에 대한 수출량이 유럽과 미국을 합한 것보다 더 많습니다. 갑자기 무역이 유럽과 미국을 제외하고 개도국 간에 이루어지고 있는 것입니다. 예를 들면 한국, 대만, 일본, 중국과 브라질 간의 교역이 이루어지고 있는 것이죠. 그러다 보니 중국의 알루미늄과 구리 소비량이 미국, 일본, 유럽을 합한 것보다 더 많습니다.

지금 우리는 완전히 새로운 세상에서 살고 있습니다. 20~30년 전과는 전혀 다른 모습이지요. 그동안 미국, 유럽, 일본 중심이던 성장이 다른 나라를 중심으로 돌아가고 있습니다. 한국은 구세상과 신세상의 가운데쯤에 있지요. 물론 한국은 지금까지 굉장히 빠른 속도로 성장해온 까닭에 이제 개도국만큼 빠르게 성장할 수는 없습니다. 다시 말해 1970년부터 1999년까지 해온 것처럼 성장할 수는 없습니다. 성장은 어느 수준에 이르면 둔화되게 마련입니다.

이것은 한국에도 해당되지만 중국 경제는 이미 18개월 전(2015년 12월 시점 기준)부터 의미 있는 둔화세를 보이고 있습니다. 그와 동시에 원자재 수요가 둔화되면서 구리, 철강 가격이 떨어지고 있습니다. 이렇게 원자재 가격이 떨어지면 중남미, 중동, 중앙아시아, 아프리카 국가를 비롯해 호주와 러시아처럼 원자재를 생산하는 국가가 타격을 받습니다.

브라질의 소매 판매량

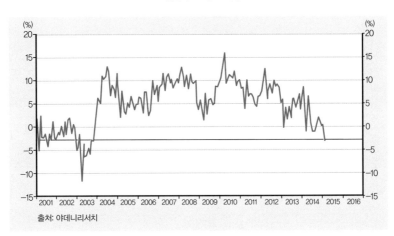

출처: 야데니리서치

14장 소용돌이에 빠진 글로벌 경제: 2016년 재테크 승부처는 여기다

285쪽의 그래프는 브라질의 소매 판매량을 나타낸 것입니다. 보다 시피 2008년의 금융위기에도 불구하고 2009년에도 크게 떨어지지 않았습니다. 오히려 2015년에야 떨어지고 있습니다. 브라질, 아르헨티나, 러시아, 호주, 아프리카 국가에 돈이 없었다면 덜 샀을 겁니다. 그랬다면 한국의 산업 생산과 수출도 떨어졌을 것입니다. 1995년부터 2007년까지는 경기 사이클이 굉장히 좋았습니다. 중국의 소비로 원자재 가격이 오르면서 원자재 생산국이 부유해지고 그들이 전 세계의 공산품을 사들인 것입니다. 이제 중국의 성장이 둔화되면서 원자재 생산국이 타격을 받아 소비를 줄이고 있습니다. 특히 브라질은 2015년 말 현재 엄청난 침체를 겪고 있습니다.

정부가 커지면 성장 잠재력은 줄어든다

이제 미국의 통화정책과 중앙은행의 정책을 간략히 살펴봅시다.

미국은 경제에 긍정적 영향을 미치기 위해 금리를 책정합니다. 팽창정책이든 수축정책이든 그것은 긍정적 영향을 기대하고 펴는 정책입니다. 자동차를 운전하듯 돈을 찍거나 거둬들여 세계 경제를 운전할 수 있다고 여기는 모양입니다. 하지만 계속해서 금리를 인위적으로 낮추는 바람에 나스닥 버블이 생겼지요. 1980년부터 2000년 3월까지 나스닥에 거품이 생겼습니다. 그리고 계속 돈을 찍어내다가 주택 가격 버블이 생겼고 그것이 꺼지면서 금융체계 자체가 흔들렸습니다. 결국 금리가 낮아지면서 제로금리까지 갔습니다. 2008년 12월부터 이어진 실질적인 제로금리가 2015년까지 온 것입니다. 이것은 EU도 마찬가지입니다.

그런데 이러한 정책이 의도치 않게 부정적인 영향을 끼치고 있습니다.

우선 많은 사람이 은행에 예금을 하는데 제가 1970년대에 일을 시작했을 때 6퍼센트 금리의 국채를 살 수 있었습니다. 아무것도 하지 않아도 6퍼센트의 금리가 사람들을 부유하게 만들었지요. 주가도 굉장히 낮았습니다. 저는 1978년 처음 한국 주식을 샀는데 당시 배당수익이 약 7퍼센트였습니다. 주식을 사면 자동으로 7퍼센트의 배당수익이 있었지요. 이제 더 이상 그런 것은 없습니다.

그다음으로 중앙은행은 당연히 재정적 안정을 추구하려 하겠지만 제로금리 상태에서는 오히려 불안정성이 높아집니다. 제로금리의 결과로 유럽과 미국 정부가 전체 경제에서 차지하는 비중이 점점 높아지고 있습니다. 정상적인 상황이라면 정부의 부채가 늘어나고 부채비용이 상승하기 때문에 정부가 이처럼 지출을 지나치게 늘릴 수 없습니다.

1995년 미국의 부채는 4조 달러였습니다. 2015년 말 현재 그것은 80조 달러가 넘습니다. 이처럼 부채는 어마어마하게 늘었는데 흥미롭게도 연방정부의 금리지급률은 높아지지 않았습니다. 이것은 금리가 떨어졌기 때문입니다. 제로금리가 정부의 부채를 늘리는 동시에 규모를 키우고 있는 것입니다. 이자를 지급하지 않아도 되니까요.

한 사회에 정부가 없으면 자율성은 높아지겠지만 성장도 안정도 없겠죠. 반대로 정부가 사회 전체를 지배한다면 그 결과는 북한을 보면 됩니다. 정부가 너무 커지면 성장 잠재력과 자유는 사라집니다. 금융정책을 등에 업은 정부가 커질 경우 성장률은 점점 떨어집니다. 정부의 비중이 커질수록 규제가 더 많아져 자율성이 떨어지고 시장경제가 제 기능을 못하기 때문입니다.

아래의 그래프는 GDP 대비 세계 부채율을 나타낸 것입니다. 보다시피 금리를 인위적으로 낮추는 바람에 GDP 대비 부채가 어마어마하게 늘었습니다. 2008년 금융위기 당시 세계 부채 비율은 180퍼센

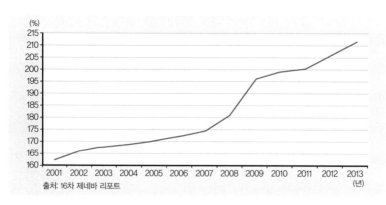

GDP 대비 세계 부채율

출처: 16차 제네바 리포트

트렸습니다. 2013년에는 210퍼센트까지 올라갔지요. 결국 2008년과 2009년에 침체를 일으킨 원인이 지금 더욱 커지고 있습니다. 따라서 앞으로의 전망이 그리 좋지 않습니다.

정부는 왜 돈을 빌리는 걸까요? 한국은 60년대, 70년대에 부채가 많이 늘어났습니다. 그 이유는 공장을 짓고 제품을 만들고 서비스를 창출하기 위해 돈을 빌렸기 때문입니다. 이것은 생산적인 부채입니다. 반면 돈을 빌려 카지노에서 도박을 하면 이것은 생산적인 부채가 아닙니다. 그중 최악의 부채가 바로 정부 부채입니다. 알고 있다시피 정부는 효율성이 떨어집니다. 각국마다 조금씩 차이는 있지만 경제 성장은 대체로 정부가 아니라 민간 부문이 주도합니다. 2007년 이후 민간 부문은 전체 경제 대비 부채율이 떨어지고 있지만 정부의 부채

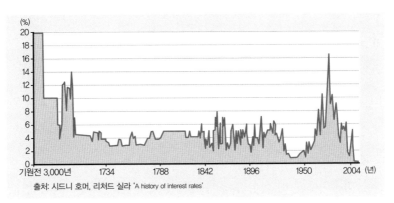

역사적인 금리 추이

출처: 시드니 호머, 리처드 실라 'A history of interest rates'

14장 소용돌이에 빠진 글로벌 경제: 2016년 재테크 승부처는 여기다

율은 높아지고 있습니다. 정부가 점점 커지는 원인은 부채에 있고 이는 경제성장에 좋지 않습니다.

289쪽 그래프에서 보듯 인류 역사상 금리가 지금처럼 낮았던 적은 없습니다. 또 이토록 오랫동안 저금리를 유지한 적도 없습니다. 제가 볼 때 저금리라는 실험은 장기적으로 좋지 않은 결과를 낳습니다. 장기적인 저금리는 좋지 않은 결과를 불러오게 마련이지요.

통화정책이 불러온 것들

여기에다 통화정책은 일반 가계에 부정적 영향을 미칩니다. 가령 백화점을 생각해봅시다. 백화점이 세일을 하면 세일 기간 동안에는 가격이 낮아지므로 소비자는 물건을 사면서 저렴한 가격에 만족해합니다. 그런데 중앙은행이 이것을 디플레이션이라고 생각해 나쁘게 볼 수 있습니다. 이 경우 중앙은행이 통화정책으로 자산 가격을 부풀립니다.

291쪽의 그래프는 1987년부터 2014년까지 미국의 주택 가격지수를 보여줍니다. 보다시피 2007년에 고점에 이르렀는데 그다음에 바로 주택 시장이 무너졌습니다. 그 뒤 다시 회복세를 보이지만 미국의 주택소유율은 2007년 이후 계속 하락세를 보이고 있습니다. 이것은 많은 젊은이에게 더 이상 집을 구매할 능력이 없기 때문입니다. 집값

미국의 주택소유율과 미국 주택 가격지수

출처: 세인트루이스 연방준비은행, 미국 통계청

이 너무 오른 것입니다.

임대하는 사람이 늘어나면 전체 소득에서 임대료 비중이 상승합니다. 예를 들어 샌프란시스코, 시애틀, 로스앤젤레스, 뉴욕, 보스턴에사는 많은 가계가 소득의 50퍼센트 이상을 임대료로 지불하고 있습니다. 그러면 남은 돈으로 무엇을 살 수 있을까요? 돈이 별로 남아 있지 않겠죠. 결국 자산 가격에 거품이 끼면 생활비가 늘어납니다. 이는곧 일반 가정에서 물건을 살 수 있는 구매력이 떨어진다는 것을 의미합니다. 미국은 가계 부문의 부가 점차 하락하고 있습니다. 또 전체인구의 1퍼센트, 즉 상위 1퍼센트가 아니라 0.01퍼센트에 부가 집중되어 있고 나머지 99.9퍼센트가 힘든 시기를 보내고 있습니다.

금리수익은 거의 전무한 지경입니다. 많은 은퇴자가 예금이나 채권에서 금리수익을 얻지 못하고 있습니다. 그래서 65세 이후에도 계속 일을 해야 합니다. 2007년 이후 55세에서 69세의 연령 집단 중 계속 일하는 사람의 비중이 늘고 있습니다. 반면 일하는 젊은이는 점점 줄어들고 있지요. 이것이 불평등한 사회를 더욱 심화하고 있습니다.

연준위와 각국의 중앙은행이 인위적으로 내놓은 통화정책으로 인해 경제나 금융에 변동성이 더욱 커졌습니다. 통화정책이 전반적인 경제성장에 부정적 영향을 미쳤다는 얘기입니다. 통화정책으로 자본투자가 유도된 것이 아니라 오히려 투기가 발생한 셈입니다.

모든 것을 미국이 장악해야 할까

지금은 경제력뿐 아니라 정치적 균형도 바뀌었습니다. 미국에는 정부가 경제에 개입해야 한다고 주장하는 뉴케인스학파가 있는데, 이들은 때로 경제를 쥐고 흔들지요. 또 네오콘(신보수주의자)은 미국이 전 세계를 지배해야 한다고 믿습니다. 사실 1950년대만 해도 이것은 꽤 설득력 있는 주장이었지만 지금은 세상이 많이 바뀌었습니다.

첫째, 정부 개입을 주장하는 학파가 깨닫지 못한 것이 있습니다. 그것은 흑해와 크림반도가 러시아에 전략적으로 굉장히 중요한 지역이라는 사실입니다. 미국에는 전혀 중요치 않지만 러시아에는 중요한 영향력을 행사하게 해주는 요충지입니다. 한마디로 러시아는 크림반도를 잃으면 지중해로 접근할 수 없습니다.

둘째, 크림반도의 동쪽 지역은 과거에 러시아의 땅으로 그들은 그곳에 나토 기지 설립을 허용하지 않을 것입니다. 서구 국가들이 우크라이나에 들어가 개입하자 러시아는 그것을 적대적인 행위로 인식해 굉장히 반발을 했죠.

셋째, 중동에도 여러 가지 문제가 있습니다. 미국이 아프가니스탄, 이라크, 이집트, 시리아에서 파괴 행위에 집중하는 바람에 중동지방이 완전히 혼돈의 지역이 되어버렸습니다. 이것은 인류의 비극이자 인도주의의 비극입니다. 중동에서 부는 오일을 갖고 있는 사람에게 집중되어 있고 나머지 사람들은 상대적으로 빈곤합니다. 그들은 처음부터 손에 쥔 것이 별로 없었지만 지금은 아무것도 없는 상태에서 난민으로 전락했습니다.

그런데 이 지역이 아주 중요합니다. 미국은 태평양과 대서양에 직접 접근할 수 있습니다. 또한 산유국에다 캐나다, 멕시코, 베네수엘라, 에콰도르, 서부 아프리카에서 오일을 구매할 수 있기 때문에 중동에 크게 의존적이지 않습니다. 그러나 한국, 일본, 중국이 수입하는 오일은 중동지방에 집중되어 있지요. 이 때문에 많은 긴장이 발생하고 있고 특히 중국은 이 지역에서의 오일과 관련된 이해관계를 지키려고 합니다.

러시아는 시리아에 해군기지가 있고 그들 역시 이것을 지키려 합니다. 현재 아이시스(ISIS) 다시 말해 아이에스(IS)로 불리는 집단이

292

사우디아라비아, 카타르, 미국, 이스라엘을 상대로 싸우면서 중동지방이 불안정해지고 있습니다. 또한 이란 내의 시아파와 이라크 서북권에 있는 시아파의 영향력을 줄이려는 움직임도 있는데, 이는 장기적으로 심각한 긴장을 유발할 것입니다. 이 분쟁이 언젠가는 사우디아라비아로 확산될 가능성이 큽니다. 지금은 예멘에서도 문제가 발생하고 있습니다.

사실 지금은 이집트를 여행하기에 적기입니다. 관광객이 거의 없기 때문입니다. 아주 한적하게 구경할 수 있습니다. 에티오피아나 시리아도 굉장히 멋진 나라인데 지금은 방문하라고 권하고 싶지 않습니다.

'지정학의 창시자'이자 1905년 런던정치경제대학(LSE)을 창립한 영국인 해퍼드 맥킨더(Halford Mackinder)는 대륙중심부(Heartland, 세계의 심장부) 이론을 내놓았습니다. 이것은 대륙중심부, 즉 동부유럽에서 러시아를 거쳐 중국과 극동지역을 포함하는 지역을 통제하는 국가가 세계를 통제한다는 이론입니다. 맥킨더는 '유라시아'라는 개념을 처음 사용한 인물입니다. 1870년에서 1910년 동안 독일이 영국을 제치고 세계 1위의 경제대국으로 부상했고, 당시에는 독일이 대륙세력 1위로 여겨졌습니다.

미국 해군 제독 알프레드 마한(Alfred Mahan)은 해양력(Sea Power) 이론을 주장했는데, 이는 미국 혹은 영국처럼 해상력이 강한 국가가 세계를 장악하거나 큰 영향력을 발휘한다는 것입니다. 이들이 선박과 항공모함으로 세계적인 힘의 우위를 누린다는 주장입니다.

제2차 세계대전이 끝난 뒤 네덜란드 출신의 미국 지정학자 니콜라스 스파이크만(Nicholas Spykman)은 주변지역(Rimland) 이론을 주장하며 이렇게 말했습니다.

"주변지역을 장악하는 자가 유라시아를 지배하고, 유라시아를 지배하는 자가 세계 운명을 지배한다."

그와 함께 그는 대륙중심부와 주변지역의 통합을 막아야 한다고 주장했고 이 때문에 '미국 봉쇄정책의 창시자'로 불립니다. 이것은 부상하는 신흥세력을 봉쇄해야 세력이 커지는 것을 막을 수 있는데, 이를 위해 주변지역을 통제해야 한다는 이론입니다.

역사적, 문화적으로 러시아에 대한 서구세력의 움직임 및 정책을 보면 프랑스와 독일, 오스트리아는 러시아와 굉장히 가까운 관계였습니다. 이제 서구권의 압력을 받자 러시아는 중국 쪽으로 눈을 돌려 그들과 우호적인 관계를 유지하고 있습니다. 지금은 유럽도 러시아와 중국이 극동지역 및 대륙을 지배할 수 있다고 생각합니다. 러시아와 중국의 이 같은 우호관계는 공동의 적이 생기면서 이뤄진 것입니다. 여기서 말하는 공동의 적이란 미국 내의 네오콘, 즉 모든 것을 미국이 장악해야 한다고 주장하는 세력을 의미합니다.

러시아는 우크라이나에 영향력을 행사하려 하고 중동에서 원유를 수입하는 중국도 동중국해와 남중국해 세력을 포기하지 않을 것입니다. 해상로가 필요하기 때문입니다. 한국과 일본도 중동에서 원유를 수입해야 하지만 두 국가는 상대적으로 미국과 좋은 관계를 유지하고 있습니다.

중국의 입장에서 미국은 하나의 위협입니다. 특히 몇 년 전 힐러리 클린턴이 '미국의 아시아로의 회귀' 정책을 발표하고 아시아에서 더 많은 영향력을 행사하겠다는 취지를 밝히면서 긴장이 고조되기도 했습니다. 아시아에서 긴장이 사라지면 베트남, 라오스, 캄보디아, 태국, 미얀마, 인도네시아, 방글라데시, 남말레이시아, 싱가포르 지역이 더 발전할 것입니다. 중국은 현재 하나의 철도 네트워크를 파이낸싱하고 있습니다. 또 베트남의 가장 큰 해외투자국은 한국입니다. 한국이 베트남에서 커다란 잠재력을 찾았기 때문입니다. 사실 베트남에는 자원이 아주 많습니다. 제 파트너와 저도 호이안에 호텔을

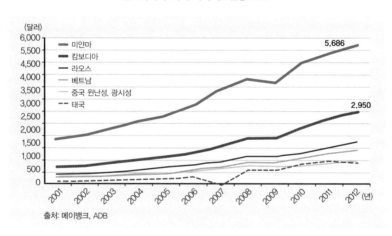

인도차이나 지역 나라의 1인당 GDP

출처: 메이뱅크, ADB

소유하고 있는데 계절이나 악천후에 상관없이 많은 한국인이 방문하고 있습니다.

어쨌든 평화는 필요하지만 현재 모든 사람이 해상 영토 분쟁에 휩싸여 있다고 해도 과언이 아닙니다. 가령 필리핀, 베트남, 중국, 일본 등 모두가 해상 영토권 분쟁 중에 있고 계속 긴장을 유발하고 있습니다. 한국은 태국이나 미얀마와 긴밀한 관계를 유지하고 있는데 라오스, 캄보디아, 베트남, 미얀마, 태국의 1인당 GDP는 계속해서 증가하고 있습니다.

자산시장 인플레시대, 무엇에 투자해야 하나

지정학적 긴장 외에 또 하나 눈여겨봐야 할 것이 있습니다.

2008년 금융위기로 전 세계가 침체기를 겪는 중에도 중국은 성장했는데, 이는 신용으로 인한 성장이었습니다. 이때 신용이 팽창하면서 중국에 굉장히 큰 신용 버블이 생겼습니다. 즉, GDP 대비 중국은행의 자산이 엄청나게 증가하고 그림자 금융에서의 신용도 더 늘어났습니다. 이 신용 버블은 지난 200년 동안 전 세계에서 일어난 그 어떤 신용 부문 버블보다 빠르게 커졌습니다. 언젠가는 이 버블이 터질 거라고 생각합니다. 동시에 경제성장이 둔화되고 있는데 이런 상황에서는 어떻게 투자해야 할까요?

우선 주식, 채권, 원자재, 부동산 투자에서는 큰 수익이 나지 않을 것입니다. 1980년부터 최근 몇 년까지는 많은 수익을 낼 수 있었죠. 제가 처음 투자할 때는 주식이나 채권이 저평가된 상태였고 1980년대에 자산 가격이 점차 올랐습니다. 한국에서도 부동산 가격이 크게 올랐습니다.

지금 부동산은 가격이 30배, 40배 올랐고 주가도 30~40배 높아졌습니다. 1982년 미국 국채수익률은 50퍼센트였습니다. 이후 원자재 가격이 상승하면서 원자재 생산국들은 큰 돈을 벌었습니다. 반면 오일 가격 하락으로 일부 패자도 있었습니다.

전체적으로 볼 때 자산 시장은 인플레 상태입니다. 이제 값이 저평가된 것은 거의 없습니다. 그래도 상대적으로 저평가된 것이 남아 있으므로 이것을 파악해야 합니다. 예를 들어 귀금속은 금융자산에 비해 상대적으로 저평가되어 있습니다.

299쪽의 그래프는 전 세계의 원유 경비를 나타낸 것입니다. 즉, 원유를 구입하기 위해 얼마를 내는가를 보여주는데 보다시피 한 4,000억 달러를 내다가 원유 가격이 뛰면서 4조 달러를 내기도 했습니다. 그러다가 원유 가격 하락으로 이제 2조 달러 미만을 지불하고 있지요. 이로 인해 산유국의 수입이 절반가량 줄어들었습니다. 오일 가격, 원자재 가격 하락세의 승자는 바로 제조업을 많이 하는 국가입니다. 이론적으로 원유 가격이 하락하면 한국과 중국이 승자여야 합니다. 그러나 실제로는 그렇지 않습니다. 왜냐하면 한국이 원유국, 산유국에

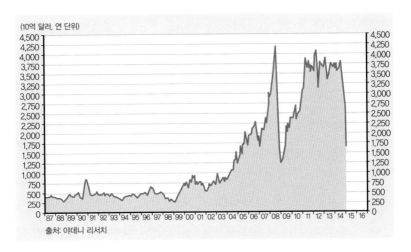

글로벌 원유 매출과 경비

(10억 달러, 연 단위)

출처: 야데니 리서치

많이 수출하고 또 그들과 비즈니스 관계를 유지하고 있기 때문입니다. 오일 가격 하락으로 한국도 부분적으로 부정적 영향을 받고 있습니다.

원유를 많이 소비하는 미국은 원유 가격 하락으로 절세 효과를 누리고 있지만, 다른 한편으로 헬스케어 지출이 늘어나고 있습니다. '오바마 케어'라고 해서 미국의 헬스케어 정책이 바뀌었는데 이것이 좋지 않은 결과를 낳는 바람에 가계마다 헬스케어 부문의 지출이 늘고 있습니다.

미국의 유명한 경제학자이자 통화주의자인 밀턴 프리드먼(Milton Friedman)은 통화정책이 얼마나 제약적이고 수평적인가를 단순히 금리 수준으로 파악할 수는 없다고 주장했습니다. 통화정책은 저금리일 때 긴축정책을 쓸 수도 있고, 고금리일 때 팽창정책을 쓸 수도 있다는 얘기입니다.

현재 전 세계 유동성은 점차 수축하고 있습니다. 유동성이 줄어들면 이는 자산 시장에 부정적 영향을 미칩니다. 다시 말해 주식, 채권, 부동산, 주택 시장에 좋지 않습니다. 전 세계의 무역량이 줄어들면서 세계 경제는 이미 침체되어 있습니다.

달러를 기준으로 전 세계 GDP를 보면 일본은 2015년 말 현재 미 달러 대비 통화가 40퍼센트 평가절하되었습니다. 즉, GDP 성장률이 5년 전에 비해 40퍼센트 하락했습니다. 이것은 산업 생산과 소득, 세계 교역에 악영향을 미칩니다. 나아가 자산 시장에도 부정적일 수밖에 없습니다.

지난 10년 동안 각국의 국부펀드는 많은 금융자산을 매입했습니다. 수조 달러에 이르던 이것은 점차 줄어들었는데 그 이유는 국부펀드가 대부분 오일 매출에서 돈을 가져오기 때문입니다. 오일 가격이 떨어지면 국부펀드는 자산을 매입하기보다 매각할 수밖에 없습니다. 이럴 때 자산 가격이 상승하기는 어렵습니다. 안타깝게도 지금의 젊은이들은 무엇을 구매하든 비싼 값을 지불해야 합니다. 주가는 평가절상되었고 금리도 많이 얻지 못합니다. 제가 1970년대에 월가에서 일할 때 20시간을 일하면 S&P500 주식을 구매할 수 있었습니다. 그런데 이제 젊은이들이 S&P500 주식을 사려면 90시간을 일해야 합니다. 그만큼 미국의 GDP 대비 시가총액이 껑충 뛰어올랐습니다. 미국 뿐 아니라 전 세계적으로 시가총액이 상당히 올랐습니다. 주가를 기업의 매출과 비교해보면 주가가 굉장히 고평가되어 있음을 알 수 있습니다. 제가 하고 싶은 말은 누구도 미래를 정확히 알 수 없으므로 분산투자를 하라는 것입니다. 부동산, 주식, 현금 보유 그리고 저라면 귀금속에 투자하겠습니다. 현금 같은 자산투자가 필요하지만 은행권 밖에도 투자하는 것이 좋습니다. 중앙은행이 통화정책으로 파이낸싱 시스템, 금융 시스템을 망가뜨려 좋지 않은 결과가 나타날 가능성도 있기 때문입니다.

지난세기의 한 위대한 경제학자가 인플레 정책은 사회주의, 군국주의, 제국주의와 연계되어 있다고 말했습니다. 현재의 인플레 정책은 과거의 제국주의, 군국주의로 거슬러 올라가는 정책으로 암울한 미래를 가져올지도 모릅니다.

짐 로저스

1973년 조지 소로스와 함께 퀀텀펀드를 만들어 10년간 4,200퍼센트라는 경이적인 수익률을 올린 세계적인 투자자. 전문가들은 "로저스만큼 돈 냄새를 잘 맡는 사람은 없다"며 혀를 찬다. 직접 투자처를 방문하고 나서야 투자하는 '맨발의 투자자' 로저스는 〈타임〉, 〈포브스〉, 〈CNBC〉 등 언론과 재테크 및 투자 관련 유명 콘퍼런스의 단골 기조 연설자다.

15장

중국, 여전히
기회의 땅이다

짐 로저스, 로저스홀딩스 회장

21세기에 가장 중요한 국가, 중국

몇 년 전 저는 약혼녀 페이지 파커와 아이슬란드에서 시작해 유럽, 터키, 중국, 한국, 일본, 시베리아, 몽골, 러시아, 아프리카, 동남아시아, 호주, 뉴질랜드 등 3년 동안 116개국을 여행했습니다. 무려 24만 5,000킬로미터를 돌아다녔지요. 지금 저는 전 세계를 다니며 자녀나 손주에게 중국어를 가르치라고 조언합니다. 21세기에 가장 중요한 국가를 중국으로 보는 저는 아예 가족과 함께 뉴욕을 떠나 아시아로 이사를 했습니다. 그리고 두 딸에게 중국어를 가르치고 있습니다.

중국은 21세기에 가장 중요한 국가가 될 것입니다. 그래서 저는 오래전부터 중국에 많은 투자를 해왔습니다. 19세기가 영국의 시대였고 20세기가 미국의 시대였다면 21세기는 중국의 시대일 것입니다. 서구에서는 이를 원치 않겠지만 아무튼 중국은 부상하고 있습니다.

제가 아는 한 중국은 역사상 서너 번 세계 제1의 국가였습니다. 물론 서너 번 정도는 완전히 멸망하기도 했습니다. 그렇지만 중국은 유일하게 완전히 멸망한 뒤 몇 십 년 혹은 몇 백 년 안에 다시 1위의 위상을 쟁취한 국가입니다. 왜 그런지는 모르겠지만 계속해서 그런 일을 반복하고 있습니다. 영국과 이집트, 로마는 딱 한 번 위대한 국가였지만 중국은 서너 번이나 그랬습니다.

중국은 300~400년 동안 몰락의 시기를 겪고 1978년 이후 부상하기 시작했습니다. 덩샤오핑이 새로운 것을 시도해야 한다며 개혁개방을 추진한 것입니다. 덕분에 중국은 지난 30년 동안 가장 성공적인 국가로 떠올랐습니다. 당연히 문제도 많이 있었지요. 개인이든 국가든 부상하는 시기에는 여러 가지 문제를 겪게 마련입니다. 중국에도 문제가 있지만 그렇다고 해서 제가 중국에 대한 투자를 멈추지는 않을 것입니다.

20세기에 가장 성공한 미국도 부상하면서 내전과 여러 가지 시위, 끔찍한 경제 침체를 겪었지요. 그럼에도 불구하고 20세기에 가장 성공한 국가가 되었습니다. 분명 중국에도 문제가 있지만 중국인은 아침 일찍부터 저녁 늦게까지 일합니다. 쉬는 날이 얼마나 되느냐고 묻는 사람은 아무도 없습니다. 그리고 이들은 소득의 35퍼센트를 저축합니다. 미국인은 2퍼센트를 저축하지요.

제가 중국에 처음 투자한 시기는 1999년 5월입니다. 이어 2005년 여름과 2008년, 2013년 11월에 대대적인 투자를 했습니다. 이 시기 모두 중국은 어려움 속에서 하락세에 있었습니다. 2013년 11월 제가 중국에 대대적으로 투자한 이유는 모든 것이 저가였기 때문입니다. 또한 베이징에서 경제계획을 시작했습니다.

중국은 왜 부상할 수밖에 없는가

지난 40년간 중국 정부는 3대 경제 사건을 일으켰습니다.

하나는 1978년 덩샤오핑이 개혁개방한 것이고, 다른 하나는 1993년 중국이 외부세계와 더 연결되기 위해 WTO와 IMF의 일환으로 한 결정입니다. 마지막으로 2013년 중국 정부는 경제계획을 시작하면서 3대 경제 사건 중 하나라고 말했습니다. 흥미롭게도 중국은 정부가 아니라 시장이 결정하는 경제를 마련하겠다고 했습니다. 이는 정부나 관료보다 시장이 더 똑똑하다는 것을 인정한 셈입니다. 어쩌면 중국이 부상하는 것은 미국보다 더 시장의 힘을 믿기 때문인지도 모릅니다.

2013년 공산당 전체회의가 열렸을 때 중국은 세제 혜택과 인센티브를 통해 부양할 경제 부문을 결정했습니다.

첫째, 철도입니다. 베이징에서는 미국과 중국은 지리적으로 면적이 비슷한데 미국은 철도가 중국보다 250퍼센트 더 길다고 말합니다. 아마 여러분은 일대일로(一帶一路, 21세기 신실크로드로 중앙아시아와 유럽을 잇는 육상 실크로드[일대]와 동남아시아, 유럽, 아프리카를 잇는 해상 실크로드[일로]를 말한다) 정책을 잘 알 것입니다. 수십억 달러를 투자해 인프라를 구축하고 있는 중국은 철도를 동북부에서 북한으로 연결해 전 세계와 연결하고 싶어 합니다. 그래서 저는 철도와 관련된 주식을 보유하고 있습니다.

둘째, 의료와 제약 분야에 개선이 필요한 중국은 여기에도 대대적인 투자를 하고 있습니다. 제가 의료 회사의 지분을 확보한 이유가 여기에 있지요.

2013년 중국 공산당 전체회의에서 결정한 경제부양 부문

철도	헬스케어와 제약	금융	외환 거래
석유화학	에너지와 석유	문화	마이크로필름
온라인 소매업	환경	남서지역의 천연가스	관광
농업	방산	부동산	철강, 유리, 시멘트, 알루미늄, 조선

셋째, 금융과 통화 거래입니다. 제1차 세계대전 이전에 상해는 세계 최대의 금융센터였습니다. 70~80년 동안 금융 산업이 살아나지 못했지만 앞으로 그런 위상을 회복할 것입니다. 현재 중국은 매월, 매년 금융 시장을 더 개방하고 있습니다. 저는 세계 금융에 대해 그리 낙관적이지 않지만 중국의 금융업에 대해서는 상당히 낙관적입니다. 지금까지 중국에는 금융업이라 할 만한 것이 없다가 13억 인구를 바탕으로 이제 막 발전하고 있기 때문입니다. 더구나 중국은 세계 2대 경제국이기도 합니다.

넷째, 오염 부문입니다. 중국은 현재 너무 더럽습니다. 물과 공기, 토양이 오염되어 있어서 제가 중국으로 이사하지 않은 것입니다. 중국 정부도 이것을 잘 알고 있습니다. 그래서 오염을 해결하는 누군가가 돈을 벌 텐데 여러분도 거기에 투자해 돈을 버십시오. 중국은 이미 어마어마한 돈을 투자해 오염을 제거하기 위해 노력하고 있습니다.

다섯째, 관광입니다. 중국의 경우 수백 년 동안 자유롭지 못했기 때문에 관광이 어려웠습니다. 지금 이것이 바뀌고 있습니다. 13억 중국인이 한국을 비롯해 세계로 여행을 가고 있습니다. 무려 13억입니다.

여섯째, 농업입니다. 2013년 베이징에서 발표한 것을 보면 중국이 지속적으로 변화하면서 도시에 사는 사람들이 돈을 많이 벌었습니다. 농어촌은 다릅니다. 그러다 보니 중국은 최선을 다해 인센티브를 농어촌으로 돌리고 있습니다. 농촌에 사는 사람들의 삶의 질을 개선하기 위해 많은 인센티브를 제공하는 것입니다. 언젠가 저는 이런 말을 한 적이 있습니다.

"어디에 살든 삶의 질이 만족스럽지 않다면 중국의 농민이 되십시오."

전 세계적으로 농업은 30년 동안 발전이 없었는데 중국은 농업에 엄청난 인센티브를 제공하기 때문입니다. 전 세계적으로 농업이 주는 기회는 크지만 중국은 더더욱 그렇습니다. 지난 30년 동안 농업은 굉장히 좋지 않았습니다. 미국 농민의 평균연령은 58세입니다. 일본은 66세이고 호주와 캐나다도 역사상 최대입니다. 영국에서 자살률이 가장 높은 부문은 농업입니다. 수백 명의 농민이 자살하고 있지요. 이것은 미국도 마찬가지입니다. 여기에다 농민과 농업을 연구하는 사람이 너무 없습니다. 지금 이것이 바뀌고 있습니다. 바뀌지 않으면 농업을 개선할 수 없고 그러면 먹을 음식도 없을 것입니다. 저는 식량이 꼭 필요하므로 농업은 발전할 수밖에 없다고 생각하는데 중국은 특히 그렇습니다.

남들이 불안해서 팔거나 포기할 때 사라

중국의 주식시장은 2008년 절정에 달했다가 내려왔습니다. 그리고 2014년에 다시 올라갔다가 내려왔습니다. 저는 항상 중국의 주가가 내려온 시기에 투자합니다. 여러분도 어딘가에 투자할 때는 떨어

상하이지수

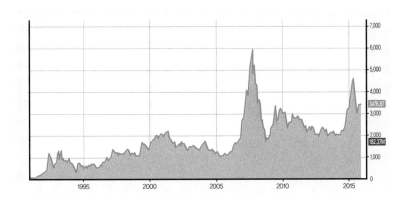

질 때 하십시오. 남들이 다 살 때 투자할 필요는 없습니다. 남들이 팔 때 투자하십시오. 이것은 제가 오랜 경험을 통해 어렵게 얻은 교훈입니다. 성공적으로 투자하려면 이 교훈을 반드시 기억해야 합니다. 다른 사람들이 불안해서 팔거나 포기할 때 사십시오.

많은 사람이 중국의 주식시장이 실패했다고 생각합니다. 사실을 말하자면 중국의 주식시장은 세계 최고였습니다. 2015년 한 해 동안 많이 무너졌지만 그래도 세계 최고입니다. 저는 여전히 기회가 있다고 생각합니다. 물론 올라갈 때 사면 기회는 없습니다. 반면 떨어질 때 사면 분명 기회가 있습니다.

미국 달러는 지난 2~3년간 강세를 이어왔습니다. 저는 달러를 많이 보유하고 있는데 그건 좋은 투자처여서가 아닙니다. 미국은 현재

미국달러지수

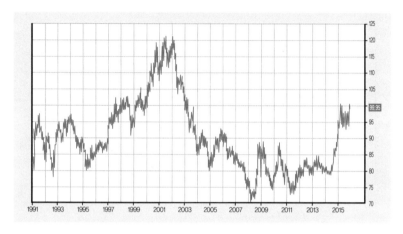

세계 최대 부채국이고 그것이 점점 악화되고 있으므로 좋은 투자처
는 아닙니다. 앞으로 미국은 큰 문제를 겪을 것입니다. 그럼에도 제가
달러를 보유하고 있는 이유는 앞으로 2~3년 동안 세계가 점점 더 금
융위기를 겪을 것이기 때문입니다. 이때 사람들은 안전한 것을 찾는
데 그것이 바로 달러입니다.

　사람들은 달러가 안전하다고 생각합니다. 그것은 역사적으로 안전
했기 때문입니다. 엔화도, 유로도 불안정하다 보니 사람들은 달러로
몰릴 수밖에 없습니다. 달러는 앞으로 점점 더 오를 것입니다. 어쩌면
과대평가되어 버블이 생길지도 모릅니다. 금융위기가 심각할수록 거
품은 커집니다. 저는 제가 현명하게 거품이 크게 형성되었을 때 팔았

으면 좋겠습니다.

여러 가지 가능성이 있지만 상황은 세계 금융위기에 따라 조금씩 달라질 것입니다. 금융위기가 나타날 수밖에 없는 이유는 미국 금리가 34년 동안 떨어졌기 때문입니다. 역사적으로 최하입니다. 세계 역사상 금리가 이토록 떨어진 적은 없습니다. 이것은 바뀔 수밖에 없고 곧 바뀔 것입니다. 일단 금리가 오르기 시작해 원래의 수준을 회복하면 전 세계 금융 시장은 어려워지고 이는 한국도 마찬가지입니다.

중국도 그렇지만 중국에 대한 영향력은 좀 작을 것입니다. 왜냐하면 중국은 약간 고립되어 있기 때문입니다. 따라서 중국에 투자한다면 다른 사람보다 타격을 덜 받고 오히려 돈을 벌 수 있습니다. 제가 수십 년 동안 투자를 하면서 배운 것이 있다면 주식 중에서도 어려운 시기에 잘 견뎌내는 주식을 계속 갖고 있으면 결국 돈을 번다는 사실입니다. 어려운 시기에 버티는 회사는 호황기에는 훨씬 더 잘합니다. 여러분이 어려운 시기를 잘 버티는 회사에 투자하면 호황기가 왔을 때 어마어마하게 주가가 올라갑니다. 어려운 시기에 제대로 고르기만 해도 많은 돈을 벌 수 있습니다.

제가 달러 외에 가장 많이 갖고 있는 환율은 위안화입니다. 그리고 저는 중국에 많이 투자했는데 그것은 앞서 말한 부문입니다. 물론 중국은 2015년 말 현재 성장이 둔화되고 있습니다. 부분적으로는 중국 정부가 의도적으로 둔화시키고 있지요. 소비자 지출도 떨어지고 있습니다. 앞으로 2~3년 동안 이 트렌드는 지속될 것이고 중국의 많은 기업이 영향을 받을 것입니다. 만약 그 기업들이 미국의 월마트와 거래한다면 앞으로 3~4년 동안 어려울 수 있습니다. 미국의 캘리포니아를 비롯한 서부권과 거래하는 기업도 어려울 것입니다. 그래도 저는 중국에 계속 투자할 계획입니다. 그럼 지금부터 질문을 받겠습니다.

반드시 알아야 할 질문과 답변

저는 경기도 파주 DMZ 접경지역 주민들과 함께 토지보상금 약 1,000억 원으로 해외에 직접 투자할 계획입니다. 20여 명의 농민과 큰 돈을 투자할 예정인데 당신이라면 어디에 포트폴리오 투자를 하겠습니까?

짐 로저스 　　북한의 농장을 사십시오. 지금 북한이 많이 바뀌고 있습니다. 북한 쪽으로 가고 싶지 않다면 시베리아를 고려해보십시오. 굉장히 많은 기회가 있을 것입니다. 특히 농업 부문에 기회가 많습니다. 계속 농업에 종사하고자 한다면 시베리아에 기회가 많습니다. 거기에는 개간하지 않은 땅이 많고 경쟁도 심하지 않습니다. 농업이라면 일부 아프리카 지역에도 기회가 많습니다. 아프리카는 땅값도 저렴하고 기후도 좋습니다. 남아공의 농장을 매입하는 것도 괜찮습니다. 콜롬비아도 고려 대상입니다. 내전이 끝나서 괜찮을 거라고 생각합니다. 제게 돈이 많다면 저는 이런 나라를 고려할 것입니다. 다른 국가에 투자하는 것은 좋은 아이디어입니다. DMZ의 땅을 보유하고 있었다니 당신은 굉장히 똑똑한 것 같습니다. 만약 그곳에 땅을 더 보유하고 있다면 팔지 말고 계속 갖고 계십시오.

현재 유가가 급락하고 있습니다. 또 중국 경제의 경착륙에 대한 우려가 제기되면서 에너지 시장에 영향을 미치고 있습니다. 특히 에너지를 수출하는 호주 같은 국가에 악영향을 미치고 있지요. 앞으로 유가가 어떻게 될 것이라고 전망합니까. 그리고 미국의 미드스트림(Midstream, 원유나 천연가스를 갱정에서 처리 시설로 운송 및 판매하는 과정) 시장에 투자하는 것이 여전히 전망이 있다고 생각하는지요.

짐 로저스   지금 에너지 가격은 거의 저점에 와 있습니다. 최근 오일 관련 뉴스가 다양하게 나오고 있지만 더 하락할 거라고 생각하지 않습니다. 제 경험상 무언가가 계속 상승세를 보이는데 좋은 소식이 나와도 더 이상 오르지 않으면 거의 고점에 닿았다는 의미입니다. 또 하락세를 보이고 있는데 좋지 않은 소식이 나와도 더 떨어지지 않으면 이제 거의 바닥을 쳤다는 뜻입니다. 제가 볼 때 에너지 부문은 거의 바닥을 쳤습니다. 물론 바닥을 쳐도 상황이 좀 복잡하기 때문에 더 기다려야 할 수도 있습니다.

에너지 가격이 하락하면서 많은 국가, 많은 사람이 이익을 보기도 했죠. 중국도 도움을 받았습니다. 중국의 경착륙 얘기를 했는데 물론 중국의 일부 부문은 경착륙할 수도 있지만 많은 부문이 호황을 누릴 것입니다. 전 세계 경제가 어떻든 분명 호황을 누리는 부문이 있을 겁니다. 2008년 금융위기로 세계 경제가 침체될 때 중국은 막대한 외환 보유고로 큰 어려움을 겪지 않았고, 오히려 세계 경제를 불황에서 끌어올리는 견인차 역할을 했습니다. 그때와 달리 지금 중국 내에는 부채가 많습니다. 따라서 파산하는 사람도 있을 것입니다.

유가 하락으로 호주, 나이지리아, 러시아, 카자흐스탄 등이 타격을 받았지만 저는 그런 국가에 투자할 생각입니다. 유가가 거의 저점에 왔다고 보기 때문입니다. 이미 러시아에는 투자했고 더 투자할 생각입니다.

중국은 장기적으로 더 부상할 것이라고 생각합니다. 10년, 20년 후 중국이 크게 성장하리라 전망합니다. 그러나 중국은 국내 부채가 많고 특히 기업 부문의 부채가 많습니다. 제조업이나 건설업에 많은 부채가 있습니다. 또 중국은 고령화가 빠르게 일어나고 있습니다. 물론 한국만큼 고령화가 심각하지는 않지만 말입니다. 중국은 장기적으로 더 성장하겠지만 내부 부채나 인구 문제 같은 단기 및 중기적인 도전과제를 어떻게 해결할 거라고 봅니까?

짐 로저스　중국에는 굉장히 많은 내부 부채가 있죠. 사람들은 인터넷을 이용해 돈을 빌리기도 합니다. 지난 6~7년 동안 경험이 많지 않은 사람들이 돈을 빌리고 빌려주는 일이 빈번하게 일어났습니다. 부채는 항상 문제를 일으킵니다. 중국이든 한국이든 미국이든 독일이든 지역과 무관하게 많은 부채가 빠르게 늘어나면, 그리고 경험이 많지 않은 사람들이 부채를 얻으면 파산과 실패라는 문제가 불거집니다. 중국은 총회에서 사람들을 구제하지 않을 거라고 말했고 저는 그것을 실천하기를 바랍니다. 그러면 일부 산업 부문 혹은 기업이 파산해 불안과 긴장을 야기하겠지만, 이것으로 새로운 기회도 창출될 것입니다. 파산하거나 부도가 나면 주가가 떨어지는데 이때 제가 앞서 말한 주식을 매입할 기회가 생깁니다.

북한과 인접한 중국의 동북지역에는 현재 많은 한국인이 살고 있습니다. 제가 1~2년 전 그곳을 방문했을 때 한국어를 사용하는 사람을 많이 만났습니다. 북한에 가기를 원치는 않지만 북한과 관련된 기회를 얻고자 한다면 중국의 동북지역으로 가기 바랍니다. 중국이 이 지역에 고속철도를 만들어 북한과 연결할 계획이라고 합니다.

저는 어렸을 때부터 동남아시아의 미얀마에 제 미래를 투자하고 있습니다. 중국 다음으로 블루오션인 동남아시아 국가 중 미얀마가 떠오를 거라고 생각하는데 이 점에 대해 어떻게 생각하는지요.

짐 로저스   미얀마는 전망이 아주 좋고 잠재력이 큽니다. 앞서 농업에 종사하는 분이 어디에 투자해야 하느냐고 물었을 때 미얀마를 말하고 싶었는데, 안타깝게도 미얀마에서는 토지를 구매할 수 없습니다. 그런데 미얀마가 2015년 12월 증시를 개방합니다. 수년 동안 증시 개방을 준비해왔죠. 처음에 다섯 개 기업을 상장할 거라고 합니다. 계속해서 투자하며 눈여겨보기 바랍니다. 증시를 개방하면 투자 기회가 있을 것입니다. 또 점차 더 많은 기업이 상장할 겁니다. 저는 미얀마를 굉장히 낙관적으로 봅니다.

한국이 북한과 통일을 이룰 것이라고 생각하는지요.

짐 로저스　　저는 한국과 북한이 몇 년 내에 통일될 거라고 생각합니다. 통일이 되면 전 세계에서 한국이 가장 흥미로운 국가가 될 것입니다. 일단 인구가 7,500만이 되고 중국과의 국경이 생깁니다. 또 북한의 경우 천연자원이 상당히 많습니다. 교육을 잘 받은 능력 있는 인력도 있지요. 한국은 자본이 많고 경영 전문성과 지식이 풍부한 국가입니다. 따라서 통일이 되면 세계적인 강국으로 부상할 것입니다. 물론 일본은 통일을 원치 않을 겁니다. 일본은 통일한국과 경쟁할 수 없기 때문입니다. 일본은 인구가 하락세에 있고 천연자원도 별로 없습니다. 그래서 일본이 통일한국과 경쟁하는 것은 굉장히 어렵습니다. 통일한국은 향후 20~30년 동안 가장 흥미로운 국가가 될 것입니다.

통일을 가정하고 현재 어디에 투자를 하고 싶습니까? 미래에 대비해 어떤 투자를 하고 싶습니까?

짐 로저스　　저는 북한의 농가를 사고 싶습니다. 또한 중국 기업 중에는 북한에서 비즈니스를 하는 기업이 많을 겁니다. 그들 중 통일로 혜택을 볼 기업을 찾고 있습니다. 한국 기업 중에서도 통일을 통해 혜택을 얻을 기업을 찾습니다. 현재 저는 북한의 동전을 갖고 있습니다. 통일이 되면 북한의 동전은 사라질 테고 그러면 가격이 오르겠지요. 북한의 우표도 모으고 있습니다. 나라가 사라지면 우표 가격도 상당히 오를 테니까요. 저도 지금 투자처를 찾는 중입니다. 혹시 좋은 제

안이 있으면 연락 바랍니다.

두 딸에게 중국어를 가르친다고 했는데 자녀를 어떻게 키우고 싶은가요? 그리고 어떤 인재로 성장하길 바라나요?

짐 로저스   중국어를 잘한다고 성공할 수 있는 것은 아니지만, 중국어를 잘하는 것은 분명 강점입니다. 제 딸은 열두 살, 일곱 살인데 아직 뭐가 될지 전혀 모릅니다. 저는 '자신이 원하는 것을 아는 사람'으로 키우고 싶습니다. 다른 누군가가 아니라 자신이 원하는 것을 스스로 찾는 아이로 성장했으면 합니다. 그래야 행복하고 행복해야 성공할 수 있다고 생각하기 때문입니다. 아이들이 투자자가 되든 정원사가 되든 상관없습니다. 중요한 것은 열정을 찾는 일입니다. 제가 가르치는 것은 독립적으로 생각하는 것, 호기심을 갖는 것, 언론을 믿지 말고 자신만의 생각을 갖는 것 그리고 남자를 조심하는 것입니다.

저는 중국에 대한 투자 중에서도 특히 문화 부문에 관심이 있습니다. 혹시 중국의 어느 문화에 투자를 했는지요?

짐 로저스   제가 구체적으로 기업의 이름을 알려줄 수는 없습니다. 가서 똑같이 투자할지도 모르니까요. 그건 좋은 투자 방법이 아닙니다. 제가 몇 개의 산업을 얘기했는데 그중에서 우수한 종목을 찾지 못했다면 투자하면 안 됩니다. 제가 직접 어느 기업에 투자하라고 알려줘야 한다면 절대 투자하지 마십시오. 그런 식으로 투자하는 것은 곧

란합니다. 신문이나 TV, 인터넷을 통해 종목에 대한 팁을 얻고 투자하는 것도 금물입니다. 만약 제가 팁을 주고 투자한 뒤 주가가 오른다면 그다음에 어떻게 해야 할지 모를 겁니다. 더 사야 하는지 아니면 매각해야 하는지 말입니다. 처음에 어떤 전문성을 갖고 투자한 것이 아니기 때문입니다. 투자한 의도가 명확치 않으면 매입 시기를 놓칠 수 있고 더 매입해야 하는지 혹은 매도해야 하는지도 모릅니다.

제가 여러 산업을 제시하고 굉장히 많은 기회가 있다고 했죠? 그 산업을 공부하고 거기에서 좋은 기업을 찾아보기 바랍니다. 그게 뇌수술만큼 어려운 일은 아닙니다. 중국의 관광회사, 호텔, 여러 항공사 등 투자할 만한 기업은 많습니다. 업종별로 한번 살펴보기 바랍니다. 결코 다른 사람의 기업 종목에 대한 팁을 기반으로 투자하지 마십시오. 뉴스 정보를 기반으로 특정 종목에 투자하지도 마십시오. 그렇게 하면 장기적으로 성공할 수 없습니다.

2016 대한민국 재테크 트렌드

첫판 1쇄 펴낸날 2016년 1월 22일

엮은이 조선일보 경제부
발행인 김혜경
편집인 김수진
책임편집 이은정
편집기획 김교석 이다희 백도라지 조한나 윤진아
디자인 김은영 정은화 엄세희
경영지원국 안정숙
마케팅 문창운 노현규
회계 임옥희 양여진 김주연

펴낸곳 (주)도서출판 푸른숲
출판등록 2002년 7월 5일 제 406-2003-032호
주소 경기도 파주시 회동길 57-9번지, 우편번호 413-120
전화 031)955-1400(마케팅부), 031)955-1410(편집부)
팩스 031)955-1406(마케팅부), 031)955-1424(편집부)
www.prunsoop.co.kr

ⓒ푸른숲, 2016
ISBN 979-11-5675-638-5(03320)

이 도서의 국립중앙도서관 출판시도서목록(CIP)은 e-CIP 홈페이지(http://www.nl.go.kr/ecip)와
국가자료공동목록시스템(http://www.nl.go.kr/kolisnet)에서 이용하실 수 있습니다. (CIP2016000348)